宗教社会学丛书
高师宁 黄剑波 / 主编

碰巧成为社会学家的冒险之旅

如何生动地诠释世界

[美] 彼得·伯格（Peter Berger）/ 著
张亚伦 / 译

Adventures of an Accidental Sociologist:
How to Explain the World Without Becoming a Bore

中国社会科学出版社

图字:01-2017-1933 号

图书在版编目(CIP)数据

碰巧成为社会学家的冒险之旅：如何生动地诠释世界 /(美)彼得·伯格(Peter Berger)著；张亚伦译 .—北京：中国社会科学出版社，2017.6（2018.10 重印）

(宗教社会学丛书/高师宁 黄剑波主编)

书名原文：Adventures of an Accidental Sociologist: How to Explain the World Without Becoming a Bore

ISBN 978-7-5203-0907-3

Ⅰ.①碰… Ⅱ.①彼…②张… Ⅲ.①宗教社会学—研究 Ⅳ.①B920

中国版本图书馆 CIP 数据核字(2017)第 232825 号

出 版 人	赵剑英
责任编辑	凌金良
特约编辑	杨晓芳
责任校对	韩天炜
责任印制	张雪娇

出　　版	中国社会科学出版社
社　　址	北京鼓楼西大街甲 158 号
邮　　编	100720
网　　址	http://www.csspw.cn
发 行 部	010-84083685
门 市 部	010-84029450
经　　销	新华书店及其他书店

印　　刷	北京君升印刷有限公司
装　　订	廊坊市广阳区广增装订厂
版　　次	2017 年 6 月第 1 版
印　　次	2018 年 10 月第 2 次印刷
开　　本	710×1000　1/16
印　　张	16.75
插　　页	2
字　　数	201 千字
定　　价	69.00 元

凡购买中国社会科学出版社图书，如有质量问题请与本社营销中心联系调换
电话：010-84083683
版权所有　侵权必究

目 录

前言 …………………………………………………………（1）

第一章　巴尔扎克在第十二大街上 ……………………（1）

第二章　难以置信的视野 ………………………………（36）

第三章　从一个小集团到一个没落的帝国 ……………（71）

第四章　在地球上艰苦跋涉的社会学 …………………（103）

第五章　许多神和无数的中国人 ………………………（129）

第六章　政治上不正确的偏离 …………………………（149）

第七章　从慕布瓦到古特斯劳 …………………………（172）

第八章　指挥家而不是独奏者 …………………………（202）

第九章　担任第一小提琴手 ……………………………（232）

注释 …………………………………………………………（256）

彼得·伯格的主要作品 …………………………………（259）

前　　言

2009年夏天，我应邀到位于布达佩斯的匈牙利中欧大学讲一次公开课。我问他们希望我讲什么内容，他们说这完全取决于我自己。我讨厌这样，我不是一名传教士，也没准备要在布达佩斯进行一场布道。之后他们提到了一个有用的模式，他们称之为"自我介绍"。他们指的是自传吗？不，他们指的是关于演讲者自身学术生涯的报告，包括他所研究的议题，所接触的人以及在探索旅程中所遇到的各种挑战。我认为这个方法很有趣。不仅我讲课时可以乐在其中，而且观众也会对此很感兴趣。回到家后，我就开始写一本书，就是你现在所读的这本。

同年夏天，就在我去布达佩斯之前，我和一位朋友的女儿在维也纳有过一次对话。她刚刚开始在大学里学习社会学，但对此却很失望。她读过我之前写的《与社会学同游》（Invitation to Sociology）这本书，期望有一次令人兴奋的知识旅程。相反，她感觉很枯燥。我不知道最近在维也纳大学所教授的是什么样的社会学（每当回到家乡，我并不是审察奥地利的社会学，我还有很多有趣的事情可以做）。如果维也纳的课程和欧洲或者美国教授的大多数课程差不多的话，那眼前这位年轻聪明的女士觉得课程枯燥也是很正常的。

关于社会学的笑话很少。在这极少的笑话中，下面这个和我们的话题有直接关系。有一个病人从医生那里得知他十有八九只能再活一年。听到这个噩耗，病人问医生有什么建议。

"和一位社会学家结婚，然后搬到北达科他州。"

"这能治好我吗？"

"不能，但这一年会感觉很长。"

最近几十年，社会学得了两种病：一是盲目地崇拜方法论，只关注表象把他们带到了数不清的方法当中；二是宣传意识，不断地重复同样陈旧的准则（有时夹杂着丰富的词汇）。这两种疾病使人们更加厌倦社会学。数不清的方法本身并没有错，它们可以很有用。但为了那些愿意资助昂贵调查报告预算的人们的利益，结果就导致人们用越来越复杂的方法去探究越来越不重要的题目。对于意识准则来说，30年前他们可能曾经让人激动过，但今天他们更易于制造无趣。当然也有例外。有些社会学家作出了有趣且重要的研究。说这样的社会学家只有一小部分是很公平的。

我告诉这位年轻的维也纳女士，社会学不一定枯燥。如果她继续坚持留在这个领域，那将会由她来决定做一些不无聊的事情。特别是当一个学者拥有了一个终身职位后，她可以做许多她喜欢做的事情。甚至在大学里也有许多由政府官僚管理的合适的职位，所发的薪水也和那个职位相称，（可能更重要的是）每年都有长暑假。学术界之外也有很多适合社会学家的职位。社会学，不像大多数别的社会科学（除了人类学），它允许它的实践者去研究一系列更为广泛的课题。正如我所发现的那样，它非常适合那些拥有持久不变的魅力并对人类世界抱有广阔全景的人，也适合那些愿意一探究竟的人（如果有必要，他们会通过锁眼来看别人的邮件）。

我上研究生时，就犯了后面那种错误。那时我的女朋友和另外一位学法律的女士合租了一套公寓。这个人相当粗心，公寓里到处都躺着她的物品。有一天，我无意中在卫生间发现了一封她写给男朋友的信。我津津有味地读完了信。一共有四页，一倍行距的打印稿。整封信的内容几乎是他们上个周末的心理剖析。每件事基本上都采用弗洛伊德的措辞方法：他说了什么，他真正想说的是什么，周末的事情和他潜在的神经衰弱症有什么关系，他妈妈是怎么介入的，这些事情是如何影响到写信者的，等等。我偷走了那封信。我认为它是一个无价的文化档案，需要为后世保存起来（我不得不说的是，后来信丢了）。

最后致谢：感谢我的经纪人劳拉·格罗斯。她在各个方面都给予了我很大支持，她的聪明和热心无人能及！

第一章　巴尔扎克在第十二大街

我的学术生涯始于一个错误。我和父母一起来到美国,他们在纽约定居了。那时我仅仅18岁。受宗教热情的激励,我想成为一名路德教的牧师,不过,我很快就迷恋在特有的美国移民经历中。约翰·墨里·卡迪希(John Murray Cuddihy)称之为"文明的考验"(the ordeal of civility)①。也许我早已怀疑这个职业的意图,不管怎样,为了更好地了解我将要在此工作的美国社会,我决定首先要把接受神学教育这件事往后放一放。我对社会学仅有一个模糊的概念,不过,调查一个社会的情况看上去也不失为一种正确的训练。

我没有钱,我父母也没有。我不得不全天工作,一边养活自己,一边攒学费。据我所知,新学院大学(the New School)的社会调查专业是这个城市唯一一个可以在晚上完成所有毕业课程的学院。当然,我那时根本不知道新学院大学在美国社会科学界根本排不上名。

有一个让人十分纠结的犹太笑话:一个人来到纽约的一家犹太餐厅。令他吃惊的是,招待他的是一个中国服务员,但他却讲着一口流利的带有立陶宛口音的犹太语。临走时,他对饭店老板说:

"你这儿有一个中国服务员?"

"是的,一年前从上海来的。"

"但他能讲一口纯正的犹太语。"

"嘘!"老板说,"他还以为他在学英语呢"。

我也以为我正在学习美国社会学!

第一学期的时候我只够交一门课的钱,这是我上的第一门社会学专业课。老师是阿尔伯特·所罗门(Albert Salomon),课目是"巴尔扎克是社会学家"。这个想法很绝妙,所罗门是一个聪明的讲师。这也是一种听上去非常合理的教育学观念:巴尔扎克本打算将他的小说集《人间喜剧》(The Human Comedy)写成一本全面描述19世纪法国社会的小说,从贵族阶级直至罪恶的下层社会。这部小说集确实详细描述了法国社会许多阶层的具体场景。所罗门在他的课程里想要做的就是通过巴尔扎克的作品来为学生们介绍社会学里的主要分类:阶级,权利,宗教,社会调控,社会流动,社会边缘化和犯罪。这一个学期我至少要读十几本巴尔扎克的小说。

作为一个独裁的教授,所罗门直接布置了作业,他一点也不为此感觉内疚。我的作业是写一个学期报告。内容是:把巴尔扎克中篇小说中的推销员菲利克斯·戈迪萨尔(Felix Gaudissart)和亚瑟·米勒刚上映的作品《推销员之死》(Death of a Salesman)做一个对比。我的学期报告(我肯定是把它放在什么地方了)绝对不是针对社会评论的大作,但我在完成的过程中却很开心。巴尔扎克的戈迪萨尔是一个相信早期资本家必胜的人,而米勒的威利·罗门(所罗门认为)代表着资本主义在某个阶段的衰退。

学期结束时我对19世纪的法国社会已经有了相当的了解,而我对20世纪美国社会的了解就像没有和巴尔扎克奇遇之前对法国社会的了解那样是少之又少。但通过这一学期的学习,我拥有了一种社会学视角，为此我很兴奋，所罗门对此是赞叹不已。

不管对或错吧，所罗门把这种视角都归因于巴尔扎克。这是一种对人类行为各个方面充满无尽好奇的视角，尤其是那些通常被隐藏、也被上流社会给否认了的方面。这是一种发自内在的不敬、要揭露真相、具有破坏性的视角。我不知道巴尔扎克是否真如所罗门描述的那样：为了探寻巴黎的秘密，巴尔扎克游走在城市的各个街道上（若是晚上就更好了），试图弄明白发生在城市社交集会、政府机关、商店、酒馆和妓院的所有事情。但这样一幅社会学家的形象却深深地刻在我的脑海里。尽管多年以来，那幅年轻澎湃的画面已经慢慢减弱，但它却一直存在着！

法国政府在第五大道很显眼的地方保存了一个像宫殿一样的建筑作为文化中心。我想现在应该还在。可能是作为在野蛮的美国传播法国文明使命的一种手段。那时正好有一个巴尔扎克的活动。有一个展览会，还有一些演讲，具体是什么我都不记得了。但当时还有一个引人注目的目录册，上面复制了一张巴尔扎克的讽刺漫画。他穿了一件有点像修道士的蒙头斗篷衣。斗篷下有一个超大尺寸的头，眼睛里还带了点挑逗的神情。我把照片剪下，镶了起来，至今还挂在我的书房里。

这让我想到了在我开始研究时获得的另一个见解，就是好的社会学和好的小说拥有某种亲密关系。从小说中我们能了解到社会中的许多事情。上学期，我在新学院大学结识了一名教授。他在学校的成人教育部教授法国文学。他听了我所研究的课程后说："你是属于我们的，你就是一部文学作品！"他只是奉承一下。随后几年里，我也偶尔享用这个略带轻蔑意义的修饰词。

新学院大学是一个独特的地方，它也有一个独特的历史。该大学在1919年由一群知识分子成立。他们认为美国学术界是古板苦闷的，并对此感到失望。他们想创建一所"成年人的大学"，他们做到了。本质上，这是一个成人教育课程，不授予任何学衔。任何人都可以来学习。你可以选择最深奥的学科（比如说：佛教哲学），也可以选择最实用的科目（比如说：陶器制造术）。这个项目当时立马就火了，因此可以自给自足。直至今日依然存在，并且成为纽约一个众所周知的机构。其他项目，包括我毕业的那一项，都加入到了成人教育经营里面，至少最初的资金是由它提供的。

一些杰出的学者也参与到机构的创建中，包括约翰·杜威（John Dewey）、托斯丹·范伯伦（Thorstein Veblen），后者是美国第一流的社会学家之一，曾经在那儿教过一段时间书。不过从一开始一直到1950年持续任职的校长是埃尔文·约翰逊（Alvin Johnson）。他是一位古怪的、反复无常的、且最具企业家精神的教育者。他的经历其实有点像范伯伦，他是挪威人，住在美国中西部偏北地区。他的女儿菲利希亚在学校教经济学，是一个出奇安静的人，能明确地坚持自己的立场。

1934年，约翰逊开始关心受到纳粹逼迫的德国学者的命运。在各方资金的支持下，他开始了一项工作。他称之为：流放中的欧洲大学。之后学校重新命名为：新学院大学政治、社会科学、社会形态研究之研究生部。真是晦涩难懂！一般缩写为：研究生部。起初参与的教授都来自德国，有些是犹太人，有些不是。随着纳粹帝国的扩张，来自欧洲其他国家的学者也加入到学院当中，分别是：奥地利、意大利、西班牙和法国。一些学者是相当出名的，比如列奥·斯特劳斯（Leo Strauss），为了寻找一个在政治哲学方面有影响力的学校，他离开后去了芝加哥大学。还有克劳德·列维·斯特劳斯（Claude Levi-Strauss），他在二战后回到了法国。在研究生部被官方认可后不久，便开始在几个有限的领域中授予硕士和博士学位，其中有哲学、政治学、社会学和经济学（稍后增加了人类学）。这个机构真是相当独特：一个社会科学的研究生部竟然和一个成人教育项目融合在一起！当时没有本科课程，很久以后才加了进去。

研究生部和成人教育项目两者几乎没有任何关系。不过新学院大学在后来课程的设置中开始了一个与众不同的模式：所有课都在下午晚些时候或者晚上进行。具体有三个时间段，每隔两个小时为一档。分别是下午四点，下午六点和晚上八点。正如前面所说，这种情况决定了我能在新学院大学上学，但同样也决定了上课地点的氛围。在我的印象中，所有课程都是在晚上进行，有点神秘感，也是色情主场的时候。绝对的巴尔扎克风格！再加上新学院大学位于格林威治村，整个地方都弥漫着放荡不羁的文化氛围。不用说，对于像我这样的年轻人，这些因素促成了一段令人兴奋的经历。

20世纪50年代，当我在那儿上学时，新学院大学只有一栋建筑物。它位于西十二大街66号，在第五大道和第六大道之间。所有的课程，不管是成人教育还是研究生学习；所有的办公室；一个不怎么样的图书馆；一个自助餐厅和一个礼堂；这所有的一切都挤在这栋建筑物里。每个教室都画着自20世纪30年代以来有关社会主义和现实主义的壁画。其中有一副是墨西哥革命画家约瑟·克莱门特·奥罗斯科（José Clemente Orozco）的巨作。上面画着带有英雄相貌的列宁和斯大林。（20世纪50年代，经过学院里一场激烈的辩论后，它被一块和图画一样大小的幕布挡住了。如果有人想欣赏的话，可以请求把幕布拉上去。）所谓的"图书馆"其实根本就不存在。仅存的几本书也常常不在馆内。

我们的图书馆是纽约公共图书馆。顺着第五大道往上走就到了。我大把的时间都投在那华丽的大众阅读室了。后来为了研究我的论文，我在东方藏书阅读室待了很久。自助餐厅很出名，作为一个临时吃饭的地方，毋庸置疑它是镇上最好的地方之一。当看到卡夫卡和萨特的公开副本时，有多少炽热的目光在相互交流着！

至于那些革命壁画（我不知道它们是怎么弄上去的），这是一个令人难堪的话题。新学院大学曾被传是左翼派。这点有时会让大家把它和杰弗逊社会科学院混淆在一起。后者为美国共产党培养了不少干部。研究生部迫切想要消除这个盛名，因此在壁画上挂起了幕布。事实上，流亡者学院的中心思想已从社会民主主义变成了比较温和的右倾主义。除了一样带有反法西斯主义的教条之外，它还有强烈的反共思想。实际上，研究生部的规章里有一项条款，这项条款既清楚又直接地表达了反共态度，即禁止任何一名教授在课程上教导其他组织的思想。20世纪60年代，这项条款被一个好斗的、带有世俗主义思想的教职工使用，他想阻止一名罗马天主教的神父就职于哲学系，结果失败了。

读研究生的人很少，读社会学研究生的人就更少了。大家都彼此认识。大部分人都住在村子里，或者离村子不远。一般都是二房东，住在租来的房子或阁楼里。晚上下课后我们不用走太久就到家了。一般工作的人不能上下午六点之前的课，但大部分人都是工作的。我们通常都会在晚上八点甚至十点的时候出现在新学院大学校园里。当然我们都是清醒的。有时我们会坐在一起辩论。大家很少会在彼此的房间里辩论（那些地方真是不舒服！）。我们更喜欢另外两个地方。第一个地方的名字是亚历克斯罗宋汤店，是一个又脏又暗的小饭馆，过了第六大道就到了。第二个地方是位于第十四大街的奥维耶多酒吧。后者的男洗手间有一个标语写着"Muerte a Franco!"（去死吧，弗朗哥！）店主自称是西班牙内战时共和军的一个老兵。有一次，他对我说："不管人们支持哪一种政治观点，但每一个善良人的内心深处都是无政府主义者。"睡觉对于我们来说并不是十分重要的事。

有许多人参与到我们的讨论当中，大部分人只是暂时待一会儿。他们中大部分人都很聪明。偶尔我们也会把话题转移到正在阅读卡夫卡读物的年轻女士们身上。我在大学里最好的朋友是莱尼·科恩伯格（Lenny Kornberg）。他年纪稍微大一些，是一个退伍老兵。他在新学院大学学习完社会学，又继续攻读了教育学学位。他在西二十大街38号的富人区租了一所房子，和新学院大学在同一个街区。这个房子里住着一些奇怪的群体。房屋管理者是一位瑞士妇人。她常以诗歌的形式通知她的租户。还有一名中国男孩，喜欢在楼梯外破损的壁橱里思索。有时，我自己住那儿。但在知识上对我有重要影响的朋友是托马斯·乐格曼（Thomas Luckmann）。我们在一门哲学课上认识，一拍即合，之后便常常在一起。后来我和乐格曼一起合作写了一本有影响力的书。当然，这种结果在当时是不可预见的。稍后我们会在本书继续讨论这件事。

邂逅了巴尔扎克之后，我便开始实行我最初的计划。我花了一年多一点的时间获得了社会学硕士学位，之后去费城的信义神学院读书。我在那儿又学习了一年时间，而且还是快乐的一年。但之后我决定：最终我是不会从事牧师这种职业的。（至于这样做的原因，和直接的非神学故事无关。简单地说，我不认为我可以完全认同制不可更改的奥斯堡信条的全文。如果把对教理、教义等的认可作为神职授任的条件的话，可能只剩下几个路德宗的神职人员了。回想起来，这真是一个堂吉诃德式的决定。）不管我是把社会学当成了一门学问，还是新学院大学已经把社会学观点传递给了我，反正从那之后我就迷上了它。由此，一个最初的错误让我开始了一个为之奋斗毕生的职业生涯。

究竟是关于社会学的什么观点呢？它有没有经过时间的检验呢？

事实上，我的社会学观点成形于我在新学院大学学习的这几年，即从1949年开始直到1954年获得博士学位为止。这要归功于三位老师：阿尔伯特·所罗门（Albert Salomon），阿尔弗雷德·舒茨（Alfred Schutz）和卡尔·迈尔（Carl Mayer）。三位老师都是欧洲难民学者的核心骨干。但他们的个人魅力和学识领悟却是各不相同。在此，向他们三位表示感谢！

在论到巴尔扎克时，我已经描绘了所罗门的课是如何影响到我的。为了明白一个社会的内在运作而不懈努力，为了了解每个个体的动机（不管是他们的痛苦还是罪恶）而有的无尽好奇，这样的异象使我着迷于社会学。但我从所罗门身上所学到的并不止这些。他主要教导两个课题：启蒙运动时期社会学的根源和涂尔干（Durkheim）的法国社会学流派。所罗门知道社会学是启蒙运动、尤其是法国启蒙运动的产儿。为了明白人类世界而需要将理性的运动发挥到极致，因此，社会学本质上就有一种批判精神。我依然相信所罗门对他所称之为社会学的"史前史"（prehistory）的解释是正确的。它绝对是对社会学概念的最好解释。至于社会学这个词本身，是由法国的一名哲学家奥古斯特·孔德（Auguste Comte）发明的。

所罗门对埃米尔·涂尔干以及他所创立的社会学流派的解释也

相当重要。在所有著名的社会学家中,毋庸置疑,涂尔干是启蒙运动的产儿。这可以取证于他的政治活动和他对社会学中社会角色的理解。在德雷福斯事件中他绝对是加入了共产党一派。1905年宪法颁布政教分离原则,紧接着,这一党派在战争中取得了胜利。涂尔干在委员会中担任创作共产党要理问答一职,以便用此来取代天主教在公立学校的教导。所罗门在课堂上让大家看了由该机构出版的书籍,名为:《社会学和道德研究课程》(Course of Study in Sociology and Morality)。涂尔干的主要观念是"团结"(solidarity)。所罗门认为:当人们读到涂尔干作品中的主要思想时,他们会听到有人在低声喊着法国大革命时期的三项原则:"自由、平等、博爱!"

这种场面可谓是雅各宾党等激进人士对社会学的理解,而且我早就对马克斯·韦伯(Max Weber)冷静的、理智性的教导颇有印象,所以我对涂尔干的这种观念并不感冒。但他的其他理论却一直持续地影响着我的想法:应当客观地看待人们难以忍受的现实社会情况(涂尔干:"要把社会事实当成事情");为了生存,社会需要一个能够支配一切的道德共识:涂尔干的"集体意识"(collective conscience);现代化发展是制度秩序的一种变化,涂尔干解释为:是从"机械团结"(mechanical solidarity)转变成"有机团结"(organic solidarity)的过程,如今它建立在契约关系的基础之上;宗教成为社会神圣性的象征标志;因社会关系的持续贫瘠而带来的难以忍受的环境,即"社会反常状态"(anomie)。之后涂尔干的追随者,特别是莫里斯·哈布瓦赫(Maurice Halbwachs),把对社会的这种理解延伸发展成"集体回忆"(collective memory)的概念。而马赛尔·格拉内(Marcel Granet)和吕西安·利维·布鲁尔(Lucien Levy-Bruhl)称之为"心灵结构"(mental structure)或"心态"

（mentalité）。我理解这是一种激进的客观主义社会观，这与韦伯以社会行动者主观意识为基础的社会观有着很大张力。很久以后，在我和托马斯·乐格曼合写的书中，我们构思了一种思路把这两种观点融合在了一起。

所罗门是一位杰出的、激情澎湃的讲师。他的性格也很古怪，脾气暴躁。他忍受不了被别人愚弄。如果学生对他的评价让他感觉自己很愚蠢时，他会用讽刺的言语杀死学生。确实有一小群忠实的追随者聚集在他周围。尽管我非常欣赏他所教导的东西，但我并不属于其中一员。

作为一名社会学家，我后期的发展，尤其是在社会学理论方面，受益于阿尔弗雷德·舒茨。他对我有着深远的影响。有点奇怪的是，我对他的印象没有阿尔伯特·所罗门和卡尔·迈尔那么深。我对他的课很感兴趣，又因为都来自于维也纳，我对他又多了一份亲切感（那两个老师是德国人）。舒茨的哲学构架是广义的现象逻辑学。然而，我对此没有什么兴趣。最开始我对社会学含义的重要性并不清楚，直到后来，我研究生毕业十年之后，当我和托马斯·乐格曼合写《现实的社会建构》（*The Social Construction of Reality*）时才有点理解。相比之下，乐格曼投入了更多的精力去探究现象学。他是一个舒茨迷，能够清楚地表述舒茨的思想，在哲学方面比我更有才气。

不管是做学生时从舒茨那里学到的东西，还是他去世后了解到的他的思想（我阅读了一些在他去世后出版的作品，和乐格曼也有一些交谈），让我来解释这些内容多少都有点困难。舒茨主要有两个方面的论述：社会科学的研究方法和知识社会学。有点讽刺的是，第二个方面仅仅是舒茨课堂里的一小部分。关于这个主题，我记得只有一门课程，是社会学的一个分科，主要是对马克斯·舍勒（Max Scheler）提出的历史学的讲解，以及卡尔·曼海姆（Karl Mannheim）对英语世界历史的介绍。有一部分是对马克思主义理论中的关系概念和社会过程尖锐的批评。为了更好地理解社会学，正是在他的方法论课堂上，舒茨形成了他自己的现象学应用理论。

舒茨在教学方法上的亮点是开设研讨会。我参加过两次。研讨会有一个相当冗长的标题：从社会学理论的角度去观察时下新闻动态和每日生活状况。学生们可以借任何一个话题来写论文。当大家在课堂上读自己的文章时，舒茨会按照自己的理论研究法给予评论。在一次研讨会上，我写了一篇名为《古斯塔夫之案》的文章。我从弗洛伊德、马克思主义和神学等不同角度描述了一个年轻人的信仰危机。（这篇文章为我自己的信仰危机提供了很多帮助，但舒茨却不以为然。）我不记得我在其他研讨会上写过的文章了。我的朋友，莱尼·科恩伯格，写的题目是盲人的世界。

我从舒茨那里接受的主要观念是"多重现实"（multiple realities），意指在现实感中存在的行为习惯也在个体意识中不断发展。舒茨以现象学的方式阐释了这种观念。他把现象学和美国传统心理学巧妙地结合在一起。社会心理学的观念主要来自于乔治·贺伯特·米德（George Herbert Mead），这是一个明显不同的观念。这就让舒茨的意识主张变得更为复杂。

针对自己的中心理念，舒茨可以说是构建了一大批辅助观念，用以解释不同的现实状况是如何与个体的主观意识相结合的，以及他们是怎样通过相互主观性联系起来的。这些辅助理念有：每日生活中的主要现实即"至尊现实"（the paramount reality）；伴随至尊现实的各种各样的小现实即有限意义域（the finite provinces of meaning）——例如梦想、审美经验、理论上的论域、有着举足轻重地位的宗教体验，不过舒茨对这些都没有什么兴趣。还有一个现实转变成另一个现实的过程，在论文《堂吉诃德和现实的问题》一文中，舒茨有着精妙的阐述。我认为这是舒茨最妙的作品。每个个体与以下几种群体的关系：可以面对面接触并相互影响的人、虽然生活在同一个时代却没有这样相互影响的群体、那些在我们之前的人和即将继承我们的人（这四种人分别是"合伙人"、同龄人、前辈和后继者）。在舒茨《社会世界的有意义结构》（The Meaningful Structure of the Social World）一书中对以上内容都有详细的描述。这是他在有生之年出版的唯一一本德语书。那时他还没有去美国。[②]舒茨到美国之后出版了大量的英语文章。但在他去世之后只收集汇编成三卷《舒茨论文集》。该文集由一位荷兰出版商以令人难以购买的价格出版，这让美国学生很难得到这本书。

虽然如此，但值得注意的是，舒茨在美国的社会科学界却是相当有名。一定程度上是因为他在新学院大学教授的学生们的成就（无论是哲学还是社会学）。另外是由于其他人的努力，比如哈罗德·加芬克尔（Harold Garfinkle）及其他一些号称民族方法学家的人。令人遗憾的是，在他拥有这种影响力之前，年仅59岁的舒茨在1959年过世了。让人感动的是托马斯·乐格曼愿意继续从事老师的工作。他把舒茨的理念系统化，借《生活世界的构架》（The Structure of the Life-World）表达出来。乐格曼和已过世的舒茨之间的合著，大概就是一位前辈和一位后继者之间独一无二、且具有深远意义、又让人感动的一次合著。[③]

舒茨在知识社会学方面的作品以他称之为"知识的社会分配"（the social distribution of knowledge）的方式整理起来。他用一些精湛的小短文详尽地表达了这个理论。比如："常识性的知识"（commonsense knowledge），这个词与"理所当然的存在的世界"（the world-taken-for-granted）同义；消息灵通的公民；陌生人和返乡者。这些思想观念都发生于课堂之上。除了一些稀有的再版之外，他的学生们很难再得到这些宝贵的知识。正如先前所提到的，舒茨知识社会学的课主要以讲座和评论别人作品的形式进行。然而，我仍记得他在这门课上曾经很偶然、不经意间说过的一句话。这句话深深地刻在我和乐格曼的脑海中。我不知是否能一字不差地全背下来，但大概的意思是这样的："假设有一天知识社会学真的名如其名，那它就能够解决日常社会中被错认为是知识的一切事物。"当时，这句话对于我和乐格曼来说真是如雷贯耳，也成为我们在20世纪60年代再一次系统地概述知识社会学的进军号令。

舒茨是一位亲切、善于交际的教师。他的生活方式是受过教育的中欧中产阶级的范儿，正如他本家一样。他是一名业余音乐家，他会定期在自己的公寓里举办室内音乐会。他非常爱去电影院，他课堂上的大部分例子都来源于此。他很健谈，也爱抽烟。他的生活模式有点特别。他当研究生部的正式教师时，还做进出口的生意，而且做得相当成功。据传言（我并未证实）新学院大学每年只付给他一个硬币作为年薪，但由于自己生意上的收入，他的日子过得相当惬意。他早上忙于经商，晚上讲课，下午和我们一样待在纽约公共图书馆里。

如果说所罗门是激情洋溢，带点预言风格的话，那舒茨就是低调、不拘礼节的，有时课堂上的气氛轻松得像咖啡馆。舒茨启发了一些学生来延续他的足迹，但他并不渴望拥有门徒，并且也欢迎大家对他进行批评指正。他性格很谦和，也拥有机敏的才智，不过他从没有恶意地使用过。

舒茨是我博士论文答辩的老师。他只指出了在脚注中出现的一个小问题，其他什么都没说。论文通过后，有一场小型的雪利酒会。他走过来面带微笑地用德语对我说："干得不错！伯格，你现在是一个博士了。恭喜你！但你能否告诉我你真的相信你论文中的那些废话吗？"他的目的很清楚：没有人可以回答这个问题。只有傻子才会说："是的，我相信那些废话。"或者："我不认为我写的那些是废话。"我什么都没说，只是笑了笑。他也笑了。他只是想让我有一点点不舒服，好让我从自认为很了不起的错觉中醒过来。他成功了！

在三位社会学老师中，不管是个性方面还是专业方面，卡尔·迈尔都与其他两个人非常不同。他很安静，甚至还有点害羞。他的授课方式也是这样。上课时非常认真、一丝不苟，讲得也很清楚。每当听完他的课，大家的印象就是没什么要说的了。

卡尔·迈尔主要教授两个方面：宗教社会学和马克斯·韦伯的作品。其实这两个题目是相关的。它们在帮助我组建自己的社会学观念上起到了至关重要的作用。由于当时我对神学上的一些问题深感困惑，自然就把宗教社会学作为我专业中最重要的一块。在迈尔的教导下，韦伯针对解决社会问题所提出的设想对我产生了深远影响，至今犹存。

作为一名优秀的教师，迈尔的著作很少，只留下了一本德语书，就是他的博士论文：《教堂和宗派的概念》（*the Concepts of Church and Sect*）。还有一些零零散散的文章，大部分都发表在新学院大学《社会调查》日报里。提前退休后，他计划写一部关于韦伯的巨著。但他只留下了一些断简残篇。他的影响力也只以传统的方式留在了课堂里，仅存在于一小部分学生的记忆里。

迈尔关于宗教的解析是纯粹的韦氏思想，主要以宗教和社会之间的相互影响为中心，并不认为其中一个有决定性的影响作用。迈尔全面而彻底地阐释了韦伯在这个领域提出的各个范畴。比如：介于特定的宗教运动和社会因素之间的"选择性亲和"（elective affinity，Wablverwandschaft）；感召力（charisma）和它的"常规化"（routinization，Veralltaglichung）；教堂和宗派中的社会构架；还有在他开创性的作品中提到的重要议题：新教伦理和现代资本主义的起源。迈尔花了一整个学期来教授这门课。

迈尔对宗教经验和神学思想有着切身体会，但他从未在教导中分享他的信念（韦伯也是这样）。在一次和我的聊天中，他非常不情愿地透漏了一点点。和所罗门、舒茨不同，迈尔不是犹太人（但他的妻子是），他是一个来自德国巴登省的新教徒。那里的新教徒都是加尔文主义的改革宗，不是路德宗。迈尔说他自己是一个基督徒，但他不去教会。一次他淡淡地说道："如果我去教会，一定是以主教的身份去的。那样我也许会舒服些。"

如果说迈尔对他的神学信仰是保持沉默的，那他对于韦伯主义绝对是热情的。他在一定程度上改变了我的信仰，因此我很早就对韦伯式的核心元素产生了共鸣。例如：社会是由人类意识所产生的行为表现构成的；社会学是为了明白这些意识（韦伯）；"理想型"（ideal types）观念的应用：认为理论结构几近于社会现实；意识、动机和行为之间的关系；国家、经济和等级之间的体制化以及社会学是"价值中立"的。迈尔十分钟情于韦伯关于科学的和把政治当作天职这类的文章。在第一类文章中，韦伯拒绝把学者当作传播者。第二类文章中，他详尽描述了两种伦理形式之间的差异。一种是伦理的态度，另一种是伦理的责任。他强烈推荐把第二种形式当作政治家们的指南。

要想让迈尔以个人的身份和学生们无拘束地聊天是不容易的。但他对我这样做了，至少可以说是在一定程度上他这样做了。我两次被邀请到他在威彻斯特郡的家里做客。他退休回到瑞士后（一个讲意大利语的国家）不久，我和我的妻子布丽奇特在布里萨戈拜访了他一次。他在那儿买了一栋房子。这房子总是不断地出问题，使他的学术意向不能顺利进行。我们在阿斯科纳租了一套房子，从他家开车很快就到了。他和他的妻子特露德至少来过我们家一次。我记得我们四个人坐在我家的花园里，从下午晚些时候一直待到晚上，一起欣赏马焦雷湖令人惊叹的美景。但我已忘记当时所谈论的内容了。

回顾我在新学院大学研究学习的这段时间，我获得了三种理论视角。它们对我在之后的日子里进行的研究有很大帮助。从所罗门那里，我明白了要从思想史的角度来看社会学的发生地，借着法国传统这一门课上的训练，让我对社会学有了一种很好的基础训练。从舒茨那里学会了如何用现象学来丰富社会学理论，尤其是知识社会学，还有对来自乔治·贺伯特·米德的美国传统社会心理学的介绍。从迈尔那里，我掌握到研究宗教社会学的基础方法，也听取了对马克斯·韦伯作品内容的详细讲解。迈尔是我的指导老师，也是我的博士生导师。我早期的职业发展和他有着重要关系。三位老师一直都在影响着我的思想。我和托马斯·乐格曼坐下来计划并着手《现实的社会建构》这本书时，我们论证的中心就是上述提及的三种理论链的综合。最开始我称我的社会学取向是"人文主义"（humanistic）。抛开这个词的基本含义不说，我现在怀疑这是否是一个恰当的形容词。我对这个词下了两个定义。一是要强调社会学对慈善协会（动物保护协会）的贡献。因为它揭露了要把残忍和压迫合法化的谎言。我想这应该是启蒙运动学科的根源。更重要的是第二个含义，社会学作为"人文学科"（humanities，或者叫做人文科学），不仅和历史、哲学有关，而且和文学想象的直觉也有很大关系。

以上这些是我在新学院大学上学期间获得的丰硕果实。我并不是说我没有学到别的知识。有一门关于美国社会学历史的课程对我非常有帮助，是由一位从研究生部外面聘请的年轻讲师教授的。还有一些课程介绍了当时很流行的学派："结构功能主义"（structural functionalism）和"象征互动论"（symbolic interactionalism）。唯一缺漏的一个课程是定量法。我选了一门统计学。它是由一位非常称职的老师教授的。可惜在面对我这个对数学顽固不化的石头时，他那些善意的努力都白费了。（我想说的是，在维也纳上小学的时候每次上算术课我都得麻疹。）几年后我在密西根大学参加了一个暑期课程学习统计分析。这次课程有两大看点：一、授课的老师是一个处于怀孕最后阶段的女老师，学生们的注意力都不集中。大家越来越担心她是否会在解释多重相关这个难以理解的话题时突然在教室里生了孩子。二、我得了有史以来最严重的花粉病。虽然我不否认可能是因为心理原因造成的，但别人对我说，这种情况在安阿伯市的夏天常常发生，因为那里有诱发这种疾病的因素。不管实际情况到底是怎样的，我带着堵塞的鼻子和发痒的眼睛提前离开了学校。在我离开的时候（就我知道的情况），那位讲师还没有生下孩子。

离开第十二大街的探险旅程

为了获得博士学位证书，在离开新学院大学之前我必须完成两篇论文：一篇硕士论文和一篇博士论文。相比之下，博士论文要比硕士论文更长、更复杂。就我而言，完成第一个没有太大问题，但第二个就难喽。第一个论题是针对在纽约的波多黎各群体中迅速增长的宗教而进行的实证调查。第二个是研究巴哈伊教信仰的转变：19世纪他们在伊朗进行过激烈的弥赛亚运动，为什么到了20世纪的美国就变成了一个安静的群体？写作的内容有经验主义的部分，但大部分还是对其发展历史的研究。从学术思想的专业角度来看，这些锻炼是对我专业能力的重要测验。如果第二篇论文成功的话，将被认为是"创新性的贡献"。但我怀疑自己已经不再渴望去研究了。然而，这些练习却是很重要的学习经验，多少暗示了我以后将要做的事情。更重要的是，这些练习使我"有了亲自做调查"（hands dirty with research）的经历（该词源于路易斯·沃斯说过的话，他是芝加哥社会学学院的创始人之一），这让我很兴奋。

我到处寻找一个可以在一年之内完成的论文题目（当时我非常想去读神学）。巧的是，我认识了一个新教教会的行政人员。在聊天时，他顺便提到了一个不同宗派之间的行政机构——纽约市差会。借此，我了解到一个非常有意思的事情：有大批的波多黎各移民涌入到城市里来，其中有很多人是新教教徒。他说只有少部分人知道这件事。我觉得我找到了一个比较容易的论文题目，告诉他我想研究这一块。他为我联系到了可以帮助我的其他教会的行政人员（有新教的，也有天主教的）。

很快我就发现几乎没有什么可参考的前期调查依据。只有一小部分参考文献是关于纽约波多黎各人的宗教的，而且都是大众作品。还有一些未经印刷的由教会机构写的文章。两者中的哪一类都很少。这激起了我很大的兴趣，也有一些害怕，因为意识到自己必须从零开始。事实证明，最开始认识的那位教会行政人员介绍给我的朋友相当有帮助。他们主要让我和主流教派的教牧人员接触（天主教和新教的都有）。不过我很快就发现在这一宗教领域中最有活力的群体，我称他们为"宗派心强的人"（sectarian，表达的不是很清楚的一个词，这是从教会行政人员那里得来的）。事实上，他们是五旬节派教会。

我的"官方"线人确实提供了一些有关五旬节派的有用的故事（尽管这些故事都带有偏见）。就其本质特点来讲，这些五旬节教会是很难找到的。在电话簿上也查不到他们的联系方式。我用尽了一切方法去寻找他们。但现在看来，这些努力，只有一小部分凑效。我采访了许多在曼哈顿、布鲁克林和布朗克斯的牧师。就我记录的名单来看，即使没包括所有的牧师，也有一大半了。他们当中有来自新教主流教会的牧师，也有来自天主教教区的神父，都是讲西班牙语的。在这些采访中，我确实发现了一些有意思的事情，比如，除了一个阿根廷人之外，所有新教的牧师都是波多黎各人，而天主教中一个也没有。个别提供信息的人认为一些波多黎各人在没移民之前已经是新教教徒，但大部分群体在到了纽约之后改变了他们的信仰。这个观点可能是正确的。回头看的时候，发现我进行的这些采访都是在浪费时间。这不是要下功夫的地方。如果一开始我能尽我所能地去寻找五旬节派的人、采访一些他们的传道者和信徒领袖、使用人种论中的优秀传统来进行大量的"参与性观察"（participation observation）的话，我花的那些时间就更有意义了。

我确实也做了一些这方面的工作。因此才使得这份资料即使在几十年后读起来也觉得很有意思。不管怎样，写这篇论文实现了我的巴尔扎克梦：夜晚漫步在城市的各个街道，去发现它神秘的一面。主要是在东哈莱姆的街道。相比之后的日子，那时的晚上还是很安全的。除了那些没有多大意义的采访之外，大部分时间我主要是参观五旬节派的教会，或者与此有关的内容。有临街的教堂、车库以及一些私人的公寓。我也采访传道士和非专业人员，并也参加他们的礼拜。这篇较长的论文详细描述了五旬节派标准的礼拜方式。基于我是在不知道的情况下发现了这种现象，我所表达的内容还算准确。

有两样因素帮助了我在人种论方面的实践练习。在我做调查的这一年，我和我的父母住在一起，自己几乎没有收入。我在东哈莱姆新教教区找了一份兼职。这是一份跨宗派的工作，主要是联合各个教会以及做一些社会工作。组织者鼓励男性职员穿上神职人员的衣服。这样既可以消除人们的疑虑，也可以保护自己的安全。我拿到一件这样的衣服，大多数时间都是晚上穿。刚开始我感觉很尴尬：有时候在地铁上，冷不丁地有一些修女向我点头问好。不过这套衣服也让我很容易和别人沟通。人们可以理解我这个看上去有点可疑的外国佬，也让我的夜间旅行变得很安全。在做调查期间，我还掌握了西班牙语，说得很不错。我从来没有正式地上过语言课。在字典的帮助下，我学会了西班牙语语法，也能够读报纸。我和一位波多黎各的年轻演员做了朋友。他刚到美国，是个很好相处的人。他想学英语。我们互相换了英语和西班牙语的课程。但我的西班牙语大多是在街上学到的。不用怀疑，肯定带了点波多黎各人的口音。这门语言对我以后的发展有很大帮助。而且我对波多黎各人有了一份不一样的情感。多年后，当我来到这个岛上时，我有一种回家的感觉。

不用说，我对五旬节教派这一现象的描述是不充分的，随便掰掰脚趾头就可以知道它的分量。哥伦比亚大学的一个团队，整理出来了一篇关于波多黎各移民宗教信仰状况的文章。我引用了其中的数据：有5%的人信仰这一宗教。这个数据肯定是很低的。当时拉丁美洲的圣灵降临运动还没有开始。但我个人觉得更为准确的是：即使在那个时候这一数据也应该是在20%左右。我确实说过：各种迹象表明，这种情况会不断扩大、且不断增长。

然而，我对五旬节派教会本质上的调查研究却是出人意外的准确。我知道让许多波多黎各人变成"宗派心强"的新教教徒的最初动机是什么。这是一个刚从安静传统的社会移居到纽约这个动荡不安环境的群体，透过教会，他们可以有稳固的社区，彼此互相帮助，在灵里和在身体上（他们相信）得到安慰和医治。这些教会，即使是新教主流教会，都是"波多黎各人的地盘"。他们和天主教教堂不一样，那里的牧师虽然讲西班牙语，但都是美国人或者欧洲人。正如我采访的一位女士所说："我去的那个天主教教堂，神父都不知道我的名字。现在，如果我有两周没去参加礼拜，牧师就会来探望我，看看是不是发生了什么事儿。"

在五旬节派教会中，上帝是一位亲密的、不用神父做中介可以直接亲近的、满有慈爱和安慰的上帝。教会前面常刻的经文是："上帝就是爱。"主日礼拜通常都在周末的晚间举行。这里的礼拜带有情感宣泄的成分：伴随着活跃的音乐，人们可以通过唱歌、跳舞、作见证和时不时的"说方言"来表达自己的情感。更重要的是，这里一点都不是苛刻找茬、只教导严厉道德准则的教会。那些从把道德规范当做是理所当然应该遵从的地方迁移出来的人们，所需要的正是这些。

我当时正沉浸在韦伯的著作中，竟然没有在论文中提到"新教伦理"（Protestant ethic）这一概念。过了很久之后，我才发现其中的关联。我在其中有一些暗示。我记得一个临街教会的标语曾给了我当头一棒，上面写着（当然是西班牙语）："在地板上吐痰是对这一圣地的犯罪行为，也是没有礼貌的表现。"尽管这种对宗教的敬畏和资产阶级礼仪的奇怪结合让我震惊，我还是认为没有必要把这件事写在我的论文里。

除了每周日以外，五旬节派教会的夜晚一直都是一个避难所，一个宾至如归的地方，一个属于普通老百姓的地方，而天主教不可能做到这一点。事实上教会给人们一种强大的社区归属感。我在论文中详细描述了一个小插曲，这个小插曲让我有回家的感觉。有一次我正在一个临街的教会参加礼拜。礼拜进行到一半的时候，一个喝的醉醺醺的美国女人磕磕绊绊地走了进来，并用英语大声喊叫。一般这种情况肯定会引起聚会暂时的中断。但是教会会众的反应却是不可思议的。那个女人叫道："我不是没有教会的人。和在座的一样，我只是一个陌生人。为什么没有人和我讲英语？我希望有人用英语和我说话。"牧师用结结巴巴的英语对她说："我们为你唱首歌吧！"（牧师的反应我记得很清楚，但不知什么原因，最后定稿的时候却落了这一段。）全体会众一起用不太流利的英语唱《你为我祷告，我也为你祷告》这首歌。那个女人渐渐安静了下来，因为得到大家的关注而显得很开心。然后有一个年长的波多黎各妇人，看上去一句英语也不会说，坐在这个入侵者的旁边，对她微笑，用手轻轻地拍着她。如果我没有记错的话，我把这个小插曲作为对集体力量的一种解释说明插进了论文里面。对那些很容易被人们看成带有威胁感的陌生人来说，这种亲密的团契很能鼓励安慰人。

在和非五旬节派的新教教会的波多黎各信徒的谈论中，我发现了一个现象：尽管他们的礼拜更安静，也不接受因"被圣灵充满"而有的热情表现，但他们的礼拜和五旬节派的礼拜还是有一定的相似度。他们的礼拜也都是非正式的：孩子们在教会里到处乱跑，大人们有说有笑，有来有往。一些音乐也很相像，尽管声音很低。更重要的是在讲道上，都是按字面直接朗读圣经，更强调个人改变的重要性。我不是用术语（我不清楚当时我是否明白这个词），但据我精确的观察，他们的礼拜绝对是福音派（evangelical）的。尽管我不能理解它所有的含义，但我却在一个重要事实上犯了一个错误，就是几乎所有拉丁美洲的新教教徒，事实上几乎所有南半球的新教教徒，都是福音派。

1950年，当时21岁的我递交的一篇论文，今天大家却把它当作宗教社会学里的重要作品来读，这真是一件不可思议的事情！如果把它当做实证研究的技巧练习还是有点用的。这篇论文为我以后从事的研究题目做了铺垫。比如：社会环境和信仰的关系，处在社会边缘的人们的信仰，以实证为根据（这与从神学的角度来看是不同的）来研究天主教和受大众喜欢的新教之间的区别。但对五旬节派的深刻印象此后一直徘徊在我的脑海里。直至数十年后，当五旬节运动如同海啸一般横扫拉丁美洲、撒哈拉以南非洲地区、亚洲部分地区和一些意想不到的地方时，我才意识到我有多关心这件事。1985年，我创办了文化、宗教和世界事务研究所。我决定把对五旬节派的研究作为该研究所的重要任务之一。研究所支持了来自拉丁美洲的大卫·马丁（David Martin）对此进行开拓性的研究。他是"五旬节派研究"项目的院长。虽然现在关于该项目的研究已经有了大量的文献，但大卫的工作仍然是研究所最重要的财富。

在开始讲述我写的关于巴哈伊教的博士论文之前，我想在此稍微提一下另外一个经历。这也是我学习实地调查研究方法的一个锻炼。可以这么说，为了我的硕士学位，我的钱包总是空空的。因此，在1950年夏天，我在美国的"教会扩张"办公处找了一份工作，之后该组织被命名为"联合信义会"。说白了，这是一个做市场调查的项目。他们把我和一个刚上神学院的年轻人搭配在一起。我们被分配到美国中西部密集的居民聚居地。那里都是新建的郊区，这是大战后郊区迅速扩张的时代。我们以城市扩张办公室代表的身份一家一家地去敲门。事先不会说明我们是路德宗的。一般会问两个问题：（1）受访者（经常是一位女性）本人或者她的家人是否委身于某一间教会？如果答案是肯定的，我们会说谢谢然后离开去下一家。（2）如果社区附近要建一个路德宗的教会，他或她会对此感兴趣吗？如果答案是否定的，我们也会离开去往下一家。但是如果对方很感兴趣的话，我们就会留下基本的联络方式。来自各个地区的大量数据都汇总到该教派的总部办公室里（总部之后迁到了纽约）。不知是否有那么一间路德宗教会是因为我们的调查而建成的？但我在那个夏天体验到了很重要的人生经历：我学会了如何去采访那些当着你的面粗鲁地把门"哐当"一声关上的人。也算换换口味吧，我所采访的人都是讲英语的。

这个夏天留给我最深刻的回忆就是：酷热的天气里，我被飞扬的尘土和狂吠的群狗追逐着，拖着疲惫的双腿走在没有尽头的、没有铺柏油的街道上。我在芝加哥的郊区深深地爱上了一个年轻姑娘,但这个插曲最终没有什么结果。坐火车从芝加哥去圣路易斯的路上听到了朝鲜战争爆发的消息。不过这几件事和我的论文都没什么关系。

怎样成为一个波斯人呢?

在阿尔伯特·所罗门的一门课上,我针对孟德斯鸠的讽刺小说《波斯人信札》(*The Persian Letters*)一书写了一篇学期论文。通过一群在巴黎旅行的波斯人寄回家中的信件里面所描述的编造内容这一系列镜头,孟德斯鸠逐渐撕破了人们对理想社会的假想。巴黎人不停地问:"怎样成为一个波斯人呢?"但孟德斯鸠真正想问的是:"怎样成为一个法国人呢?"不管实际情况怎么样,当我开始准备下一个阶段的毕业作品时,我开始编撰我自己的"波斯人信札"。我的博士论文题目是巴哈伊教运动对宗教社会学的贡献。这题目与东哈莱姆的波多黎各新教教徒相差甚远,而且研究方法也是完全不一样的。博士论文有一点点以实验为根据的部分:会有一些采访,也会有一些针对纽约巴哈伊教群体的问卷调查。但剩余的内容几乎都是以历史资料为根据:从19世纪中期在伊朗发生的运动开始一直到当代美国所具有的特征。

我之前想到过巴哈伊运动,但是最终决定写这篇论文是因为我恰巧遇到一位年长的伊朗绅士,他的名字是阿哈默德·苏赫拉布。当时我正在积极尽力地参观更多的宗教团体。因为美国宗教多元化的原因,在这些旅程中,我偶遇了一个对巴哈伊教持不同意见的小型机构。它位于曼哈顿的上东区。该机构的名字叫做"东来西往旅行队",它由一位有钱的美国遗孀支持,苏赫拉布做领队。这个小机构本身就挺有意思。但更有意思的是，在 1912 年到 1915 年期间，苏赫拉布曾经是阿巴斯·阿凡提的口译员。后者是巴哈伊教创始人的儿子。在这期间，阿巴斯从欧洲到美国进行了多次宣教旅程。苏赫拉布用英语保留了一份日记。其中记载了阿巴斯每日所行和人们对他的反应。苏赫拉布让我读了这份日记，一共有 13 本手写的笔记本。这是一次激动人心的阅读，我可以很好地使用其中的资料。但最后论文中引用的大部分内容还是已出版的资料。

有了之前学习西班牙语的经验，我开始学习波斯语。过了不久，我便发现我可以从英语和法语的书籍中找到我想要的所有资料，我便放弃了波斯语的学习。之后，我就把大把的时间花在纽约公共图书馆东方文化区域（在众多区域中这里是研究东方文化的藏宝地）。为了写现在的这本书，我做了一件我从来没有做过的事情，我把我的硕士论文和博士论文都重新读了一遍。我很震惊，两者之间竟有如此大的差异！

我的博士论文是对马克斯·韦伯"感召力的常规化"（routinization of charisma）这一理论的实践应用。该理论的意思是：一个原本狂热的运动在一位拥有超凡魅力的领袖的带领下突然转变成由官僚管理的正规组织的过程。为了将这一理论应用在我的论文中，我需要更仔细地了解该运动的历史过程。该运动的早期历史还都是一些戏剧性的事件。早期历史一共经历了两个阶段。第一阶段讲述了一个自称巴布（意为：天国之门）的预言者和他的追随者所做的事情。为了推翻伊朗国王，建立弥赛亚的神权政体，他发动了武装起义。此事以一场大屠杀结尾，巴布被处死了。一旦发现他的追随者，也都将处以极刑。在巴布的众多追随者当中，一位自称巴哈·乌拉（意为：上帝的荣耀）的门徒后来逃到了奥斯曼帝国。比巴布更厉害的是，他竟然自称是新时代的先知。在这段过渡期里，巴哈伊运动停止了以前暴力的行为，从本质上变成了和平主义者。在巴哈·乌拉过世之后，我们先前所提到的那位阿巴斯·阿凡提把这一运动带到西方，他们的这种变化就越来越明显。

阿巴斯去世之后，巴哈伊教算是严格地按照韦伯主义的"规范化"（routinization）轨道进行的。他们建成了一个所谓的监护制度，这是一个正式的神职构架。与此同时，该运动的宗教内容也发生了改变，撇弃了许多神秘元素。至少在美国的巴哈伊教是一个安静的、受人尊重的、"进步的"群体，一个带有波斯特点的政府集权制群体。而在伊朗的巴哈伊教是与此完全相反的。因为伊斯兰革命而带来的大逼迫致使他们有点销声匿迹的感觉。

根据学术思想的标准，每一篇博士论文都应该做出一些原创性的贡献。但与这一要求相反，只有少数人才会做到。如果只是从原创角度考虑的话，我也算是做了一点点贡献，让我的论文忠实于它的副标题。因为据我所知，还从来没有人把马克斯·韦伯的理论应用在波斯宗教这一富有想象力的戏剧事件中。我使用了"主题研究"（motif research）这一概念。该词是瑞典一所学校进行宗教研究所取得的学术成就，主要用来查找各个宗教传统中的核心主题。我提出理由证明：通过了解各个宗教的主旨和他们使用的具体制度之间相互作用的变化，人们可以明白所有宗教的历史发展进程。就巴哈伊这个宗教而言，我把它的宗教主旨定义为："千禧年主义"（chiliastic）和"诺斯底派"（gnostic）。由此我们可以明白一件事：在巴哈伊教早期历史中，为什么会有许多人突然出现，宣称自己是拥有统治权柄的弥赛亚式领袖。我杜撰了一个短语：神授权能之地。在如火如荼不断发展的灵恩运动的初期，多一个拥有神授权能的领袖也不足为奇。这也许是一个可以使用的概念。我敢做一个大胆的假设：巴布和巴哈·乌拉去世之后，在实行"常规化"模式之前，在进行权位之争的时候，激进主义所采取的运动主张会胜过温和派传达的信息。这个观念也许是错的。若把它当成一种假设的话，也是值得去探索的。

更有趣的是我对宗派和教堂重新进行了象征主义的解释。马克斯·韦伯和恩斯特·特勒尔奇（Ernst Troeltsch）用非常严谨的社会学术语定义了这两个概念。宗派是一个从世界中分离出来的志愿团体。而教堂这一稳定机构则是世界的一部分。简而言之，一个人出生于一个教堂，加入一个宗派。在卡尔·迈尔《宗派与教堂》（Sect and Church）这本小书中，他接受韦伯和特勒尔奇关于宗派和教堂象征主义的解释，却指责他们没有认真考虑不同宗教的宗教内容。（1933年，这本书得以在德国出版，据我所知，这是他出版的唯一书籍。）我尝试去做这份还没有完成的工作（我想迈尔一定很开心吧！）。

我认为通过人们与"灵魂"之间的关系可以明白这两个概念。"灵魂"是宗教信仰的主体。在宗派中，人们感觉它很近。在教堂里，人们需要一位中介，因此觉得它很遥远。在对信仰转变的探讨中，我又杜撰了一个新术语："交替状态"（alternation）。它是一种从一个现状转换到另外一个现状，也可以取消的状态。这个概念绝对是受阿尔弗雷德·舒茨作品的影响，对我以后的研究工作很有帮助。

从我现在所获得的成就的角度来看这篇论文时，我发现了一件更有意思的事情：这篇论文中的大部分观察报告为我以后在知识社会学方面的构想画出了一个轮廓。在论文中，我论述了以教派主义团体为代表的更高级的知识主张。我把这一主张扩张到宗教以外的领域当中。在这个论题中，我又发明了一个术语："认识论精英"（epistemological elite）。该词不仅适用于各个教派，也适用于一些教堂，尤其是罗马天主教，同样也适用于马克思主义和精神分析学。不管是宗教界的还是非宗教界的认识论精英，都必须形成一套自己的认知防卫来保护自己的主张，抵挡外界的批评。更重要的是，减少内部人员隐藏于心的怀疑和质问。之后，我和托马斯·乐格曼把这些重要见解应用在了知识社会学里面。

当我准备把认知防卫这个概念淋漓尽致地表达出来时发生了一件事情。阿尔伯特·所罗门告诉我在他的课上有一个信巴哈伊教的学生。他听所罗门讲了我正在做的事情后，想要见我一面。所罗门问我是否同意给他我的电话号码。我刚给他，电话就打过来了，说要约我见一面。这肯定是一个刚信教的人。我不记得他的名字了，可能是犹太人。他和父母住在一起，因此便约我去那儿见面。我要先强调一下，他对我只有两方面的了解。首先，我在电话里面已经告诉他了，我正在准备一篇博士论文。其次，我本人不是巴哈伊教信徒。到了之后，他带我坐到一个咖啡桌旁边。桌上堆满了小册子，是专门为第一次参加巴哈伊教崇拜的人们准备的。比如："什么是巴哈伊教？"等诸如此类的内容。他认为这些可能会对我有帮助。我对这个有点尴尬的帮助很是无奈。任何一个准备写巴哈伊教论文的人都会知道这些内容的。我正确地解读了这件事（在后面的脚注中我会重新解释），我的谈话者可以应付一个不信者，也可以应付一个对信仰无知的人。但他却不能应付一个虽然不信却对信仰了解甚深的人。

然后他问我主要是做什么的，我大概给他讲了一下。但接下来他问了我一个奇怪的问题。他知道我不是巴哈伊教信徒,却问我:假设我是信徒,那我所做的调查结果会妨碍我的信仰吗?刚开始,我很好地使用了韦伯主义的风格说了一些关于"社会科学价值中立"(value-free social science)什么的搪塞了过去。但经过我再三思量之后,我发现确实有一些事情会妨碍到我。阿巴斯成为该运动的领导之后,为了澄清早期运动所带来的破坏,并证明官方对巴布的解释是错误的,他曾经专门组织人去调查。这个运动几乎就要成功了。但一位英国学者发现了被阿巴斯特工遗漏的一个副本。他把波斯原文加上英文注释一起刊登了出来,导致这个即将成功的运动毁于一旦。我认为这是一件让人很痛苦的小插曲。显然我的谈话者从来没有听说过这件事。听到这件事之后,他至少沉默了三到四分钟。然后他给了我**七**个理由来解释当时为什么没有成功。换句话说,认知防卫可以发生在任何时候。

还有一件和论文有关的趣事。我刚写完博士论文,就被美军征集到部队当了两年兵。大部分时间都是在乔治亚州的本宁堡。(过后我会讲到这段时间如何以独特的方式帮助我成为一名社会科学家的。)在那里,我认识了一个来自芝加哥的年轻人。他是基地医院的理疗师。在一次聊天中,他提到他是一个巴哈伊教徒。我提到了我所写的博士论文。他说对此很有兴趣,想看一下。真是巧啊!当时我正在为《社会学与宗教》日报写一篇摘要,就随身带了一份副本。他借走之后,又过了几周,什么都没说就还给了我。我和他不是特别熟,有好几个月都没有联系。之后在街上遇见了他,他当时和一位女士结伴而行,他对我介绍说那是他的妻子。当他的妻子知道我是谁以后,便上来拥抱我,又亲吻了我,说:"见到您非常开心。非常感谢您挽救了我的婚姻!"我非常好奇地听着接下来的对话。原来他们婚姻生活中最大的摩擦就是宗教：妻子不明白也不能够接纳丈夫巴哈伊教的信仰。读完我的论文之后，他的丈夫不信了，他俩之间的摩擦也就没有了。我真不知道该怎么说，含糊地说了一些恭贺的话，便赶紧找理由离开了。除了从辛勤的科学研究中得到了意想不到的结果之外，我没有从这件事中学到任何的专业知识。

然而，在写论文期间还有一件事。这是一个非宗教的认知防卫的例子。我认识了一位非常漂亮的年轻女士，她叫路得，应该是一名护士。由于政治上的原因，这段关系没持续多长时间。她宣称自己是共产主义者。我不接触政治，甚至对政治不感兴趣，但我厌恶所有的极权主义。基于前苏联的前车之鉴，我问她在这种情况下，她是怎样成为一个共产主义者的。她问我是否亲身经历过这些事情。我说没有，但我认识一些经历过这些事的人。她很随意地说她想见见这些人。我说这可以安排。然后我就安排了会面。

我认识一对刚到美国的拉脱维亚夫妇。我给他们打电话表达了路得的想法。他们很开心地同意了，并邀请我们一起吃饭。他们住的地方离皇后区很远。我和路得坐了很长时间的地铁才到达他们的公寓。餐桌上的气氛非常尴尬，大家一直谈论着一些琐碎的话题。吃完甜点，喝完咖啡之后，我的拉脱维亚朋友开始讲一连串的恐怖故事，而这些都发生在苏维埃共和国成立之后。这样的聊天持续了差不多40分钟。路得什么都没说，但她却越来越不安，甚至脸色有点苍白。过了一会儿，她突然用手捂住耳朵，说："我不想再听了！"那对夫妻还想要往下讲。我对他们说以后再找机会吧。之后我们便很快离开了。

在乘地铁回家的漫长路程中，我和路得有一段奇怪的对话。我问她是否觉得那些人在撒谎。她说没有，他们不像是撒谎的人。她停顿了一下，接着说了一段有意思的话："你知道吗？我觉得有些事情，如果只有我们知道究竟是什么样的，那就会完全改变他们所说的。"许久之后我才明白她在渴望一种魔幻的转变。阿尔弗雷德·舒茨在《唐吉诃德和现实的问题》一文中提到此事。唐吉诃德祈望魔术师有能力把他从一个现实转换到另外一个现实中。就唐吉诃德的例子来说，他希望桑尼·潘沙（他的侍者）每日的现实生活可以转换到唐吉诃德满是骑士、巨人和苦难少女的世界中来。这两个世界是不能同时存在的，但在魔术师的帮助下人们就可以同时生活在两者之中。

路得说她会去"核实"拉脱维亚夫妇所说的话。我说："你的意思是通过共产主义的途径吗？"她点了点头。我说："好吧。不过之后也可以通过一些别的途径来核实一下他们所说的。"她又点了点头。那晚没有发生别的事。但此后我再也没有见到路得。我打了几次电话，都是她室友接的。有时候说她出去了，有时候说她生病了，或者说她不太方便。

作为纽约的毕业生，在结束这段生活的记录时，还有一件不太想讲的事情。卡尔·迈尔从美国基金会获得了一笔相当大的拨款，可以去战后德国进行宗教与政治的研究。这是一个难得的机会。基金会为三名大三学生提供了调查基金。我被聘去做新教这一块的调查。但我没去成德国，我被征募到部队去了。托马斯·乐格曼代替了我的名额。但之后我便进行了大量的阅读准备。这为我服役之后去德国参与另外一个调查项目提供了很大帮助。

作为一名学生，我最终从新学院大学获得了什么呢？当然很多了！简单地概述一下这一章：它为我在古典社会学理论和宗教社学方面打下了坚实的基础；我也学会了如何把这些知识运用到具体的实证和历史现象中。尽管所有的教师都是来自"以欧洲为中心"的方向，但我还是获得了相当精确的美国社会学历史的知识。我受教不足的地方是对定量方法的使用，这个不足到现在还一直存在着。我的社会学方法是建立在"人道主义"的基础之上的，有点接近于历史和哲学的观点。更重要的一点是，我很早就明白了最重要的难题要以跨学科的方式来处理的道理。

最后这一点是在研究生部所谓的"大众讨论会"上慢慢养成习惯的。这是一个所有教授和学生都参加的普通会议。一般以某位教授所写的一篇论文开始。讨论的气氛常常很激烈，有时会变得不开心。社会学家和政治科学家、经济学家以及哲学家们在这里激烈地辩论着。我记得在我准备去接受兵役时参加过一场会议。那天的辩论尤其激烈。我不记得题目是什么了，但感觉就像在家里一样。那时，我对社会学这一领域还没有一幅清晰的整体画面，当时只获得了一个宽泛的社会学视角的人应该不止我一个吧。几年之后，我不得不教那些想要了解社会学到底是什么的大学生学习社会学入门的课程。

我还学到了一个非常明确的规则，它对我这些年的研究起着重要的作用。就是作为一名社会科学家，要严格地把自己的工作和宗教情怀分开。这当然是一个韦伯主义社会科学价值中立概念的实际例证。卡尔·迈尔在这方面是一个很好的行为榜样。不管是从迈尔的课堂或者是他那些稀少的文章中，我们都很难推断出他的宗教观点是什么。只有在一些私下的谈话中他才会极不情愿地透露一点点他的宗教观念。几年后，当我给大学生们上课的时候，我才真正学到了这一点。我发现大学生们对我的普遍看法是：老师必须是一个无神论者。研究生大多是见多识广的。透过课下的聊天和读我的文章，他们知道我是一个"外行的神学家"。在我的职业生涯中，我自始至终都拒绝扮演"讲堂里的先知"（韦伯的卡塞大先知）这一角色。遇到不得不回答的情况时，我会用以下说辞来拒绝回答他们的问题：学校请我来是教社会学的，而不是做政治或宗教宣传的。没有大学花钱请我写这本书。但是，同样以韦伯主义的犹太烹饪法观点为由：肉类科学还是要和奶制品的宗教区分开的。把我的宗教经历从我社会学奇遇的报告中分开是很容易的。除非两者之间有直接的关系，但大多数情况下都没什么联系。

　　我到美国以后，我在美国的精神之旅就已经开始了。而这比我上研究生学习早好几年。若不是最开始错误地选择了新学院大学的社会学，我就不能称这段故事为典型的移民探索时期。之前我在俄亥俄州上了一年大学。那一年我搭便车走完了整个中西部。（那时搭便车是很安全的，除非那个司机喝醉了，而我正好赶上了一次。）因此，我到新学院大学时对美国并不是一无所知的。但这些经历和社会学没有任何关系。我所学的专业知识一点也不能帮助我美国化。但这个过程却让我在服兵役期间认知得以提升。这和社会学还有点匪夷所思的关系。下一章我会再讲这一点。

　　虽然有些人会否认这一点，但是纽约就是美国，一个特别的美国。当然，美国都是一样的。我探索了纽约，在探索的过程中我学到了一个不同方式的世界主义。探索也有物质方面的收获。在写博士论文的那一年，我在美国圣经学会找了一份奇怪的工作。该组织以杂志的形式出版了《新约圣经》中的几卷书。这不禁让人想到了《时代》和《新闻周刊》杂志。他们可能想借此吸引人们来读圣经。这个想法真是大错特错！我的工作就是找一些图片来说明文本内容。这些图片不能是艺术品，可以是某个地方或者某件手工艺品。我还需要在每一副图下面写上解释。为了寻找合适的图片，我走遍了城镇所有的相片档案库、博物馆，拜访了所有个人收藏家。通常早上就可以完成这些事情。这就给我留下大把的时间可以在纽约公共图书馆里读书。如果我想的话，还可以实地察看曼哈顿的任何风景。在新学院大学上学期间，正是因为我置身在纽约这个令人激动的大环境中，才有了我的智力动乱。这是一种带有不可避免的色情味道的强大的情感混合物。一次，正当我享受在巴尔扎克的情绪中时，我说我接受的是"纽约式教育"。如果我在巴黎或者牛津剑桥上学的话，会是完全不同的结果。回忆中，纽约已经成为一座保留我青春的城市！所有人的青春都是令人感动的！

第二章　难以置信的视野

我在新学院的学生时光结束得很仓促。写完论文后，我就不能再把上课作为我推迟服兵役的理由了。与先前的计划相反，我没有坐船去德国参加卡尔·迈尔的研究项目，而是去了曼哈顿下城区的征兵站报到。从那以后，我便开始在新泽西州的迪克斯堡接受基础训练。我的军旅生涯，虽然不怎样，但还是持续了三年：1953—1955 年。1954 年我获得了博士学位，那时我已经穿上了军装。毋庸置疑，军旅生涯让我见识了许多意料之外的东西，其中大部分都是不愉快的经历。自 1955 年我从部队退役，一直到 1963 年我回到新学院大学当老师，这八年时间也让我长了不少见识。有些事情完全出乎意料，而有些事情是根本不可能发生的。当然，这些年发生的事情和我正式成为一名社会学家没有任何关系。和我所学到的也没有什么关系，比如：如何摸黑组装一支 M-1 步枪。同时，几乎在我完全没有意识到的情况下，这段时间也在潜意识里帮助我成为一名社会学家。通过一些难以想象的方式，我离开了第十二大街，并且离它越来越远。

不情愿的士兵和冒牌的精神治疗医师

我恨恶军队。基础训练阶段不仅把人的身体搞得精疲力尽,而且也对人进行了一种人格上的侮辱。从我的经历来看,这是对作为人的尊严的全面攻击。尽管之后有所改善,但到现在我都不愿意承认当时我对军事机构的反应是错误的。作为一名中产阶级,再加上我的学术背景,当时我的反应肯定很强烈。然而,回过头来看我当时穿着军装东奔西跑所学到的东西时,我感到非常惊讶。因为它们对我之后成为一名社会学家有着很大贡献。

更重要的是,我在这里遇到了一个多样化的现实美国。随便换个环境,都不可能会有这样的人生经历。应当记住这是一个征兵制度在美国有影响力的时期。它带有一定的阶级偏见,比如说作为学生,我可以延迟服兵役的时间。尽管如此,部队还是以它自己的方式反应出了这个国家的社会多样性。自由入伍的征兵政策实施之后,这一现象就消失了。结果对我来说很简单:我只学到了我上新学院大学社会学专业时想学的东西。这句话的字面意思就是:我亲身经历了一个美国人应该经历的所有环境。大部分和我一起应征入伍的同伴都来自纽约。他们中有很多优秀的大学毕业生。他们对部队的看法和我一样。但当我来到乔治亚州的本宁堡时情况就不一样了。我在那里服完了兵役。

我的第一个营房宿舍,加上我一共住了五个人:一个来自俄克拉荷马州的皮鞋推销员;一个刚从厄立特里亚国过来的移民;一个曾是犹他州摩门教的传道士;还有一个四处流浪的男妓。对于一个新生代的社会学家来说这不算是一个坏的经历,但我还是觉得这个美国大熔炉来得有点猛。几个月之后我来到本宁堡，得到一个官方认证，这让我的经历变得更加非比寻常。由于官方的错误，我变成了一个精神治疗医师。事实上，就是一个调查美国社会各个黑暗角落的密探。

在入伍报到时，一名中士记下了我的个人信息。他问我："你的职业是什么？"

我很骄傲地答道："我是一名社会学家。"

他反问道："那是干什么的？"

我不记得我说了什么，但很明显那些解释让他仍然一头雾水。

"是社会服务人员吗？"他问道。

我说："嗯，也不全是。"

他耸了耸肩，然后说："没关系，都差不多嘛。"然后就把我职业那一栏填成了社会工作者。这一官方错误最后却成了我的一个机会。

在本宁堡，最开始我被分配到一个称为盟军联络部的部队。这是一个很大的步兵学校。里面有很多来自与美国同盟，至少和美国不是敌对态度的外国官长。我们部队的任务就是在不影响他们训练的情况下照顾这些官长。我们是按着各自的语言技能被挑选出来的。但这些技能一点都没用上，除了韩国人是自带翻译以外，其他的外国官长都说着一口漂亮的英语。有时，我们需要开车送我们照顾的人去镇里的某个地方。但这种机会很少。所以大多数时间，我们都是很无聊地坐在我们住的房子内的小厨房里喝点咖啡、闲聊、看书。有时，步兵学校司令部也会给我们分配一些其他任务：比如把货物从卡车上卸下来或者去某个地方站岗。这些任务比我们坐在小屋里更无聊。新兵们一点都不喜欢。

一次偶然的机会，我认识了另外一位社会学家：本顿·约翰逊（Benton Johnson）。他刚获得哈佛大学的哲学博士学位。他也被错误地当成一名社会工作者，现在在基地医院的精神病诊所工作。由于我们俩各自所在的教育机构名声不同的缘故：他是一名下士，而我在军队中的最高地位则是上等兵。他告诉我在诊所有一个空缺，适合社会服务人员。以这个身份工作的话可以接近人们的日常生活。我把这事告诉了我最喜欢的一位语言学家同伴。他是一位会讲西班牙语且懂得很多生活技巧的纽约人。他给了我一些建议，告诉我怎么做。虽然有点担心，但我还是照他说的做了。

我得到了一个可以与负责我们部队调度的官长见面的机会。于是我穿上最好的军装，潇洒地敬了一个礼，站在他的办公桌前，告诉他我要申请转移到基地医院去。然后照着我朋友的原话一字不落地对他说："长官，凭着我的技能，我不但可以供给外国长官的需要，我更可以照顾好美国受伤的士兵！"他点了点头。几天后，我收到让我去诊所报到的通知，去发挥在登记薄上记载的我的专业技能。

约翰逊没有夸口，这确实是一份很好的工作。不用再汗流侠背地干活，也不用站岗。我再也没有因劳累而疲惫不堪过。他们允许我住在城镇里。除了要穿制服以外，这基本上就是一份早九晚五的办公室工作。这正是我所希望的。令我意外的是这份新工作竟然变成了一次独特的学习经历。不是指诊所的实际工作（尽管那些也很有意思），而是了解了美国。感谢美国军队，我接受了一次精确的教育。这是我在学习社会学时一直寻找，但新学院大学却不能提供的教育。因为征兵的原因，来自美国社会不同部门的病人涌向诊所。于是，让人难以置信的、完全不同的美国大兵一个一个地走进了我的办公室!

诊所的职员很少：三个精神治疗医师，两个负责测试的心理医生，还有四个社会服务人员（其中有两个取得社会工作专业硕士学位的社会服务人员，他们俩是真的。还有我和约翰逊）。社会服务人员负责迎接每一个来到诊所的人。我们不仅可以登记他们来这里的原因，还可以了解他们的人生阅历。通常只需要一次对话，也有超过两次的。这是我从这份工作中得到的独特的学习经验。

了解病人的人生历程之后，我们会安排他们和其中一位精神治疗医师见面，后者会安排他们做心理测试。不过有时候，精神治疗医师会对我们其中一个人说："听着，这个人的病我看不了。他的问题不适合进行精神治疗。你帮我看一会儿吧。"我就这样莫名地成了一名冒牌的精神治疗医师。（如果可以这么说的话）我还是一位不错的医师呢!

除了个别病例之外，没有多少人是真正的精神病患者。这些人要么是普通的神经质患者，要么就是被正常社会问题困扰的人，和平常人没什么区别。毋庸置疑，借着医师提供的互动机会，我学到了更多知识。那些故事深深地吸引了我。我认真地聆听了他们的故事，我认为这是最好的治疗方法。有时，我会给他们提一些基本的常识性建议。但大多数时间我只是听，偶尔也会提一些问题去了解更多的细节。我非常确信我没有伤害他们。我觉得我肯定帮助了一些人。

退役之前，我一直在诊所工作，大约有一年时间吧。几个月下来，我收集了一本很厚的病历档案。这可以说是美国文献库的宝藏，更可以说是对巴尔扎克"人间喜剧"的一份迟到答复。

在这些档案中，有一个人因为一连串的入室盗窃事件要被交给军事法庭处理。我们的精神治疗医师要诊断出：当他做这些事时，他的心智是否足够健全。

我与一位军官和他的妻子有过多次会面。他们刚结婚没多久。透过他们含含糊糊的表达我总感觉他们之间有什么事。后来才知道，这位被标榜为模范军人的丈夫，竟然去请教军医他应该和妻子同房的次数是多少。军医告诉他一周两次。作为一名军人，他毫不犹豫地采纳了医生的建议。就像步兵连的训练计划一样，他在家里也挂了一本周历，用红色标注了周二和周五这两个日子。

我和一位非裔美国军事警察建立了良好的关系。他有性方面的问题。借着一次关于种族问题的对话，我们俩的友谊有了突破性的进展。

假设我学的是美国研究专业，学了好几个学期，也进行了广泛的实地考察，所学的内容加起来应该和我在一年兵役中所学到的内容差不多。

我经历过几件非常具有教育意义的事情。用社会学家的说法就是"角色冲突"（role conflict）。

第一个经历发生在我见到乔治亚大学当地分校的校长之后。他邀请我办一些公开讲座，然后再教学生们一学期宗教社会学。这是我第一份正式的教学工作。那时我还在盟军联络部当兵。有一天，领导安排我们把卡车上的设备卸下来。中途我们坐在草地上休息了一会儿。我们穿着杂役的服装，浑身都湿透了。有一个士兵带了一个便携式收音机。里面正在播一份通告，邀请人们去参加一个讲座："宗教社会学专家，彼得·伯格，目前正在本宁堡美国陆军服兵役。"没有提到军衔。

我做治疗师以后发生了另外一件事。我走进了我的第一个课堂。当然,大部分学生都是军人。坐在第一排咧嘴大笑的是管理支队医院的陆军少校。换句话说,那是我的军事长官。一开始我有点手足无措,但很快就进入了我的专业角色,并且做得很不错。学生们需要做学期报告,而我肯定得为他们的报告评分。约翰逊问我如果少校写了一份很烂的报告,我是否会让他通过。我的回答不仅让约翰逊很震惊,也吓到了我自己。因为我当时脱口而出的是:我肯定让他过。幸运的是,我没有陷入到莎士比亚的困境中:少校的学期报告做得相当不错!

这些事情都发生在我第一次邂逅美国南部文化的背景之下。对于我来说,它就像是另外一个国家。当然现在不能这么说了。我和约翰逊组织了一场研讨会,主要探讨社会学概念和精神病学以及心理学之间的关系。约翰逊来自北卡罗来纳州,他的案例大多是来自南方的。这个研究会有点像跨信仰的科研项目。我们俩都是研究宗教社会学的,但约翰逊是塔尔科特·帕森斯(Talcott Parson)的门徒,而我则是虔诚的韦伯主义者。在任何一所大学里这都会是一场富有启发性的对话。

当出生于密歇根的精神治疗主任医师走到我们办公室的那一天,他对南方背景作了一个强有力的解释。他对约翰逊说:"今天早上来了一个病人。他说他每天早上都和耶稣讲话。我敢肯定他是一个精神分裂症患者。但南方的情况和这边不一样吧。你怎么看这件事?"

约翰逊回答道:"也许他就是一个精神分裂症患者。在我们那边每天都有很多和耶稣讲话的人,但他们都是很正常的人。"

但最让人震惊的差异还是种族问题。朝鲜战争结束以后,杜鲁门总统明确宣布废除军队中的种族隔离政策,本宁堡的整个管辖区域就是一个没有种族隔离的社会。然而，一旦人们迈出军事基地，陈旧的种族隔离制度依然肆无忌惮。为此，我感觉非常不舒服。为了更多地了解这方面的内容，我参观了威尔伯福斯大学。这是一个黑人教育机构。我和那里的一个老师建立了良好的关系。我越了解这件事，就越厌恶它。和南方种族主义的初次碰面决定了多年以后我对这个问题的态度。

读者可能会觉得下面几页的内容是我比较快乐的时光。但它不是！我的第一次婚姻开始崩溃，至少在某种程度上开始瓦解。因为我的未婚妻无法忍受和一位住在乔治亚州哥伦布的现役军人做夫妻。尽管它自称是世界花生之都，也许正是这个原因造成了现在的状况。从盟军联络部逃走之后，我的生活变得异常有趣。但因受地点限制，仍然有一些摩擦，我仍然讨厌军队。只有在回首过往时，我才觉得这是我生命中重要的阶段。不管是作为一名社会科学家还是作为一个普通的人，都很重要。如果要在本书中穿插一篇论文的话，我就会写与这两方面有关的内容。用稍微夸张的说法就是，这个时候我变成了一个美国人。别的事情除外，我有了典型的美国经历，或者说只有美国人才有的生活经历：我买了第一辆车！

你现在正在新教教会做事，行为举止请与此相符！

我碰巧听说了一条支持"季节性工人"的法律规定，借此机会，我提前三个月从部队退役了。我猜想把这条法律写入宪法的立法者应该来自一个农业州，这样花生农们就可以及早离开部队回去帮忙收割。新学院大学邀请我去学校教授一个暑期课程，这需要我申请提前退伍。令我吃惊的是，申请竟然被批准了！可能有人会说这是一部奇怪的官方小说。因为我以一名冒牌的治疗师的身份参军，然后又以一名冒牌的花生农的身份离开。或许某个社会学课程可以解开这个谜底吧。

那个夏天我所教授的课程可没掺一点假，应该是宗教社会学方面的吧。与此同时，我被邀请去德国巴德博尔的新教学院（Protestant Academy）进行一个调查项目。两年前，因为服兵役的缘故，我没有参加卡尔·迈尔关于德国宗教与政治的研究项目。而现在我乘船去德国参与另一个关于宗教社会学的项目。不管是在专业方面还是个人情感方面，我对这次的旅行都还蛮期待的。作为一名获得资格认定的社会学家来说，这是我在自己的专业领域进行的第一次研究，也是我长大之后第一次回到欧洲。这一年的项目研究，不仅提高了我的专业能力，对我个人的成长也有很大帮助。

在德语"福音派研究院"中"福音派"（evangelisch）一词的意思和英语中"福音派"（evangelical）一词的意思是不一样的。德语的意思就是指新教，所以我们称之为新教学院。这是一个二战一结束就成立的新型教育机构。这个点子是由一群人经过会谈想出来的。他们大部分都是认信教会的神学家。纳粹主义侵扰德国新教教徒时，认信教会曾发起过抵抗运动。会谈主要以两个问题为中心进行探讨：（1）当战后德国变成民主政体时教会的角色是什么？（2）为了保证不再有像第三帝国这样恐怖的政体上台执政，教会应该做些什么？新建立的机构应该能解决这两个问题。它应该具备两项功能：教育普通百姓了解公共关注的问题；为各个利益集团的代表们提供一个空间，使大家能有一个文明的环境，可以坐在一起讨论他们所关心的事物。因第二项功能，人们对教会在社会中的角色有了一种新的认知。

新教学院现今仍然存在。虽然大小和职能不同，但已有二十个中心机构分布在德国全境。该机构每年举办一次联合会和讨论会，参加人数达数十万人。该机构已经成为德国新教教会生活标志性的特征。虽然天主教和其他国家也有一些类似的活动，但和新教学院相比还是有着很大区别的。经过半个世纪的变迁，新教学院也发生了一些改变，但其核心目的没有改变。尽管它已经没有了当年那些令人期许的新颖特点，但非常重要的一点是，对于那些读过马克斯·韦伯《感召力的常规化》论文的人还是有很多期待的！

第一所学院设立在巴德博尔，至今仍然是很重要的一所学院。它位于德国的西南部，靠近斯图加特，在土瓦本·阿尔卑斯附近一所安静的小村子里。巴德博尔除了拥有闻名于世的温泉之外，在 19 世纪还有一段有趣的历史。当时此地是布鲁哈茨父子两人所在的教区。这两位牧师出名有两个原因。第一点，也是最重要的一点是，为了完成属天使命，他们创立了一个新教机构，广泛地参与社会服务工作。第二点，除了做其他奇异的事情，他们还可以赶鬼。或许有人会说新教学院延续了这两项事工！

巴德博尔学院的创建者是埃伯哈德·穆勒（Eberhard Müller）。战争时期在人们构思这一新型机构的会议中，他也算是元老级的人物了。1945 年夏天，他创立了自己的学院。我的一位律师朋友参加了第一次会议。那时，邮电业还没有投入使用，所有的邀请函都是人们骑自行车送往各地教会的。会议的题目是："怎样让德国再次成为法治社会（Rechtsstant）？"不用说，所有的参与者都认为自己正在参与一个历史性的事件。

几年前，当我还是学生的时候，我为路德教会世界救济会做翻译工作时见过穆勒。那是他第一次来美国。因为不会讲英语，所以他在纽约待的那些天是我陪着他给他做翻译的。我对他印象很好，显然他也很喜欢我。直到他去世之前，我们还有一些断断续续的联络。夏天我做"季节性工作"期间，他给我写信，问我是否愿意和他一起工作一年左右。他说他想请一位会讲德语的社会学家做一个他感兴趣的调查，主要研究不同职业群体和教会的关系。我带着满腔热情，立刻就接受了他的邀请。我先在巴黎畅游了几日，品尝了新鲜的法国长棍面包、欣赏了壮丽的法国协和广场，再次见识了法国之美。直到1955年秋天我才来到巴德博尔。

那时穆勒可能有35岁或者将近40岁了吧。他个子很高，有一张饱经沧桑的大方脸，有点像杜勒的肖像画。他的表情很严厉，讲话时带着友善的土瓦本口音，这让他看起来又有些随和。到了之后，我在他办公室外面等着和他见面，就听到他在里面用政府官员的口气大声喊着："你走吧！去告诉你的部长先生……"我没听到下面讲了什么。他可没对着我大声喊叫。他很热情地接待了我。我们谈论了他所关心的调查内容以及钱财方面的安排。送我走的时候他给了我一个警告说："你现在正在新教教会做事，行为举止请与此相符。"我不确定我的言行是否达到了这个标准。

穆勒建议把罗伊特林根作为调查试点。这是一个中型工业城镇。从巴德博尔开车有一个小时的路程。由于调查地点是在罗伊特林根，所以我就住在那儿了。但我也经常去巴德博尔参加学术盛会。为了方便我的调查，穆勒给我买了一辆车，希望我没有用错"车"这个词。牌子是依赛塔的，不是很大，但完全是一个危险品。只有一个门，还是需要从前面打开的。外加一个外摆式的方向盘。现在回想当时我在没有速度限制的高速公路上开着这个奇怪的装置时仍然感到浑身发抖。这辆亮红色的依赛塔陪伴着一个无忧无虑的年轻人走遍了整个地区。

在我参加的学院会议中,最让我感兴趣的是一个讨论牧师在波恩政府新编制的军队中应该处于什么样的职位的会议。参加会议的人员有教会行政人员、神学家、伯恩军队编制部、原来纳粹国防军的随军牧师,更有意思的是,还有美国陆军的随军牧师。美国的随军牧师都是穿军装来的。他们左边的衣领上戴着军队徽章,另外一边戴着一个十字架。有一个德国人问其中一位美国随军牧师,他是否觉得这两种标志放在一起很矛盾。但那个美国人未能明白这个问题的意思。多年后,越南战争时期,我参加了一个讨论随军牧师角色问题的会议。他们都认为这场战争打错了,那时每个人都明白了这个问题的意思。

与其他所有的事情同理,学院的研讨会,一直坚持穆勒的学院格言:"这是一个讨论会,而不是代理商。"意思是说:这是一个自由讨论的地方,讨论之后参加者可以总结他们自己的观点。学院不会采取其中的某一立场也不会推荐某一观点。然而,学院的事情还是会影响到实际的操作结果。就刚才那件事而言,巴德博尔对话对新编制的西德军队有着很大影响。德国军队的随军牧师不是从政府机关受聘,而是来自教会。他们不被授予任何军衔。在战场上穿着只有十字架标志的军装。

我住在罗伊特林根一个小公寓里,我的学士身份又回来了。生平第一次没有了生活在两种角色里的矛盾情绪。一句话:我成为一名正式的社会学家了!我非常享受这一点。我一直沉浸在被别人认出我是谁的快乐当中,直到有一次,没有一个人向我表达致敬和赞许!我常在拐角处的那家餐厅吃早饭。每次我一进门,店主就说:"早上好,博士先生!"收银员和服务员来到我的餐桌时也会说同样的话。所以，我每天与社会的互动都是从我的学术地位得到礼节性的认可开始的。然而，一天早上，一件可怕的事情发生了。店主和收银员都不在，新来的服务员也不认识我。没有了："早上好，博士先生！"我的心情很不好，甚至有点生气。我唯一可以为此事辩解的就是：很快我就为自己的这种反应感到羞愧了。

这份调查主要是采访当地居民的实际生活。他们都是在官方注册的新教教徒。我们从教堂税收记录册那里了解到他们的名字和地址。（如果有人宣称自己不属于任何一个宗教机构，那他就不用交税，因此税收是自愿的。但政府还是以教会的整体名义征收这份税款，和今日的情况一样。）被采访者经常需要回答一些简单的问题：比如自己的职业以及参加教会活动的频率等。我从蒂宾根大学找了一些学生来帮我做采访，采访之后把结果做成表格交给我。当学生们散布到各处去做采访时，我就坐在咖啡厅里等着拿结果，随时处理他们的问题，就像一支军队，一支很小的军队。调查的结果并没有带来什么惊天动地的影响。我们只是得到了我们所期待的事实：中产阶级比工人阶级更多地参与到教会活动中，女性比男性多，老人比年轻人多。关于女性的参与情况有一项惊人的发现：如果女人不是劳动力的话，才会出现上述的男女差异，如果她们是劳动力的话，那她们的参与程度和她们的男同事是一样的。不管怎么说，穆勒对此结果很满意。之后我在一个德国新教周刊上发表了一份关于此次调查的文章，在我的简历上又添了一笔。更重要的是我在一个完全不同的环境中实现了我自己"亲自做调查"的愿望。

我和极权主义有过两次碰面，这让我长了不少见识。一个是当代的，另一个是已过去的。调查结束之后，穆勒说他要奖励我。于是他出钱请我去柏林度了一个短假。我很享受西柏林的风光。但更戏剧化的经历是我去东部旅行的时候,我只去过一两次!那时还没有建柏林墙,人们可以坐地铁穿过边界去东部。地铁在西柏林最后一站停了很长时间,喇叭一直重复地播放说这是在西柏林的最后一站。所有与西部有关的报纸都被扔出窗外。柏林人常常都是有点吵闹的,但当地铁驶出车站后,所有的交谈都停止了,整个地铁安静得有点诡异。到了下一站,人民警察的官长们上了车,走在不同的车厢里,要求一些乘客出示身份证明。我非常紧张地拿出我的美国护照,这个护照可以让我出入城市的任何一个地方。我和东部的人没说太多话,只看了一些风景,请人帮我在德国统一社会党总部前面照了一张相。

另外一次我遇见了以前的纳粹党人。我认识一位编辑,他是一个与教会有关的周刊的编辑,看起来差不多有四五十岁的样子。经过一番高谈阔论,他请我写几篇文章。这是我初次涉足新闻界。这个编辑很喜欢我写的内容。在我马上准备离开德国的时候,他问我是否可以成为他们"在美国的人",我同意了。这是一个阴谋的邀请:开启了我在一个另类职业上的潜力。之后一位德国熟人给我一本书,是这位编辑在纳粹统治时期写的。里面的内容真是骇人听闻,全是对纳粹主义的宣传,还有极端的反犹太主义。我给他写了一个便条,询问他现在怎么看待那时所记载的事情。他回复我说最好见个面。

我们在斯图加特一家高级饭店见了面。他人很友好,更确切地说应该是慈祥。他给我传达的基本信息就是我太年轻了,不能明白事情究竟是怎样的,并且他认为没必要为此道歉。我有点被威慑的感觉,只能对他说我会考虑一下。之后我给他写了一封信,这封信现在应该还在。我说:人们有时会犯一些政治错误,但他不能假设其他人不知道他过去所犯的错误，而在今日继续犯同样的错误。并且告诉他，对公众犯下的错误应该公开声明道歉以便挽回曾经的失败。在那种情况下，我不得不取消我曾经答应帮他在美国写论文的事情。他给我回复了一个短笺，意思是希望我年长的时候可以变得宽容一些。这些事情发生时我确实很年轻，一开始也不知道该怎么办。但如今回头看时，我认为自己做得很对。

在德国的这一年中，更重要的事情是我认识了布丽奇特·克尔纳（Brigitte Kellner），但当时我并没有意识到这一点。她那时正在学习社会学，在斯图加特的一个调查中心工作。四年后我们俩结了婚。我们认识之后也算聊得来，但对彼此都没有什么好感。直到她来美国之后，当然并不是为我而来。我们见面时她已经与一位年纪较大的社会学家订了婚。两人在同一个调查中心工作。我们三个人第一次见面时，本准备出去吃东西，可是这位社会学家却问我是否愿意先陪他去百货商店买一件大衣。他是一个自负的人。他试了不同款式的大衣，让我们等了很久，而且不断地问我他穿那件衣服好不好看。

回到美国南部：美女和暴徒

我从德国回到纽约时已经是1956年的夏天，去工作市场找与学术相关的工作已经太晚了。我申请了许多非学术性的工作。由于没有人聘请我，后来我篡改了简历，最后连文学学士的文凭都删掉了。由于我"资历过高"，店老板拒绝让我当一名店铺侦探。最后我终于找到了一份工作。这份工作让我体验了一个不怎么样的调查经历。我在一个市场调查公司干了几个星期的现场调查员。

其中一个任务是去采访一些酒吧，查看一下酒吧提供了哪些啤酒。这一看就是在为某个啤酒公司做调查。还有一件更不讨人喜欢的差事：按门铃。我需要认真地随机性地在各个公寓楼里按门铃，并免费为人们提供一盒盒没有标记的纸板盒香烟，条件是他们要告诉我他们是否喜欢这种烟。对于来路不明的推销员，纽约人一点都不客气。没有前几年我在中西部做路德宗调查时的人们友好。在我离开许多公寓楼时，伴随我的都是人们的咒骂声和极丰富的多元化的带着气愤口音的威胁声。

之后我就很幸运了！本顿·约翰逊，我做社会工作者时的伙伴，正在他的老家北卡罗来纳州教学。因为换工作的缘故他需要辞职，他觉得如果我面试成功的话可以接替他上课。也就是说北卡罗来纳州大学女子学院（Woman's College）有一份职位空缺，通常称为"WC"（这是来自英国的一个单词，每一个英语初学者都会学到的一个不幸的缩写单词）。该校在男女可以同校时就已存在，现在只是格林斯博罗的"UNC"（University of North Carolina）。我坐飞机到了那里。面试我的是社会学系的女主任丽达·戈登·史微（她说："叫我丽达·戈登就可以了。"）。她来自密西西比州，是受人尊重的上流社会的南方人。我给她的印象肯定极好，因为她当场就聘用了我。几周后我来到学校，受尽了极端酷热天气的折磨，还得了一场严重的花粉病。

我在女子学院教了两年书，但这两年对我来说很重要。别的不说，这是我第一次给那么多大学生上课。为了让那些从未听说过巴尔扎克（更别提韦伯了）的年轻学生明白社会学，我不得不组织我那些相当不正规的社会学知识。女子学院是一个州立学院，大部分学生来自北卡罗拉纳州。有一个非常智慧的教育法：使用学生们熟悉的信息可以帮助他们更好的认识社会学。因此我的入门课程叫做"南部地区"。我只有几个星期的时间来准备教课内容。整个第一学期的内容，我都只是比学生们早学一步而已。但我却学到了很多南方历史和其现在的社会状况。我用这些资料来说明社会学的主要观点。我是一个非常受欢迎的老师。

有些内容放进这本专门介绍一个人学术成长轨迹的书里是不太合适的，但至少应该提一下女子学院的社会环境。学校里有2500名只比我小几岁的女生。学校周一到周五是关门禁闭的。到周末的时候来自教堂山和杜克大学的男生们蜂拥而入，或者女子学院的学生去他们那里，追求男朋友。我记得，当时有五位没有结婚的男老师，其中一位是同性恋，对我们其他人有潜在影响的色情诱惑跟他肯定没什么关系。

第一学期刚上课时发生了一件小插曲。这个小插曲可以很好地解释当时我所处的环境。入门课程里有一个题目是家庭和性行为。那时《金赛性学报告》（*The Kinsey Reports*）正好刚出版，我就参考了其中提到的一些统计调查结果。一位迷人的年轻女士提了一个问题（这个问题差点误导了我）。她是标准的美国南部美女。当时我正在讲述女性失去童贞的比率。她问道："伯格教授，你觉得在女子学校的学生中处女的比率是多大？"我说没有什么具体数据，搪塞了一下，之后提到大一和大四的学生是不一样的，而且大部分的学生来自保守地区，因此我认为整体的数据应该保持在85%吧。学生们假装很正经地向我表示了感谢。第二天有人在我的办公室门口放了一束花，上面写着"15%俱乐部赠送"。

乍一看，好似是实现了青春期的白日梦，但我不会在此详细地讲述我们这一小群未订婚的男性是如何以不同的方式回应它的。但我会允许自己做一个社会科学家的预测报告：只要你活得够长，所有事情都会重新来过。20世纪50年代，如果老师和学生发生性关系，老师就会被解雇。到了60年代后期，如果老师不和学生发生性关系，就会被别人称为法西斯主义。今天，如果老师和学生发生性关系，老师就会再次被解雇。只是人们实行这个处罚措施的意识形态已经发生了改变。

为了避免之前教授入门课程时的情况，大多数时间我都在改进我的课堂内容。我在理论和宗教这两方面都增加了专业内容。但我第一次与别人合作进行调研时，却没有时间"亲自做调查"。在我们这个小小的异性兄弟部落中，有一个心理学家名叫罗伯特·拉德洛（Robert Radlow）。我们曾在一起探讨了一个假定命题：自尊和八卦行为之间的关系。我们推测那些爱随意散布谣言的人自尊感很差。进行这个假定推测的原因很复杂，不值得一提。我们进行了一小部分的定量研究，最后得到了一些没有多大意义的统计数据来支持这个假说。之后我们在一个不太出名的心理学周刊上发表了一篇文章。这是作为初级教师不可或缺的一个规则：为了让自己的简历变厚，请在任何一个可以发表的地方尽情发表吧！

和理查德·莱班（Richard Lieban）的合作更为有趣。他是一位人类学家。他和他的妻子路得经常请我吃饭，渐渐地我们成为了好朋友。那时伊芙琳·沃（Evelyn Waugh）写的美国殡葬业讽刺小说《所爱的人》（*The Loved One*）正好刚出版。我们研究了丧葬承办人的专业理念。我们主要研究的领域是如何透过语言和承办人的常规工作避免赤裸裸的死亡现实。我们通过现有的一些专业期刊做了一些内容分析，其中一个期刊的名字很容易记住：《骨灰盒和夕阳余辉》，后者是对墓地的委婉说法。通过对本州丧葬承办人的深入调查，增加了我们内容分析的分量。这很像一个描述性研究（不过莱班认为这是对人种志的探索），从本行业来讲应该是在美国进行的首次研究。之后我们在一个社会学期刊上发表了一篇文章。我们彼此都很享受调查和合作的过程。在采访中，我听到了有史以来最令人毛骨悚然的笑话！

举例来说吧，为了在葬礼之前让哀悼者悼念亡人，殡仪员提前安排了陈殓。他问那位寡妇对此是否满意。她说可以，但她注意到她的丈夫穿的是灰色套装，如果他穿的是深蓝色的套装就更好了。殡仪员说："没问题。请您先出去一下，等我一分钟！"他还真是正好一分钟的时候出来了，然后请那位寡妇去棺材那里看看。她认为换完之后很好，然后她询问那位殡仪员怎么这么快就换好了。"很简单啊"，殡仪员回答道，"只要换换头就可以了"。

在本宁堡，我生活在军队的幻想与憧憬之中。但是在南方，我却隐隐的生发出一种令人不安的感觉。在格林斯博罗时，我住在南方。一些人，包括本顿·约翰逊，安慰我说北卡罗来纳州不是美国的南方腹地，它有自己的进步传统，尤其是州立大学系统还是不错的。然而，南方的种族问题依然缠绕着我，这种感觉让我难以忍受。

我教社区课程时，邀请了一些来自当地不同部门的群体发言，当然包括一个殡仪员！我已经见过了全国有色人种发展联合会（National Association for the Advancement of Colored People，简称NAACP）在本地分会的主席，并且计划邀请他来演讲。经过谨慎的思考，我觉得应该得到丽达·戈登的许可。她立即回应道："我认为这是你应该做的一件正确的、进步的事情。"我已经知道要请谁过来讲了，但出于礼貌，形式上我还是问她有没有推荐的人。她的回答立刻没有了当初许可我时的那种"进步"口气："嗯，黑人社区的人我认识的很少。不过我可以帮你问问我的厨师。"

20世纪50年代后期发生了两件事，这两件事相差不过几周时间。它们不仅是南方社会学领域的插曲，也更新了我对宗教社会学的了解。那时民权运动还处于早期阶段。又过了一段时间，格林斯博罗成为人们静坐示威的第一个地点。马丁·路德·金刚参加完蒙哥马利巴士抵制运动就到这里的全国有色人种发展联合会参加集会讲演。我和莱班参加了这个聚会，是在教堂里举行的。让我记忆犹新的是：虽然这是一个与众不同的黑人聚会，但还是一个典型的旧时的新教复兴会。聚会是路德金的修辞风格，伴随着"阿门"和"哈利路亚"的欢呼声，唱着经典的赞美诗：《万古磐石》《沿着河畔向下游走》和《十架永存》。

这次聚会不久，三K党宣布了自己的信念。我和莱班带着惴惴不安的心情参加了那次集会。集会的地点是在离城镇较远的一个露天场地。时间是在晚上。三K党出现时穿着他们标志性的服装：白兜帽。口里滔滔不绝地大声咆哮着那令人恶心的种族主义标语。参加这个集会的观众也很热情，也都高呼着"阿门"等诸如此类的话语。被点亮的十字架让会议达到了高潮。点亮十字架时，人们唱了一首圣歌：《十架永存》。

对我来说，这是一个戏剧性的课程：一个相同的宗教传统标志竟然用在两个完全相反的政治运动崇拜中，一个在道义上是令人钦佩的，而另一个则是令人憎恶的。我从没忘记这一课！

在上面这些事件中，我是观察者，而不是参与者。在女子学院的第二年，我试图去解决一个种族事件。没用多长时间，也没有什么效果。罗斯·迈克菲是一名黑人男子，因为"一级入室抢劫罪"

被判死刑。我认为这个最轻的罪行之所以被判为重刑是因为与此相关的另外一个重罪。看上去好像是在入室盗窃的过程中，迈克菲对当时在屋内的白人女子进行了性侵犯。我对"南部地区"已经有了足够了解：被判死刑的原因不是偷窃而是性侵犯。州最高法院已经宣判了死刑，只有州长仁慈的举止才能制止。我试着联系一些机构上诉给州长以便得到帮助。各个教会的理事会，甚至全国有色人种发展联合会都不愿意帮忙。他们解释说：只要迈克菲是无辜的，他们就会帮忙，但他被定罪的行为是确实发生的，所以他们无法帮忙。只有当地的贵格会教会愿意给州长写信。但是他们给我的解释是：在这种案例中，还没有见过由于一个普通人的反对就改判死刑的例子。我给州长写了一封信，结果也是无功而返。迈克菲被处死刑第二天，我在班上读了两篇新闻故事：一篇是对死刑的细节描述，迈克菲宣称他已经找到了耶稣，并且准备接受死刑。另外一篇是对一个州际浸信会大会的报道，全都是自我陶醉的内容。我认为我这么做是对灵魂的告慰，大部分学生都没有明白我的态度。

差不多同一时期，在当地法庭有一个被媒体广泛报道的"鸡奸"案。一个来自显赫家族的已婚男人在和一名15岁男童发生性行为时被抓住。双方是自愿的，而且是初犯。这个男人的律师和家族成员以雄辩的口才请求得到仁慈的处罚，但都被法官拒绝了："以我的观点来看，这绝对是一件可怕的犯罪行为。"当这个男人被判20到50年监禁时，我也在法庭。当法庭宣判时，我正好看到了那个男人妈妈的面部表情。

这些经历解释了几年之后我在表达社会学观念时为什么会用"人道主义"的目的来揭露潜藏在死刑、种族歧视和同性恋骚扰下的残忍的意识形态。我需要强调的是：这种观念和我所信奉的韦伯主义的社会科学"价值中立"（value-free）的概念是不矛盾的。对社会学事业的分析当然应该是"价值中立"的，但为了建立一个更好的人道主义社会，将它的实际应用用来进行道德判断应该是无可厚非的。

在个人方面，随着我和布丽奇特·克尔纳两人在知识兴趣和道德信念上的目标越来越相同，我们两人的关系也在这些年中不断地加深。她来北卡罗来纳州探望过我一次，我也经常去纽约找她。自此她便成了我的主要对话者、批评者和合作者。1959 年，在我离开南方一年后，我们结了婚。在上述提到的那些事情中，肯定有一些闪光的瞬间帮助我更深入地了解了布丽奇特的性格。我知道她认识一位在全国有色人种发展联合会工作的律师。我给她打电话，告诉她一定要帮我联系上那位律师。在电话里，我用一两句话把迈克菲案子的主因给她说了一下。她没有问任何问题，只说了句："当然可以。"可惜，全国有色人种发展联合会对这件事也不感兴趣。

被新教的微笑拥抱着

一般而言，卡罗来纳州大学，尤其是女子学院，对获得一些和种族问题有关的自由主义方面的大众荣誉是有限制的。当我邀请一群黑人学校的学生来参观我的课堂时，我越过了一个界限。他们的到来自然引起了学校的注意，显然有些注意是令人很不愉快的。我被叫去见院长，当他看到我带着一个学生和他一起见面时很震惊。这个学生当时可能担任社会学俱乐部的主席一职。然而，他依然很友好，安慰我说他很赞同我对种族制度的观点。但却解释道，作为一名社会学家，我应该注意到每个地区的道德观念。现在回想起来，当时我对那些不道德的道德观念进行了一场愚蠢的说教。可能是表现给学生看的吧。说到这些时，院长明显变得不高兴了，他说："好吧，这就是为什么许多人不愿意来南方教书的一个原因！"

我采取了院长的建议，开始在南北分界线以北找工作。我很快就找到了一份工作。对于事业心强的社会学家来说这是一份不合常规的工作，当然我也不是一个事业心强的社会学家。经过一个简短的面试，我被康乃狄克州的哈特福德市的哈特福德神学院基金会聘请为社会伦理学系副教授。我在那里从1958年任教到1963年。

这是一个友好、悠闲的地方。学校是由一群保守的公理会教友在19世纪初期创办的。这些教友认为耶鲁神学院的神学思想太自由了。但那都是很久以前的事情了。现在，哈特福德学院自己的神学思想也很自由。曾经有人称它为"新教的微笑"，从此这个词便成了它的标志。这是一个美好无处不在的地方。外人刚开始会觉得它很不真诚，但这一外在记号却表达了它内在持守的中庸世界观。我刚到美国时曾在纽约的卫理公会总部做过勤杂工，那时我接触过这样的信念。我绝对是外人！因为我不仅年轻愚笨、带有欧洲人的自我意识，而且还是一个新正统派运动中的路德宗，并自称是一个存在主义者。当初我工作时就不喜欢这些美好事物，因此当我在哈特福德再次碰见这样的环境时我依然不喜欢它。这里的热情似乎比我期待的少了些。不管怎么说吧，或许是出于勉强，我很享受这里宜人的气氛。起初我并没有意识到，它竟渐渐地影响到了我和我的思想，使之渐渐成熟。

哈特福德神学院基金会有三个部门：一个专门的神学院，这是一个普世教会性质的神学院，松散地和基督教联合教会联系在一起。公理会后来合并到该组织当中。还有一个教育学院，以及一个实体存在的肯尼迪宣教学院。最后一个部门虽然名字容易让人误解，却是学院目前为止最有意思的一个部门。这个学院专门为那些从外面回来的宣教士或其他人提供更高学位的学习。主要有三个领域：语言学、人类学和伊斯兰教。由于人们对圣经翻译有需求，所以开设了语言课。人类学是为了帮助宣教士们明白如何在他们所处的异国环境中开展工作。不用多想，开设伊斯兰教课程的原始动力应该来自于把伊斯兰教教徒改变为新教教徒的渴望。这是一个不详的，随时都要准备丧葬事宜的工作。现在的情况比以往任何时候都要激烈。不管怎样，当新教微笑代替新教愁容时，甚至有部分新英格兰的清教主义后代子孙，都把这种改宗的渴望，变成了仅愿意去认识和参与伊斯兰的对话。至今仍在刊印，并且得到了一个学术荣誉的《穆斯林的世界》这一期刊反映出了这一变化。

  哈特福德的校园小而紧凑。几乎所有的教职工和大部分学生都住在学校里，形成了一个村子似的社区，住在这样的社区里有好处也有坏处。校园的中心有一个极好的图书馆。里面的主要藏书有神学、世界宗教、社会科学以及语言学领域的，当然也有其他科目的。因为借阅者很少，人们可以很快地找到自己需要的书，并且当时就可以借走，这真是奢侈的享受。

  我遇到的其中一个问题就是定义我所教的这个课程："社会伦理学。"这到底是什么呢？没有人想为我解释这个问题，这使得我可以自由地找出我自己的定义。我读了一些文章，了解了该领域主席职位的任命历史。（我很快就成为了正教授，并且是终身职位，是主席职位的占有人。）社会伦理学是在社会福音盛行的19世纪末期创立的，哈特福德非常认同这一观点，并且逐步形成自己的观念。这离它原始的加尔文主义越来越远。我不认同这个观点。我认为教导宗教社会学是我任务的一部分,我肯定会教。但是"社会伦理学"?就不知道了。对我来说,所有的伦理都是社会中必不可少的。能反射出伦理问题的非社会性的活动只有手淫和自杀。

当我正忙于为自己所宣称的领域寻找一个貌似合理的定义时,一些意想不到的发现让这一过程变得很容易。我曾参加一个教会社会服务部并任有职务,我曾在那儿当主任。不知是因为哪种能力我竟被冠以秘书的头衔(这是另一个奢侈的地方)。该部有一个职员,是一位教授社会工作的年长的绅士,他对我的怨恨也是可以理解的。我安静地离开了他,把中心的名字改为教会和社区工作处。借此我定义了自己的使命:我要在美国建立一个巴德博尔!作为开始,我在工作室开展了一个项目来研究人类和道德问题。那位年长的绅士很快就带着愤怒退休了。他走后我就任命约瑟夫·达菲为助理主任。他以前是靠近波士顿一间公理会教堂的年轻牧师。

我们为不同职业的人们组织了一些研讨会。后来我把在这些研讨会中写的文章编辑成一本书出版了。这本书没有再修订,销售额也很少,我自己的那本也丢了。我记得论文主要是针对广告业的道德问题和作为一个看门人所面临的人性挑战。第一个研究领域的主要道德问题是做广告的人不得不采取系统性的策略以便让人们相信他们的产品和服务的谎言。我记得看门人的调查报告让我很惊讶,因为我原本期待的是一个被边缘化和处在羞辱背景中的故事。然而,报告结果声称大部分公寓楼的看门人都拥有某种能力。这种能力来源于他们知道和租户相关的各种各样的秘密,而他们是通过翻找垃圾发现这些秘密的。

我们也和工会建立了关系。为了建立这层关系,我开始和一位美国劳工联合会和产业工会联合会的官员套近乎。在个人生活中,这位女士有一个极大的兴趣：在野外观察研究野鸟。我和布丽奇特花了一天陪伴这位女士和她的丈夫在林区中探险，寻找一些稀有的鸟类。那里到处都是活跃的蚊子，我对当地的植物群有着强烈的过敏反应。不过我参加了一个让我印象深刻的活动，这事影响了我对劳资关系的认识。

这是在安德伍德打字机公司召开的一场管理层和联合会之间的中介对话。话题是工作规则，就是指工人们应该做什么。各种各样的任务都用不同颜色标记在一张大的工作过程图表里。我的座位正好挨着一位主要的管理层代表。和他地位相同的一个联合会的人转过来对他说："我把我的图表落在办公室了，我可以看一下你的吗？"

我的邻居回答道："不可以，去拿你自己该死的图表吧。"

那个联合会的人站起来走了，20多分钟以后才回来。他的办公室在工厂另一边的尽头。我觉得我的邻舍未免有点太粗鲁，就问他为什么这样做。他回答道："这样就没有人会觉得我们两处是一个快乐的大家族了。"除了打字机公司外，这种见解同样适用于许多其他的机构！

在此期间，我也与来自康乃狄克大学的人类学家丹尼森·纳什（Dennison Nash）合作进行了一些中度的实证调查项目。这正好是美国宗教复苏的时期，通过不断增长的参加教会活动人数的数据可以得知。有些人已经开始批评在神学领域出现的这一现象是不真实的。社会科学家不能评论一个宗教现象是"可信的"或者不是"可信的"。但他们可以用实证来发现这一现象的具体形式。于是我们采访了哈特福德地区许多刚加入主流新教教会的成员，调查他们加入教会的动机是什么。大部分数据都没有显示什么让人激动的内容。只有一个例外：我们发现一个主要动机是可以为孩子们提供道德教育。事实上，当他们的孩子开始参加主日学校以后，大人们也开始参加教会活动。在此仿照圣经句子增加一个奇怪的社会学脚注："一个小孩子可以引导他们。"关于这个小项目，我们发表了两篇文章。其中一篇发表在非常著名的《基督教世纪》杂志上，现在仍然是主流新教的重要刊物。另外一篇根据我们的学者意识发表在《宗教的科学研究杂志》上。前篇文章的题目是"第二次儿童十字军"。

在哈特福德有三位同事对我来说是重要的对话者：保罗·莱塞（Paul Leser）是一位人类学家；福特·巴特尔（Ford Battles）是一位教会历史学家；马尔科姆·皮特（Malcolm Pitt）是教授印度教的。

莱塞就是人们所谓的文化传播论者。他主要研究文化是怎样相互借鉴的。他是最有权威的研究犁历史的创始人。他的一个主要理论涉及的内容就是揭露所有功能主义的社会理论。他花了很多时间辩证一个文化是怎样借鉴另外一个文化的，这被称为完全的功能障碍（dysfunction），比如说一个部落借鉴了一个特定类型的锄头，那肯定是用来破坏土壤的。我跟着皮特学了一门课程，让我对南方宗教和东亚有了更清晰的了解。

莱塞和巴特尔一起开设的课程最吸引人。科目名称是"批评所有的资源"。不知道这两位老师用了什么样的办法，竟然说服所有的教职工同意把这门课作为博士生的必修课！课程的设计主要是让学生们从假设含有抄袭内容的文章中发现问题（有时还真能碰上抄袭的文章）。通过这样的练习，学生们可以从文章中学到批评方法。刚学习的学生都讨厌这门课，因为它的作业比其他所有科目加在一起的还多！但最后学生们不得不承认他们再也不会用原先的方法去阅读一篇文章了！基础课程非常简单但很有用，叫："怀疑所有的文本。"

肯尼迪宣教学院为校园增加了不少色彩，也为到处扩散的新教微笑增添了不少例外。有点矛盾的是，一个温和派的新教竟能为那些非新教教徒提供一个"宽容的天堂"。不清楚这些非新教教徒是怎么样找到哈特福德的。学校里有一个巴基斯坦人，从伊斯兰教改信了基督教，这给他的家人以及他自己都带来了一些灾难性的结果。而在同一年来了一位意大利方济会的修士，他写了一本书论述天主教应该接受穆罕默德先知的地位。结果他自己陷入了非常困难的环境之中，也失去了圣职。

学校里还有一位中年俄罗斯东正教神学家，以及他上了年纪的妈妈。他的妈妈只会讲法语，经常用一个非常高雅的烟嘴抽烟。这对母子曾经在德国难民营住过几年。后来搬到美国的一个俄罗斯修道院，他们说在那儿曾被别人殴打并且不给饭吃。之后由一个普世教会机构安置在了哈特福德。大家都不知道该怎么办，后来就给她儿子在图中馆安排了一份有名无实的工作。最后，一个中西部的神学院邀请他去那里当老师。他们需要坐火车过去。我的秘书，是一个好心人，愿意送他们以及那些东倒西歪的箱子去火车站。快上车时，她的儿子被一个箱子绊倒了。箱子倒在地上裂开后，散了一地的成人杂志。

肯尼迪神学院的主要成就之一：它是公认的苏文柯菲世界研究中心。苏文柯菲是宗教改革时期左翼中的一个小人物，路德称他为"苏定柯菲"（stinkfeld：含有惹人讨厌之意）。他的运动在欧洲已经消失了，但其中一小群跟随者来到了美国。一部分会众在宾夕法尼亚州生存了下来。他们用酬金资助哈特福德研究苏文柯菲的项目，并在一位教会历史学家指导下进行了这项研究。项目的主要活动是出版苏文柯菲用德语和拉丁语写成的文集。一战时期，一位哈特福德学者就已经开始了这项工作，直到我去那儿工作时这项工作依然还在进行中。整套书籍是由哈特福德编辑，苏文柯菲出版社出版。如果我没记错的话，我到那儿的时候已经出版了十七卷，后来出版了全集。有人告诉我，每一位被授予荣誉的新来的教职工都可以得到全套书籍。我从没使用这套书，也没有在我的书架上为这套"苏文柯菲文集"腾出一席之地。我婉言谢绝了应该得到全套"苏文柯菲文集"的提议。

离开哈特福德之后，有一次我回去看望大家。我和该项目的主任谈到我从来没有拿到这一套文集。几个星期之后，一辆运货卡车来到我在布鲁克林的家门口，吐出了这一整套"神学珍本"。我把这套书放在我图书馆最显眼的位置，为的是可以向那些访客炫耀："什么！你竟然没有属于自己的一套苏文柯菲文集？！"

不过，说到书呢，我在哈特福德工作期间开始了我学术生涯的一个重要改变：我开始自己写书了！

不断流出"写书的喜好"

好几年前有一部电影叫《吃南瓜的人》，讲述的是一个女人只有在怀孕的时候才感觉到快乐。她很少关心孩子们出生后的命运。从那时直到我快60岁，我自己也变成了"吃南瓜的人"，只是我吃的"南瓜"是书。

1959年我在《基督教世纪》杂志上发表了一篇很长的文章。文章对阿尔贝·加缪（Albert Camus）和迪特里希·潘霍华（Dietrich Bonhoeffer）两人的现代社会宗教观念进行了对比。神学方面，我依旧处于新正统派阶段，大多数时候采取潘霍华的"无宗教的基督教"之观点。因为这是一个难以置信的矛盾修饰法，几年之后我就放弃了这一概念。这篇文章发表不久，我认识了一个英国人。他有一个不可思议的名字：克莱门·亚历山大。他是双日出版社的编辑，问我是否愿意把这篇文章写成一本书。写一本书的过程多少还是有点吓人的，但也让人很激动，所以我同意了。之后便有了我的第一本书：《不确定的视像：一名社会学家对社会谎言和基督教信仰的看法》（*The Precarious Vision*：*A Sociologist Looks at Social Fictions and Christian Faith*，简称《不确定的视像》）。该书于1961年由双日出版社出版。

这本书的组织结构成为之后我写宗教方面作品的一种模式。我先从一个社会学论证开始，为的是表达我在神学上是保持"价值中立"的。我的同事，安东·泽德瓦尔德（Anton C. Zijderveld）用的是"方法论的无神论"（methodological atheism）来描述这一态度。学者们用的短语是即使上帝不存在（etsi Deus non daretur）——"好像上帝不是假的"（as if God were not assumed）。接着我便换了另外一顶帽子，来表达我自己的神学观点。那本书的第二部分和现在这本书的内容不太契合，如果为了拓展我的"书虫爱好"，我可以写一本关于我在神学上的寻觅轨迹的书，那时我就可以谈到第二部分了。不过在《不确定的视像》中我概括地叙述了一个社会学家的观点。虽然现在多少有一些修改，但我仍然坚持这些观点。

这本早期的著作提供了一个非常年轻的视角，主要受到了存在主义的影响。社会是一个谎言机构，谎言由社会分配给各个人的角色表现出来。通过社会化可以辨认每个人的社会角色，谎言变成了道德上不在场的证明。换句话说：谎言很容易成为让·保罗·萨特（Jean-Paul Sarre）所谓的"自我欺骗"（bad faith, mauvaise foi）。人们做了一些行为却假装他们没有那么做。萨特举了一个淫秽的例子：一个男人把手伸向了一个女人的大腿，这个女人默许了，却假装她没有注意到。事实上，她也愿意参与诱惑行为，她却假装她并没有参与到正在发生的事情中。这个谎言可能没有多大害处。但有些谎言却是很残忍的。

在书中我还详细描述了涉及强迫接受死刑的谎言。根据推测，宣判死刑的法官，并不是以个人的身份在宣判，而是以法律代理人的身份在宣判。也就是说，法官本人并没有做什么，只是律法借着社会赋予法官的角色在宣判。这样就引发了一连串的谎言，一直连接到刽子手身上。他也有不在场的证据可以证明他并没有那样做，只是他的这个角色在杀人。结果就是，一个人被杀死了，但是没有杀手。

如果宗教持续地提供这种终极合法化，也会走入这出凶残的戏剧里。

现今陈列在伦敦塔内的一把刽子手使用过的刀上的铭文对宗教的这一社会功能有一个可怕的说明，上面写着："主耶稣基督是审判官。"换句话说，并不是刽子手在挥刀执行死刑，也不是其他人，而是上帝。刽子手只是上帝手中一个被动的工具。真是一个完美的不在现场的证明！我用一句话总结了这一论证："社会需要宗教，是因为人们需要自我欺骗。"

社会学就像是揭露社会谎言的喜剧，因此它也有潜在的解放性质。它揭露了隐藏在人们角色背后的"自我欺骗"，并迫使他们去面对现实中属于自己的自由。同时，社会学也必须揭露社会谎言中的宗教合理性。接下来，我继续论述基督教信仰也是需要被揭露的。如果基督教信仰不是宗教的话，那这一论点就更清楚了。但也不能仅仅凭借这一特别的壮举就下定论。最后我是这样总结的：法律免去了刽子手所做之事应付的个人责任。但上帝是"不识字的"，他没有读过法律书籍。他只看见了一个人对另外一个人做了什么。

我正等着出版《不确定的视像》这本书时，全国基督教学生联合会联系了我。这是一个主流新教组织。他们问我是否愿意写一本介绍美国宗教状况的书，这本书可以作为他们学生的学习指南。联合会催的很急，我答应他们尽快写。所以这本书出版的时间比《不确定的视像》更早。因此不管在哪一本我的作品列表中，它总是被错误地摆在第一个。这本书的名字是《肃穆会堂里的噪声：基督徒的委身和美国宗教机构》（*The Noise of Solemn Assemblies*：*Christian Commitment and the Religious Establishment in America*）。写作构架也是先有社会学的描述，然后是神学的批判。

现在回想，当时的社会学论证还不错。我讲到：尽管法律上是政教分离的，但是人们也不能让宪法中政教分离的原则模糊了宗教是通过社会建立起来的事实。我把使宗教合法化的这种能力称为美国社会中的"好好世界"（the okay world）。这一观点主要是受到20世纪50年代宗教复苏的影响。值得注意的是，它忽略了本来就很难融入到"好好世界"观念之中的福音教会。接着我用了很多篇幅说明：对比其他任何一个社会群体，美国社会在道德方面还是很"不错"（okay）的。但若从基督教观念考虑的话，有一点是错误的，就是宗教不应该使任何一个社会合法化。

从在《基督教世纪》杂志上发表文章起直到前两本书发行，我真的没有意识到我的观念在当时有多流行！有许多书籍说明艾森豪威尔时代宗教复苏的表相并不是真正的宗教。最有影响力的应该是 1955 年出版的威尔·赫伯格（Will Herberg）的《新教—天主教—犹太教》(Protestant-Catholic-Jew) 这本书。他是一名犹太作家，很大程度上受到了雷茵霍尔德·尼布尔（Reinhold Niebuhr）新正统运动的影响。一位评论家说我是有"先知预言"的。我想他们的疑问应该是这一点："肃穆会堂的噪声"这一短语取自先知阿摩司。阿摩司向以色列宣告上帝并不喜欢他们的"严肃会"。我感觉很有必要再写一篇短文，最后也发表在了《基督教世纪》杂志上。在文章中我否认自己有任何"先知的衣钵"。实际上，我只是在做一个社会学家应该做的事情，我想知道社会学研究对于基督教平信徒来说究竟意味着什么。同时，为时代思潮中自己所受到的称赞感到快乐也是一件幸福的事情。我应该把丁因格（Dean Inge）的著名言论放在心上：一个和时代精神结婚的人很快会发现自己原来是一个鳏夫。

我"写书的喜好"并没有停止。1962 年我接着写了第三本书《与社会学同游：人文主义的视角》(Invitation to Sociology: A Humanistic Perspective，简称《与社会学同游》)。我用三个星期写完了这本书，并于 1963 年出版。只有一篇评论在一本社会学杂志上，而且是非常消极的。（我本可以与时代思潮同步，但我明显没有与 60 年代初期社会学的精神同步。）虽然如此，这本书好像立刻就成为了畅销书，并且一直保持畅销的状态。1981 年，美国船锚出版社的版本销售额达到了一百万之多。我不知道现在到底卖了多少本。到目前为止，已经被翻译成 21 种语言。这 21 种语言不仅包含国际主流语言，还有巴斯克语、立陶宛语以及印度尼西亚语。我经常偶遇一些人，他们告诉我是这本书诱导他们成为社会学家的。但他们常常用的都是责怪的语气。因为他们发现今日大部分社会学家所做的和书中所传达的训导没有多大联系。

为了准备写这一章，我做了我从未做过的事情：我把前三本书逐次都读了一遍。让我吃惊的是：《与社会学同游》这本书像是《不确定的视像》的世俗化版本，减去了神学评论，是很正宗的社会学观点。早期写的这些书更有意思，也更有原创性！

《与社会学同游》中的副标题人文主义有两个意思。首先是应该把社会学方法论中的原则和人文学科放置在一起，尤其是文学、历史学和哲学。这当然是我在新学院大学学到的方法论。这个术语的另外一个意思是所有的原则都应该有一个解放的目的：能够把人们从幻觉中释放出来，这样就可以让社会变得更人道。这可以说是对存在主义的一种论证。我在《不确定的视像》一书中用了很多这样的论证。

与其说第三本书呈现了一位社会科学家的训练方式，不如说它说明了怎样用另一个不同的意识形态来观看人类环境。我用社会现实中基本的辩证法分析了书后面的内容，在这里我用更简单的语言系统地阐述一下：人在社会—社会在人—社会如戏（不确定的戏）。社会学来源于道德辩护，因为它揭露了在残酷镇压下出具不在场证明的谎言。重要的是，我挑了种族迫害、同性恋骚扰、死刑和最终的残忍这几方面来进行论证。通过为站在外面的人提供机会，社会学可以释放一个人的社会角色（实际上是一种"狂喜"[ecstasy]或叫忘我），进而实现一个人的自由。最后我用了一个现在已经众所周知的暗喻：社会学认为人们就像是社会中的木偶。但我们和木偶的不同就是我们可以抬头看见那些系在我们身上的绳子。这一发现就是我们走向自由的第一步。

我离开哈特福德不是因为我在那里不快乐，而是因为（或许我被误导了吧）我想在一个正式的社会学系里教大学生学习社会学。因此《与社会学同游》中有一串字是给我的社会学同事的：请邀请我吧！

他们很快就邀请了我。更准确地说，是我的博士生导师卡尔·迈尔邀请了我。1963年我应邀到新学院大学研究生部教课。研究生部已经搬到第五大道拐角的一个新教学楼里去了，但对我来说就像回到了第十二大道一样。

在哈特福德的那些年，是我个人经历和学术生涯重要的一段时间。我和布丽奇特结了婚，之后我们有了两个儿子。我从当时布丽奇特的作品中学到了很多东西。她的硕士论文写的是圣·西蒙公爵（Duc de St. Simon），他大量的记忆都来自于路易十四的法庭上。布丽奇特的论述就好像是在表达一个没落阶层的觉悟。她的博士论文写的是维尔弗雷多·帕雷托（Vilfredo Pareto），她很智慧地解读了知识社会学之父。在即将离开哈特福德的时候，我终于放下了我的新正统派的神学，将自己定义为自由的路德宗（一直到如今）神学。换句话说，我放弃了任何一个可以让我成为盲信的机会。一直到现在我仍坚信的唯一一个正统就是：把社会科学作为天职的韦伯主义信念。

第三章　从一个小集团到一个没落的帝国

1963年秋天，作为新学院大学研究生部的正式成员，我回到了纽约。对我来说有两重回家的含义：纽约是当年我到美国的第一个地方。那时的纽约对我来说到处都充满了魔幻，如今再一次向我施展了它的魔法。新学院大学是我学生时代引起我学术兴趣的重要地方，现在它要给予我更多的知识。从当初服兵役离开纽约到现在正好十年时间。现在我已经34岁了，已成为一个女人的丈夫和两个孩子的父亲。不过我不会把过去的回忆当成一种幻觉，回家的感受让我觉得有点返老还童。我在新学院大学一直任教到1970年。这七年是我整个职业生涯中的多产时期。像兔子一样的多产，我写了许多书、发表了许多文章。更重要的是，我把一种不同的社会学方法具体化了。当然这种方法几年前已经有了大概的轮廓，只是现在通过一些强有力的系统性的理论依据把它强化了。还有一点：我不一定非要自己来做这些事情，我有一个小集团帮助我。

回到第十二大街

在我离开的这十年间，新学院大学还是有一些变化的。许多来自欧洲的骨干教师都已经离开了研究生部。阿尔弗雷德·舒茨于1959年过世了。不过卡尔·迈尔，这位年长的良师益友，不仅没有离开，现在还是社会学系的系主任。我的朋友托马斯·乐格曼也在这个系里教学。更重要的是，这个地方的气氛没有变化。上课时间还是晚上，依旧是那些有活力的、乐于寻求知识的学生。格林威治村周围还到处是咖啡馆和小酒吧，学生们下课后可以去那儿坐坐。总而言之，当我把新教的宁静留在哈特福德后，这里真是一个让人陶醉的地方！此时，我想起了伍迪·艾伦（Woody Allen）对纽约的著名评论："关于来世，最重要的问题并不是它是否存在，而是它能开放多久，以及人们是否能够从曼哈顿中心区打出租车到达那里。"

最重要的是，现在我终于有了一个小集团（这是最好的描述）。核心人物是我和乐格曼，我们几乎天天见面。莫里斯·纳坦松（Maurice Natanson）是一位哲学家，他是教堂山的一位教师，却是纽约的一位常客。还有两个年轻人：一个是布丽奇特的弟弟汉斯弗雷德·凯尔纳（Hansfried Kellner），他正在新学院大学攻读社会学博士学位。另外一个是斯坦利·普伯杰（Stanley Pullberg），他也正在新学院大学攻读博士学位，不过读的是哲学专业。凯尔纳和普伯杰两人都住在小镇上。当然，更重要的一点是，布丽奇特也在其中，她正忙于博士论文的最后阶段。还有贝妮塔·乐格曼（Benita Luckmann），就是托马斯的妻子，她是一位初露头角的政治学家。除了纳坦松之外，我们几个人都住得很近。

在此期间，我不断地参加相比之下更为复杂和激烈的对话。以前从未曾有过，（哎！）从那时到现在也没再有过。我记得阿尔弗雷德·舒茨一直盘旋在我们的对话上空。我们中大部分人都是舒茨的学生。即使不是舒茨的学生，也都深深地被他的理念影响着。更普遍地说，是被原来新学院大学教授社会科学的方法影响着。

在我离开哈特福德之前，我和乐格曼就一直在探讨一个能重新系统性地论述知识社会学的项目。1963年，我们用书面形式表达了这一观念。我们的团队（不用多说，我们不用"小集团"这个词）将会一起合作完成一个再次系统性地论述知识社会学的作品。我们设想这是一个可以完成的项目，也就是说到1967年时，人们手里就能拿到这一整套书卷。

我现在仍然留有当初发起该项目的文章。它是以多少有点华丽的一句话开始的："设计这个项目的目的是为了汇编知识社会学的理论。"汇编是为了了解舒茨已经意识到的一种知识，但他没有继续详细地阐述下去："假设有一天知识社会学真的名副其实，那它就能够解决日常社会中被错认为是知识的一切事物。"这句话需要一个解释。

知识社会学是社会学科目中被细分出来的一门相当边缘的学科。这个术语是由马克斯·舍勒（Max Scheler）在20世纪20年代提出来的。他是一个德国哲学家，但对社会对人们思想的影响很感兴趣。后来英国和美国的一小部分学者接受了这一观念。本质上，这只是思想史中对社会学的一个补充说明。舒茨并没有指责这一学术领域，但他却指出"被错认为是知识"（passes for knowledge）这一句话并不是观念、理论或者高雅文化的产物，而是普通百姓认为他们"知道"（这些普通百姓从来没有写过书，大部分人都没有读过书）。换句话说：是舒茨使知识社会学"大众化"（democratized）了。这种转变在很大程度上扩展了这一学术领域。因为不计其数的普通人总是比发明观念的人多，所以对知识社会学的扩展就变得尤为重要。

我们这个小小的集团想出了这个项目，并且开始认真对待。我们很清楚地看到，如果我们继续研究下去，这个项目的基本原理将会引向一些更远大的事情。但就智慧方面来说，这是对社会学理论的一个基本的再形成。尤其我们从事的研究是要把人们通常理解为相互矛盾的一系列理论综合在一起。比如：通常归功于马克斯·韦伯的唯意志论理念，它强调的是社会是由人们有意义的行为形成的。以涂尔干社会学理论为代表的法国社会学流派强调的理念是社会机构是抵制个人行为的。最后是美国传统社会心理学，主要人物是乔治·贺伯特·米德（George Herbert Mead），他研究的理念是人们在社会中演绎着自己的角色。随着项目越来越宏伟，我们开始梦想着一个可以改变社会学特性的学术帝国，学术中心当然设立在新学院大学。事情并没有朝这个方向发展。和人类努力的其他领域一样，学术界的帝国之梦也常常以可怜的方式结束。

我们的帝国之梦没有实现。由于多种原因我直接跳到现在的事情上。但是我们确实提出了一种原创的社会愿景，并且证明这在许多实证调查中都是很有用的。该项目计划出版的书的大纲与我和乐格曼最终写的《现实的社会建构》（*The Social Construction of Reality*）那本书的形式很像。书中有两个重要的部分，题目分别是"客观意义结构下的社会"和"主观意义结构下的社会"。开篇讲述的是关于一些人类学和现象学的假设，最后以社会组织意义的历史变化为结论。其实最后一段几乎不可能出现在我们的书中。除此之外，我和乐格曼几乎是按照原先的提纲写了《现实的社会建构》那本书的，当然我们也改善了很多内容。

手指练习

随着1963年宣言的不断发展，这个小集团进入了一个狂热的生产阶段。我们接连不断地写出了许多文章，而且迅速地刊登在各种各样的期刊上。（这些期刊的种类很有意思。那时的学术期刊比今天的思想更为开放。）

我和乐格曼写了一篇《宗教社会学和知识社会学》（Sociology of Religion and Sociology of Knowledge）的文章，于1963年发表在《社会学与社会学研究》杂志上。我们认为：作为一个貌似合理的分支体制，宗教社会学应该归属于知识社会学，因为宗教也是人们"认为他们知道"的一个事物。

我和凯尔纳于1964年在《戴奥真尼斯》杂志上发表了一篇有点娱乐性的文章：《婚姻和现实建构》（Marriage and the Construction of Reality）。我们创造了一个短语：夫妻对话。配偶们通过编造自己对事物的不同看法来表达思想，包括对他们过往的重新解释。

我和乐格曼又合写了《社会流动性和个人同一性》（Social Mobility and Personal Identity）这篇文章，并于1964年发表在《欧洲社会学期刊》上。这是我们以自己的社会学观念为基础来阐述理论本身的第一步。

我和普伯杰合作完成了《具体化和社会批判意识》（Reification and the Social Critique of Consciousness）这篇文章，并于1965年发表在《历史和理论》杂志上。我们尝试着把普伯杰特殊的马克思主义观念的运用合并到我们的联合大纲中来。我想这次练习并不是很成功，但在我写过的所有文章中，这篇文章的语言最迟钝。

这还不是全部。我自己写了一篇《从社会学的角度来理解精神分析学》（Toward a Sociological Understanding of Psychoanalysis），1965年发表在新学院大学的季刊《社会调查》里。直至现在，回想起来，这是一篇彻底揭露精神分析学没有成功地回应现代社会的美好作品。接下来我自己又于1965年在《欧洲社会学期刊》上发表了《同一性是知识社会学的一个难题》（Identity as a Problem in the Sociology of Knowledge）这篇文章。这是另一个关于心理学和社会学相互交换的练习。

我和凯尔纳写了一篇《阿尔诺德·盖伦和制度理论》（Arnold Gehlen and the Theory of Institutions）的文章，并于1965年发表在《社会调查》杂志上。可能这是第一份关于这位重要的德国社会理论家的英文作品。就像现在一样，这个国家对他的了解依然很少。

最后，再一次和乐格曼合作发表了《世俗化和多元主义》（Secularization and Pluralism），并于1966年刊登在《宗教社会学国际年刊》上。这篇文章是我们对当代宗教分别进行分析的第一次陈述。回想起来，这篇文章有很大的瑕疵，但当时还是不错的。

这个列表读起来像是一份冗长乏味的简历译文。但我复制到这里的原因是想表明我们确实是一群忙碌的小男孩（布丽奇特和贝妮塔这些小女孩们当时正忙着写她们的博士论文）。所有这些疯狂的杂文都是非常有用的手指练习。它对我们之后的作品，不管是单独完成的、还是合作的，都有很大帮助。我只知道一件事就是我从这些活动中收获了很多。

我们的小集团没有坚持多久。纳坦松去加利福尼亚教学去了，凯尔纳回到了德国，普伯杰去法国深造马克思主义理论了。纳坦松和普伯杰自此便退出了我们的视线。凯尔纳实际上还和我们有一些联系。在之后的一些冒险经历中我们也一起合作过。但是乐格曼也离开纽约去德国做教授了,所以我们合著作品的最后工作都是以跨洲际模式进行的。这是一种费劲的合作形式。因为该项目自1963年就已经开始,为了完成我们曾经设想的作品,我和乐格曼仍然坚守在这个只有两个人的小集团中。

"你真是一个文学家!"

这是大约几年前一个法国教授对我说的话(他当时只是恭维我)。20世纪60年代中期,在把社会学理论化的过程中,我写了两篇小说使这位教授的预言变成了现实。令人无法理解的是,两篇都很失败。这两篇小说对于我定义自己的神学立场有着重要影响(我自己也是很久以后才知道)。但最开始的这两篇小说却是对舒茨主义"多重现实"(multiple realities)观念的文学描述(这个我当时就意识到了),这对于知识社会学的重新阐述是很重要的。当我回头去看过去的那些日子时,我真的不能理解当时我怎么会有时间去写那么多的文章。也许超自然的解释更为合理吧:我被一个魔鬼掌控着。希望它是善良的一位!

我和布丽奇特这时都在教学,布丽奇特是纽约市立大学亨特学院的老师。生平第一次我们有着丰厚的收入。1964年夏天我们带着孩子们去了欧洲。我们在提契诺州的龙科村租了半套房子,提契诺是瑞士南部一个讲意大利语的州。村庄位于一个不安全的陡峭山坡上,可以俯瞰马焦雷湖。当地的风景美得让人惊叹不已,也是一个非常适合休息的地方。

同时这个地方也很无聊(至少对我来说是)。正如所有驱魔者所认为的那样，厌烦为魔鬼开启了机会之门。看上去好像有一个魔鬼住在了我的头上。我坐下来开始写小说。题目是（我想现在仍然是）《飞地》（The Enclaves）。一年后这篇小说以菲利克斯·巴斯蒂安的笔名出版了。我用笔名的原因正是因为不想被冠以"文学家"的称号。我到现在才明白我当时离美国主流社会学有多远，毕竟我当时心中有一个梦想：要为我们新的社会学理论方法建立一个帝国。然而，这部小说，以一种奇特的方式，真实地反映出《现实的社会建构》这本书里面的论述理念。

我以前曾经读到过一句话，说人们的第一部小说都是自传。我决定写一些我从来没有经历过或者并不存在的社会环境。小说的主人翁阿提拉是一位中年匈牙利难民。他是一位历史学家，在一所天主教的女子学院教学。学校"到炼油厂和到新泽西州收费高速公路的距离大致相等"。这种压抑的环境支配着阿提拉的"至尊现实"（paramount reality，即舒茨所描述的人们日常生活中的大部分现实领域）。他从那里逃离到一系列不同的现实中：舒茨的"有限意义域"（finite provinces of meaning）。其中一个领域是把纽约公共图书馆的匈牙利部（实际上这个地方并不存在）、一个范围狭隘的预谋当作中心。这是一个学者的论述世界，是以一个过去的匈牙利东部的传奇为中心而进行的模糊辩论。另外一个领域含有一些色情内容，是一个拥有主从式幻想的下层社会。阿提拉和一位心理学家合租了一套房子。这位心理学家的工作是通过进行一些奇异的室内试验来发现不同群体能忍受的现实状况有多少。阿提拉必须投入大量精力来保持他不同"意义域"的持续发展，更重要的是要保持它们之间的独立性。

我不清楚这部小说对于我从理论上阐明社会学的帮助是什么。

但我在写作的过程中却很快乐（它很好地帮助我度过了那个田园牧歌式的夏日）。双日出版社愿意出版这本书，或许他们想重现当日出版《与社会学同游》时带来的惊人成功。但是他们想错了，这本书没有成功。销售量几乎为零，很快就廉价抛售了。有一个不是特别好的外界好评让我很满意，评论者说从作者的笔名可以看出他是一名匈牙利人。

关于这之间的联系，我大概提一下当时使用这个笔名的想法：我不知道"巴斯蒂安"这个名字是从哪里来的，但是"菲利克斯"这个名字却是对托马斯·曼（Thomas Mann）小说中的人物菲利克斯·克鲁尔的一种暗示，他是一个自信的人。我认为一个社会学家用笔名来发表小说文章可以被合理地认为是一个自信的人。尽管如此，如果是受舒茨启发而教导社会学理论的人可以把《飞地》这本书作为一个补充读物，这也是一个不错的想法。但遗憾的是，这本小说已经绝版了。

一直以来我对于弗洛伊德的无意识概念都很怀疑，我更倾向于相信奥地利讽刺作家卡尔·克劳斯（Karl Kraus）的观念"精神分析学是一种疾病，但人们却假装它可以治病"。这部小说，却让我觉得我是如此相信无意识概念。写这部小说时，我正要从新正统运动中解放出来。它让我非常认真地考虑我是否现在就要定义自己要么是不可知论者，要么是无神论者。第一句话是这样的："匈牙利正好位于北极和赤道的中途上。"（接着我讲到匈牙利是中欧地理和语言上的飞地）最后几句话用文本描述的方式最终反证关于东部匈牙利的传说是虚假的。原文如下："我们在东部没有兄弟之国。没有别的匈牙利人。在地球上只有我们一个匈牙利国家。"几年之后让我很震惊的是第一句话竟然提到了帕斯卡尔关于人类境况的描述：一切和虚空都在途中。最后一句话让我想到了我所相信的一句话，是由阿尔贝·加缪（Albert Camus）小说中的一个人物说的一句话：这里只有人类。换句话说，小说的结尾说明，除了以实验为根据存在的人类世界之外，不存在任何一种实体。

第二年，就是1965年夏天，我们重返提契诺。这次在阿斯科纳，提契诺下边的一个湖边小镇上租了一个带花园的房子。住在城镇里比坐在山顶上有趣多了，因此在那儿我的小说只是开了个头，一年后在纽约完成了这部小说。但是这次双日出版社不会再出版了，我也不想花费精力去找另外一家出版社。十年后我把这部小说拿给我的朋友理查德·诺伊豪斯（Richard Neuhaus）去读，他鼓励我把这部小说交给美国西巴利出版社。这是一个宗教出版商。西巴利于1975年以《被定罪下地狱的协议》（*Protocol of a Damnation*）为名出版了。这次我写的是自己的名字。我认为我已经可以作为一名学者而不是用笔名出版作品了。但这个也没帮什么忙，销售量依然极少。不过也得到了一些非常好的评论，其中最疯狂的一个评论者是诺尔·佩兰。他很大方地将我的小说和沃克·珀西的《看电影的人》（*The Moviegoer*）进行了对比。但这两部小说的命运让我再也没有勇气去写第三部小说了。

这是一个有关神义论的故事。神义论问题差点让我丢弃我的基督教信仰。一个全能又至善的上帝怎么能允许魔鬼去折磨原是他创造的人类呢？这部小说以迂回的方式论述了这个问题。它也为几年后我写另一部著作《天使的传闻》（*A Rumor of Angels*）提供了思路和想法。我提出了一个"因定罪下地狱而产生的辩论"这一词语，特别提到了阿道夫·艾希曼（Adolf Eichmann）的审判观点：一些魔鬼太可怕了，以至于人类对作恶者的定罪是不够的，这就必然会从我们的道德判断指向超越人类的审判。后者可以满足魔鬼所需要的惩罚。

这次的地点在阿斯科纳,因为我认为一个相当好的死刑小说应该带有一些亲身经历过的新鲜的当地色彩。故事的细节就不必多说了,主要讲的是一个正在度假的纳粹犯,当他的车库变成毒气室时他被秘密地杀害了。而在此之前,他已经在仪式上被判了死刑,并被另外一个人物预言他将要下地狱。我们首次遇见这个人时,他的身份是一个靠妓女生活的男人。书出版的时候,我在附言中提到这种神学主题是"隐藏的网络连接"(subterranean network of connections)的根源。一位小说解说员使用过这个短语,他是荷兰的一个儿童摄影师。他的后背上有一个巨大的风格怪异的纹身。接着我提到,这种隐藏的主题可以描述为"这是某些基督教精神明显无法避免的"。

正如我在上一篇中好几次提到的那样,这本书并不是在讲我自己在宗教方面的发展轨迹。要讲述一个碰巧成为社会科学家的故事已经相当复杂了。然而,这两件事在很多点上都有连接。无论讲述哪一个故事这些连接点都要讲到。我不太成功的小说家生涯与这两件事都有关系。

宣言

由于知识社会学的项目演变成了一个更具雄心的理论事业,也由于我们这个小集团的幻想已经开始进入到帝国范围,那么本项目的最后一本书就要变成一个宣言。人们也认为它是这样的。自从1966年《现实的社会建构》出版以后,它经常被用来指代一个新型社会科学思想流派的开场白,号称"构成主义"(constructivism)。更多不幸的发展只在瞬间。

该书的副标题是《关于知识社会学的专题论文》(*A Treatise in the Sociology of Knowledge*),非常清楚地反映出我和托马斯·乐格曼内心的矛盾情绪。我们用知识社会学的措词简单地陈述了主题,这是一个保守的陈述。这本书已经变得更加有雄心了。但是"专题论文"这个词却有点炫耀,配得上两位创办人的帝国事业。当然,这个帝国从来没有建成过。但这本书所带来的成功远远超过了我们小集团刚开始时所设想的。有人把它描述为"小型经典著作"。这个短语结合了一个祝贺的名词和一个奚落的形容词。不管怎样,这本书掀起了一场文献评论,有正面的、也有负面的。它的影响力已经远远超过了社会学。

有人认为这是20世纪阅读量最高的社会学书籍,这是值得怀疑的。但这本书在美国以及翻译成其他语言出版以后便引起了广泛注意。此时,我在写这本书的时候,《现实的社会建构》的美国版本仍在加印,而且销售额很好。迄今为止已经翻译成了18种语言,最近刚翻译成保加利亚语和希腊语。

这本书首次出版几十年后,我去了里约热内卢。和接待我的主人一起排队等候进音乐厅时,一个年轻人过来向我们打招呼。主人向他介绍了我,只说了我的名字。那个年轻人微笑着说:"啊,《现实的社会建构》!"当然他是用葡萄牙语说的书名。乐格曼也有类似的经历。我想我们两个人都试着去拒绝这种伟大的迷惑,因为这样的经历会被到处渗透的荒谬的感觉引诱以致迷失。毕竟我们两个人都来自中欧,这个迷惑的帝国是集体回忆的一部分。或许一个老套的笑话是对这种感觉最好的解释:一战时期,东部战线刚结束一场战役。德国军队对战况描述的通告是很可怕但还有希望;而奥地利的通告则是战势已经没有希望了,但不是很严重。也许这种同样不带感情的讽刺态度可以帮助我来解释我们一起合作一章又一章的文章时所保持的轻松态度吧。同时,我们对这本书也感到很满意,直到现在也很满意。有很多次我们问自己如果重写这本书是否会改变其中的一些内容,或许某些地方需要用更简单的语言来表达,但我们总结后都会说我们会保留文本原来的样子。

这不是一个简单的文本,不适合作为睡前读物或者洗浴读物。正如先前所提到的那样,它是由一系列不同的社会理论组成的,本质上是对被认为是一种"社会学意识"(sociology of consciousness,我们在其他作品中常常使用这个术语)的知识社会学的再构造。也就是说,我们的"专题论文"是解释社会和意识两者之间的关系的。我们把这种关系称为"逻辑推理",它在以下三个过程中可以不断前进并且相互作用。外表化是人们共同"编造"的一个社会世界;客观化是指这个社会世界到达了一个看来似乎"艰难"的现实状况,这种艰难超越了人们对其的影响作用;最后是内在化,这是一个过程,是这个客观的"外部"世界对所经历的各种社会化经验进行个体意识向后投射的过程。这些意识从孩童时期开始,贯穿一生。

另外一个老套的笑话:一对美国夫妇正在从中国领养一个6个月大的小男孩。他们参加了集中的汉语课程,为的是当这个小男孩开始说话时他们可以听得懂他所说的。我们其中一个理论描述的是,它解释了这个笑话为什么是荒谬的(因此就很搞笑)。可以用简单的术语解释一下吗?我试一下吧。

语言是人类相互影响的最重要的基本工具。作为美国人,我们用英语和别人交流。语言只有在我们使用它说话时才是活的,如果我们停止不说了,它就会停止生命,正如这个词的意思一样,成为一种"死亡的语言"(dead language),比如说古代亚述语。换句话说,英语是活着的人们不断使其外表化的产物。更进一步说,它不是一种本能的东西,可以通过基因一代又一代的传递下去。这就是为什么那个在克利夫兰的小男孩不会在游戏围栏中坐起来说汉语的原因。同时英语已经达到了一种客观现实,超越了使用这种语言的人们。如果这是我们的母语,我们会自然地接受这种现实。如果它是我们的外语,我们会被迫接受这种现实,即使我们不喜欢它。我们可以告诉老师它的发音和语法是多么可笑,却被告知,不管可笑与否,这就是英语。如果我们想要明白它的意思的话,最好还是按照规则来使用它。

换句话说,客观化指的是曾经"里面"的内容,自1066年黑斯廷斯战役之后对英语的使用和不断改变的个体意识,使之变得有点"外在"。但它没有一直保持"外在"状态。经过所有的社会化过程,从孩童一直持续到后面的发展,又内在化成"里面"的了。语言塑造了人们的个体意识,我们用英语思维方式"思考"。

无论我们用此种方法或者哲学上的判断标准(哲学的判断标准是超越实证社会科学的方法的)证明我们对世界的知识是有根据的,下面引号里的话都非常重要。马克·吐温描述得非常精妙:"麻烦并不是由人们所不知道的造成的,往往是人们所知道的东西造成了麻烦。"或者引用威廉·埃塞克·托马斯(著名的"托马斯格言"是每个社会学入门课必背的内容)的话:"如果人们认定一个环境是真实存在的,那结果也是真实的。"也就是说一个人在一个环境里"知道"(know)自己被鬼附了,而另外一个人在另一个环境中"知道"（know）自己得了神经病。实证社会学家只能通过观察内容和每个"知识"（knowledge）的结果来判断事实。

一些别的学科，比如说哲学或者神经生物学会提出理由要求去掉引号里的内容或者用"幻想中的操作"（operates under the delusion）代替"知道"（know），从而对争议中的认识假说分别进行确认有效或无效。社会学家的"知识"是在引号中的运作。毋庸置疑，这对于进行宗教研究的社会学家也是特别重要的：人类不能用实证来研究上帝，但观察人们对这些神的"认识"（know）和通过这一"知识"（knowledge）所发生的结果就正是社会学分析的全部内容。

宣言之后发生了什么事情呢？

尽管大家都注意到我们的论述非常依赖德国的资源，和美国的主流学科相差很远，但早期美国的评论大部分都是很友好的。1969年德语版出版以后确实引发了一场爆炸性的评论。赫尔穆特·普莱斯纳（Helmut Plessner）这位有影响力的哲学家写了一篇支持的序言。他的妻子莫妮卡·普莱斯纳（Monika Plessner）作了精彩的翻译。和我在美国的情况不同，乐格曼成功创立了一个有点接近社会学理论的学派，尤其是在他去了康斯坦茨大学之后。

这本书出版25周年时，美国社会学学会理论部的时事通讯让我回想一下发生在这本书上的事情："你的意思是建立某种社会理论的学派吗？那又是因为什么你拒绝主导这个学派呢？"对于第一个问题，我说我们最初的目的是很单纯的（我没有马上承认我们的帝国幻想）。但对于第二个问题的回应我是这样评述的："人们只能拒绝一个已经邀请的邀请。没有人邀请我呀。"然后我说，自1966年出版之后接下来的几年间，我们确实有一些短暂的机会来实施我们的社会学理念,特别是因为年轻的大学生已经不再对功能式结构理念的双重性和数量方法两者抱有任何幻想,因此这本书才获得了最初的好评。

但是之后,几乎在同一时期,掀起了一场我和乐格曼都不能认同的"意识形态和乌托邦主义的狂欢"。这种不协调的文化巨变是保持严肃格调的书所不能欣赏的:"室内音乐是不能在摇滚音乐节上演奏的。"总的来说,这本书没有遭到批评。相反,它被占主导地位的意识形态吸收了。这是新马克思主义和反主流文化论述的奇异结合。这二者支配着大西洋两岸的社会学学科和人文学科。在这种情况下,乐格曼的"康斯坦茨学派"几乎开始变成地下组织的风格。

1999年乐格曼在埃森市主持一个研讨会时恰逢德语版出版30周年。他也被问了一些相似的问题,他的回答和我的回答也很相像。但是他对(不管是支持者还是批判者)因为受到《现实的社会建构》这本书的影响而常常需要解释的两种学术趋势进行了评论,即:"民族方法学"(ethnomethodology)和"构成主义"(constructivism)。两种观念的发展都是在无意识中发表个人观点的结果。维尔纳·斯塔克(Werner Stark)是早期论述知识社会学的作者之一,他写过一本有意思的书。他在福特汉姆大学教了很多年书,是一位博学但又有点怪的学者。有一次我问他刚出版的书怎么样了。他回答道:"我对自己所出版的书的感觉就像加尔文对死亡的感觉是一样的。我们不能为那些书再做什么了。它们已经开始了自己的命运之旅。"

民族方法学这个词是由一小组社会学家提出来的,他们大部分都住在美国的西海岸。这组社会学家的代表人物是哈罗德·戈芬科

(Harold Garfinkle),他在加利福尼亚大学洛杉矶分校教书。他们声称最初的灵感来自于阿尔弗雷德·舒茨的作品。他们的确有一些舒茨主义的观念,但也发明了自己的专业术语。显然在戈芬科和舒茨之间有一些相似之处,但我从来没有发现这一点。我读过他们的一些作品,尽管我从中发现了一些有意思的实证研究,但我确实不明白他们的理论含义到底是什么。对我来说,他们更倾向于美国社会心理学所谓的"符号互动论"(symbolic-interactionist)学派。但坦白说,我对他们不是特别感兴趣(虽然在很久以后我也成为波士顿大学的一名职员,我在那里发现了隐藏在东海岸的边区村落。我和他们中的乔治·帕沙达斯有过愉快的交流)。乐格曼的反应就不是那么友好了。针对一些民族方法学作品,他写了一篇严厉的评论,称这些学派为"乡间的正统"。目前据我所知,关于这个学科的分支已经所剩无几了。

更为重要的是被认为是学术运动的"构成主义"。它是一种扩散现象,把许多科目转变到社会科学学科和人文学科里面。它被(我想应该是对的吧)归入到"后现代主义理论"(postmodernist theory)的类别中了(有点用词不当)。应把它这一大堆理论形容成一种趋势而不是前后一贯的思想学派。这种趋势的直接发起者是两位法国作者:米歇尔·福柯(Michael Foucault)和雅克·德里达(Jacques Derrida),可以从他们身上看到尼采的影子和他所推荐的哲学方法:"不信任的艺术。"这里并不是要钻研这些思想者们一连串复杂的思想,但他们和《现实的社会建构》的关系必须要澄清。

论证是这样的:由于所有的现实都是社会构建,因此就没有客观真理,至少不能多增加一个。实际上,世界上没有事实,只有"故事"(narrative)。比如在"故事"中人们就不能用客观的方式进行认识论的判断。但是人们可以用"结构主义来评论"（deconstruct）他们，也就是撕开他们常说的利益的假面具。这些利益常常通过权力、等级、种族、性别的方式表达出来。这样，后现代主义自然就与各样的意识形态连接起来，比如左翼马克思主义（Left-Marxism）、"后殖民主义"（postcolonialism）、"第三世界主义"（Third worldism）以及各样形式的身份政治：比较明显的有激进女权主义和"酷儿理论"（queer theory）。

在过去几十年里，这种混合理论趋势已经在极大程度上影响了美国学术界，而且在很多地方已经成为一种令人悲哀的正统思想。并且这种趋势已经传播到学术界以外。它们明显倾向与被广泛传播的相对论相结合。顺便提一下，知识社会学对现代意识的分析可以解释相对论。在我最近和安东·泽德瓦尔德合（Anton C. Zijderveld）写的一本书《赞美怀疑》（In Praise of Doubt）中用到了这一方法。[①]这是一种广泛扩散的世界观，唯一真实存在的美德是"宽容"，唯一真实存在的恶习是"喜欢挑剔"。

在这里我们没有必要对灾难性的学术和这种无政府主义的政治色彩刨根问底，但要解释清楚为什么乐格曼和我总得不断地说："我们不是构成主义者。"（或许可以模仿马克思的声明"我不是马克思主义者"）我们在表达现实的社会建构观点中从没有暗示说世界上没有事实存在。当然在书中有一些以经验为依据确定的物理事实，比如从发生一场异常的大屠杀的事实到有人偷了我的车的事实。通过客观化的观点暗示社会事实也是存在的，比如可以发现一个强烈的事实就是没有人顾虑我们的愿望（涂尔干说"要把社会事实当作事情"）。人们常常通过社会来判断现实，有时权力利益中也包含一些判断。但并不是所有的判断都是平等的。如果它们是平等的话，抛开医学诊断和警方调查不说，任何一个科学事业都将变为不可能。至于后现代主义这一激进的构想：认为没有什么是真实存在的，只有各种各样的"故事"，它与精神分裂症的定义很好地结合在一起，就是一个人再也不能区别现实和幻想之间的差异了。

我和乐格曼会把自己放在传统社会学的位置上，因为我们是借着启蒙运动方案并通过对理性的练习来寻求对世界的了解的。许多"后现代主义者"骄傲地把他们的目的描述成启蒙运动末期的工程。我们知道我们的社会学是抵制这一工程的。

概括地说：《现实的社会建构》首次出版时，它与当时的文化氛围和时代思潮是一致的。这一点解释了当时它成功的原因。但时代思潮在不久之后很快就改变了。书最后没有死。但如今那些在新文化浪潮顶端漂游的人把自己的目的附加到这本书里面，并把它的语言化为自己的概念。可以这么说，我和乐格曼也被"后现代主义化了"，多少有点讽刺。我们俩都花了一段时间才明白这件事。

1968年西班牙语译本在阿根廷出版之后，我经历了第一次暗示。那时候我任新学院大学季刊《社会调查》的编辑（顺便说一下，这是一份很有趣的工作）。我有一套小房子，里面有两个办公室。地点就在第十二大街的新学院大学附近，是一个和上流社会相邻的地下室。我的秘书使用前面的那个办公室，她是一个时髦的纽约人，不太容易被吓到。那天下午她进来时，我可以看出她正在发抖。有两个留着长胡须、可能很危险的男人想要见我。我请他们进来了。他们确实看上去放荡不羁。有一个人手里紧握一份西班牙语的翻译版本。他告诉我他们来自拉丁美洲的一个国家（我不记得是哪一个了），是他们的领袖派他们来的。这个领袖现在已经躲起来了。然后他接着说："我们是革命分子。你写的书是关于社会建构的。我们要重建这个社会。我们的领袖认为你可以为我们的革命计划提供一些建议。"我们讲的是西班牙语,我讲得不是很流利。我尽量保持最礼貌的态度,我解释说这本书只是一个理论练习,我没有什么有用的建议可以提供给你们。他们明显很失望,并且很快就离开了。我终于舒了一口气(就更别提我的秘书了)。

"一朝为神人,永远为神人!"

在写作《现实的社会建构》之前和期间,我和乐格曼经常讨论知识社会学和心理学之间的关系。当时的情况是心理分析对美国的影响力是最大的(那时心理分析还没有遭遇较为便宜的心灵治疗法,之后它的影响便减退了),我们可能也受到了一些影响。事实上,我们在新学院大学认识的每一个人要么正在做心理分析,要么正在考虑进行心理分析,或者几年前已经做完了心理分析。我们准备合写一本书来解释我们称之为"社会学的心理学"这一理论。之后由于对其他方面的兴趣改变了这个方案。我当时已经为我们的推断理论设想好了第一个格言:"任何一种身份都比没有身份好。"而且,我还认为这个格言会把我们带到很远。

不是为了推翻弗洛伊德的观念,而是为了用舒茨的观念来代替弗洛伊德的观念(至少得保留一个维也纳口音吧),我和乐格曼各自写了一本关于宗教方面的书,都在1967年出版了。乐格曼的题目是《看不见的宗教》(*The Invisible Religion*),我的书名是《神圣的帐幕:宗教社会学理论的要素》(*The Sacred Canopy*: *Elements of a Sociological Theory of Religion*,简称《神圣的帐幕》)。据我所知(我们在这个领域常常很谨慎),乐格曼当时没有任何神学方面的困扰，但我有。当我还在服兵役时，我对一个伙伴说道（在其他丰富多彩的活动中他是一个犀利的人物，但他曾在奥尔良作过男妓），神学对于我来说已经过去了，现在我正忙着做别的事情。他评论道："一朝为神人，永远为神人。"

我和乐格曼在宗教方面的个人立场不同，在宗教的社会科学概念化这一点上也是不同的。他提出的是一种非常广泛的、本质上带有功能性的宗教定义，因为它是由人类的内在倾向会超越与实证环境有最直接关系的事物组成的。（这是对埃米尔·涂尔干的宗教社会学和各式各样的哲学人类学巧妙的结合。）因此这个定义可以把一切能够想得到的有意义的秩序归入到宗教的类别中来。比如说：科学，或者民族主义，以及在这方面有点虚构的心理分析建构。我认为这个定义太广了。一次我问乐格曼，在他的这个定义中有什么不是宗教的。他回答道："狗。"从那时直到现在，我所提出的都是一种比较狭窄的、实质性的定义，宗教是由一个具体的超自然主义的世界观构成的。我在《神圣的帐幕》后面的附录中清楚地讲到了这一点。

我们俩这两本书非常贴合《现实的社会建构》一书中关于普遍宗教的理论视角，尤其顺应了当代的宗教形势。从逻辑上讲，《神圣的帐幕》分为两部分。我在第一部分里提出宗教是建立和维护社会世界的至关重要的因素。宗教赋予了一种神圣的秩序，它可以成为使制度秩序合法化的"帐篷"。知识社会学表明所有的制度都是不稳定的。因为它是以依靠人们持续不断地表演这些制度为依据来说服人们相信好像这些制度是真实存在的。这是我们之前引用过的威廉·埃塞克·托马斯著名格言中的基本信息。但是我们知道人们改变思想的速度有多快。通过给人们提供安全感的宇宙哲学，宗教更强有力地强化了制度的"真实性",可以说是:"并不是我们这些人选择了这样的行为,而是神灵们命令我们这样做的。"宗教对社会秩序的这一基本服务让人们忘记了是它们自己制造了秩序,因此就带出与此相符的高度的不确定性。宗教把不确定性变成了必然性。现在看起来,好像在宇宙的终极秩序中社会有一个永远不会受到伤害的地方。

介于这种关系,我觉得早期马克思主义对"异化"(alienation)和"物化"(reification)的分类是很有帮助的(我没有因此就同意马克思后期的作品)。我使用的是马克斯·韦伯的神义论(theodicy)观念,这是一个基督教神学术语(我们之前在讨论为什么上帝允许痛苦和魔鬼存在时曾使用过这个词),但韦伯一般用这个词来表示那些在社会上被确立的关于人类存在的否定解释。宗教为神义论提出了一些不同的版本:痛苦和魔鬼在超自然的真实秩序中可以讲得通,所以不要去威胁社会秩序的可能性。人们或许会说这是一个漂亮的小把戏。

《神圣的帐幕》第二部分讲的是世俗化,即宗教在社会和个体意识中的衰落。世俗化是现代性必须有的共存物。这一点我是遵照当时的流行观点写的。这种观点不仅盛行在宗教社会学家中,也在历史学家、哲学家、最后一个但同样重要的是在宗教思想家中盛行。许多宗教思想家谴责这一观念,也有一些支持这一观点,还有不少人认为应该接受这一事实。之后我会在本书中详细讲述我为什么并怎样改变了对这种世俗化理念的看法。在《神圣的帐幕》一书中我再次从韦伯那里得到了启发。他认为"合理化"(rationalization)——他用这个词来表示现代化——源于激进的"世界的祛魅"(disenchantment of the world)一词。该词早已隐含在古以色列的宗教里，到了新教改革时期变得更为激烈。我从知识社会学中增加了一个论点：现代性弱化了对集体信仰和集体价值的共识，并在此过程中弱化了这些东西的可能性。简单地说，现代性产生了多元主义，多元主义又产生了世俗主义。这并不会使宗教信仰变得不可能，却变得更加困难。信徒们变成了一群"认知的少数派"。

我自己有点操之过急了：之后我意识到我对于现代性产生多元主义的观点是非常正确的，但是多元主义不一定产生世俗主义。多元主义一定会遇到一个情况，就是人们不再认为世界观是理所当然的了。人们必须从所提供的不同世界观中选择一种观念，这个时候就会产生世俗主义。但其中的一些选择很可能是宗教。事实上，在当代世界中大部分人们选择的都是宗教。这种情况为宗教信仰带来了一个巨大挑战，但这个挑战并不是世俗化。

维尔纳·斯塔克（Werner Stark）把"厄运"归咎于已经在世界各地自由出版的书籍上，这种厄运可以跟随你很长时间。2008年夏天，我和一些同事来到中国，为将要在中国两所大学召开的关于当代宗教的研讨会做一些基础的工作。我们在北京参加了国家宗教事务局的一个有点不太真实的典礼。这个机构是国家用来管理宗教的（他们只获得了有限的成功）。宗教局的主任热情地欢迎了我。因为我是《神圣的帐幕》的作者，因此他把我看作世俗化理论伟大的支持者之一。我想他肯定对我的声明没有印象，在写了这本书之后，我已经改变了我的想法。

《神圣的帐幕》在学术上和商业上都很成功，现今仍在刊印。迄今为止已经被翻译成了12种语言。可以说是另外一本"小型经典著作"。然而，如果我重写的话，我不会保留原来的文本。当然我会从根本上改变世俗化这一部分，但我也会重写第一部分。没有必要使用复杂的语言,我可以把它直接翻译成英语。

我已经非常小心地宣称《神圣的帐幕》这本书的论述完全是在社会学的范畴之内的。它是一个实证科学,既没有神学意向,也没有反神学意向。虽然如此,我还是很担心人们会将它理解为反神学的思想,在对"方法论的无神论"理念的论述中,我担心"方法论的"这个形容词会被忽略。为了预先阻止这样的错误阅读,我又增加了一个附录去说明一个神学家会怎样对待这本书中的观念。

简单地说,这本书把宗教描述成人们的欲望变成现实的一个巨大投射,尤其是渴望一个有意义的可以带来盼望的世界。这是一个正确的画面,撇去宗教这个前置词,用一种非常特别的方式来看待世界,"好像上帝没被设定"(as if God were not given)。这种投射的概念来源于费尔巴哈(Feurbach),他声称要把神学转变成人类学,很有道理。但是一个转变成有信仰的人,可以这么说,他会站在费尔巴哈的头上说:要把人类学变成神学。之后他可以说人类可以为宇宙设置意义,因为他们自己被赋予生命是因为上帝创造了他们。这两种观念并不矛盾,却是完全独立分开的。同时我也讲到这样的认知练习会成为自由派新教的精神,因此加速结束了我年幼的新正统思想。

我认为这些观点太重要了,因此不能只局限在附录里面。所以我坐下来开始写另外一本书:《天使的传闻:现代社会和超自然的再发现》(*A Rumor of Angels*: *Modern Society and the Rediscovery of the Supernatural*,简称《天使的传闻》),并于1969年出版。我讲得很清楚,我并不是以一位社会学家的身份在论述,而是以一个没有正式神学认证的普通人的身份在讲论。这种立场为写这本书提供了一个巨大优势,就是可以不用学术行话。

书的题目来自于一位法国天主教神父的声明。他说他在当代社会的使命是确保关于上帝的传闻不会完全消失。换句话说，我的神学论述的假设前提是世俗化理论是有效的。宗教信徒是一群"认知的少数派"。神学论述的下一个任务就是去说明如何在这样一个世俗化的社会中"再发现"超自然。这一论述不能使用社会学的工具（就是说不能使用任何的实证科学）。但社会学是与此有关的，因为它可以帮助"把相对论应用在使用相对论应用的人身上"。就像所有的宗教那样，世俗的世界观也有一个独特的"看似合理的建构"。当你去分析它的时候，它就失去了传递绝对真理的骄傲之气。

我接下来的神学论述和这本书没有什么关系了。只要说明这是我第一本简洁陈述观点的书就好了。这本书主要针对自由派新教的传统和它在面对令人不快的事实时所表现的"坚韧的诚实"态度。我把下面这件事作为一个重要的例子：自由派新教是历史上第一个把现代批判学识方法应用在自己神圣典籍中的宗教。这是一次独一无二的学术勇气战绩，正中那些号称"寻找历史中的耶稣"的人们的要害。然后我提出一个构思来说明神学的方法应该是什么样的，一共有两个特点。第一，它会对普通人们的经历继续产生感应，我称之为"超越的信号"（signals of transcendence）（值得注意的是，它既包括人生所经历的有趣活动，也包括使用自己的权利去彻底地谴责一些残酷的行为）。第二，通过和那些由多元主义强加进我们注意力的其他宗教之间的持续对话，可以构筑基督教神学。

《天使的传闻》是60年代最后一本真正成功的书（直至今日也很成功）。现在依然还在出版，已经翻译成了九种语言，包括日语（奇怪的是作为基督教神学刊物）和印度尼西亚语。我大部分重要书籍都翻译成了印度尼西亚语，而且是由一个穆斯林出版社出版的。我一直不明白这个问题，直到我去雅加达时见到了出版商。对于这些穆斯林，他们对一个用实证经验来看待宗教的作者很感兴趣，即使作者有自己确信的宗教信仰（也不介意他是基督徒）。

1969年，我的"神人"学者形象得到了人们所期待的神圣的认可，居然是被教皇！随着第二次梵蒂冈大公会议的召开，元老院设立了三个机构专门用于全基督教和不同信仰者之间进行对话，去和"分袂的弟兄"（指的是非天主教的基督徒）、犹太教以及与犹太教不同的非基督教宗教（当然这些宗教应该和基督教有某些特殊的关系）进行交谈。之后他们渐渐明白，他们忽视了一个重要群体，即那些在罗马官僚机构内部工作的人：这些人什么都不信！但是一个不了解他们到底是谁的人怎么能够和他们谈论呢？为了这个额外的对话又设立了一个机构。该机构有一个沉闷的名字：确认赞成—不赞成秘书处（Secretariatus Pro Non Credentibus），红衣主教凯尼格（Koenig）是该机构的领导。他是维也纳的大主教，正好读了我的作品。主教差来的使者是安东尼奥·格鲁梅里大人（Monsignor Antonio Grumelli）。他是意大利的神父，曾经获得社会学学位。他来拜访我，当时我们住在布鲁克林（我们回到纽约之后在这里住了几年）。格鲁梅里问我是否愿意组织和主持一场会议，主要说明"无宗教信仰"（unbelief）的定义。天主教堂可以借此找出哪些人是教会可以与之谈话的。我本打算选社会科学家和历史学家，但梵蒂冈那边要选神学家。

这场会议在梵蒂冈一共开了五个工作日。这真是一个聚会！在众多的社会科学家中，当然他们都是我的朋友，本顿·约翰逊（他是我服兵役时的伙伴，我们一起充当过假的社会工作者）、齐格里弗德·冯·考兹弗莱侍（他是一位路德宗神学家，曾经是巴德博尔的职员）、托马斯·乐格曼（还有我们两个人的妻子布丽奇特和贝妮塔，她们不是被正式邀请过来的，只是陪同我们一起来的）。我还邀请了塔尔科特·帕森斯（Talcott Parsons），他是哈佛大学的教授，说他是美国社会学的教皇也是很合理的。还有来自法国耶稣会的非常杰出的神学家亨利·德·路巴克（Henri de Lubac），他之前和天主教的当权者有过一些问题。奇怪的是，他们还邀请了一位新教神学家哈维·考克斯（Harvey Cox）。他因为《世俗之城》（*The Secular City*）这本书得到了不少骂名，这本书以一个神学家的立场表达了对世俗化的接纳。开幕式现场有许多人，包括五名身穿全副盛装的红衣主教以及一大群媒体人。会议结束时迎来一位正式观众：教皇保罗六世（Pope Paul VI）。他和每一个人都握了手，并且祝福了考克斯带来的一个小十字架（他说是给他爱尔兰的女仆的）。

我不认为从这次会议中产生了什么具有重大意义的深刻见解（随后，主要文件发表在了《无信仰的文化》期刊上，是由格鲁梅里和另外一位天主教社会学家共同出版的）。但这是一个令人陶醉的事件。我们可以观察所有令人难忘的梵蒂冈政府机构。因为我们是被邀请到梵蒂冈来的，所以罗马上层人士相信我们肯定是非常重要的人物。

有几个晚上我们被邀请到渐渐腐朽的"黑色贵族"的宫殿用晚餐（这是一个古老的罗马教皇的上层社会，不要和最近由萨伏依王朝任命的新贵混淆了）。我也邀请了一个匈牙利的社会学家。席间一位女士非常不礼貌地看了他很久。那位女士说她从来没有见过一个真正的共产党员。虽然她见过一些意大利共产党员，但那都不算数。

但在众多招待会中我最喜欢的一个插曲是：当时一个基督教民

主党的政治领导人来到我们当中。他想知道这个会议主要探讨的是什么。"世俗化",格鲁梅里解释道。

"那是什么意思？"那位政治家问道。

格鲁梅里给了一个非常简洁,但又相当准确的定义。

这位政治家认真地听完了解释,然后说道:"我们不会允许这样的事情发生的。"

双重流放

20世纪60年代在两次惨败中结束了。这两次惨败终结了我们要建立一个以新学院大学为总部的新的社会学帝国的梦想。第一次惨败就发生在新学院大学。第二次则扩散到更大的范围。

随着新学院大学社会学系风格特点的改变,我变得越来越不开心。最初吸引我来研究这个领域的欧洲传统社会学很快就消失了。我思索着去别处找份工作。然而,到了1969年的秋天,我被选为了系主任。我决定利用这个位置进行一场不成则败的努力来改变本系的方向。我的努力几乎在一日之间就功亏一篑了。

我用一种异常笨拙的方式开始了这项工作。我在系里的公告栏上发布了一份备忘录,处理了一些实际问题（主要是较高的不规则的师生比例）的同时,也说明社会学系已经失去了它与众不同的风格,因此也让它失去了在学术市场中的有利地位。备忘录是以这句话开始的:"以我的观点来看,作为一个学术事业,社会学系已经濒临破产了。"这并不是一句合适的外交语言,因为当时破产的知识分子需要投票来支持某人的建议。我不知道是否会像我所期待的那样,行政机构或者日渐积极的学生们会介入到这件事中。不管实际情况到底是怎样的，我的同事们瞬间就爆发出了激烈的负面反应。

我设立了一个紧急议题让大家来投票进行新的任命，当然需要改善师生比例，但我的打算却是要恢复已失的传统。我提出了三个人名：汉斯弗雷德·凯尔纳（布丽奇特的弟弟，当然是我们集团的人员）、安东·泽德瓦尔德（他是一位荷兰社会学家，我前段时间刚认识他，他非常适合我们的学术口味）以及黛安·威尔金森（Diane Wilkinson，她是非裔美国人，现在正在肯塔基大学教课。我刚见到她不久，就觉得她非常适合越来越激进的"批判社会学"分科）。反对凯尔纳和泽德瓦尔德的带头人是亚瑟·维迪奇（Arthur Vidich），他是一位多少有点"批判性"的社会学家，最初还是由我推荐给社会学系的。他提出了一些反对建议，被我拒绝了，因为我认为这是一个需要孤注一掷的环境。除了狄波拉·奥芬巴赫之外（Deborah Offenbacher，她和我一样，是在旧制度下取得博士学位的），系里的其他成员都加入到维迪奇的反对阵营中。学校的行政机构，在进行了一番调解后，也选择了维迪奇的反对意见阵营。有一些学生选择了我的立场，但大部分学生都过于投入到迅速增长的文化革命中而忽略了这个小题大作的学术风暴。

我的第十二大道之战正好在劳动节之后开始，并于 11 月 25 日结束。那时系里要求我从系主任的职务上退下来，我立刻就辞职了。我从系里的办公室搬出来，因为这一学年还没有结束，就寄宿在《社会调查》杂志社。我开始到处找工作，对我来说这是一段美好的时间。学术工作市场非常繁荣，我得到了数个邀请。我选了一份看起来（事实也是如此）比较有吸引力的工作，是新泽西州罗格斯大学新博朗斯维克分校，从我们在布鲁克林的家穿过韦拉扎诺海峡大桥就到了。1970年秋天我开始在那里任教。我的五个毕业生和我一起过河来到了这里,其中三个获得了罗格斯大学的学位认证。对于这个动荡的事件来说,这应该是一个比较和谐的结尾了。与此同时,它让我感觉像是在流亡。我离开了一个有着强烈认同感的学术机构。

尽管在新学院大学的惨败和当时正将自己的影响力发挥到极致的文化海啸没有直接的关系,但在一个更大的环境中,最终它还是对我的学术生涯产生了重要影响。这种巨大的影响所带来的改变只有那些一步一步亲身经历过的人才更清楚。那些被所谓的革命迷倒的人当回头看这段时间时,也会认为这是他们人生中最佳的时间。这些革命者影响了很多年轻人,让他们拥有了一种已经存在的人们称之为"六十年代"(the sixties)的浪漫观点(并不是完全正确)。我有一个有趣的发现:对于这场巨大的影响和其带来的持久结果,社会学家和其他文化事件的观察者们能做的却是少之又少。这里不适合详细解释这件事。

最开始我非常"同情"这个运动。我之前的经历让我很看好强调种族平等和承认同性恋权利的政治发展动态。我甚至感觉到我和揭露当局者有着某种亲密的关系。毕竟,正是因为这些主题,我才被冠以"人道主义社会学家"的称号。我反对越南战争,尽管我不赞同日渐严厉的反美主义和支持社会主义的反战运动。

同时,20世纪60年代末的那几年,我也开始了和理查德·诺伊豪斯(Richard Neuhaus)的友谊。那时他非常热衷于"运动",他曾和马丁·路德·金一起在塞尔玛游行。在1968年的民主党大会上被抓。很快他就在布鲁克林第十四个国会选区上成为反战派的候选人。他说服我加入到关注越战的神职人员和平信徒(Clergy and

Laymen Concerned about Vietnam，简称 CALCAV）这一机构的全国指导委员会。虽然和诺伊豪斯以及许多人在一起，我还是渐渐地被"运动"的左倾合力排斥了。我绝对没有在一份同意用马克思主义意识形态来代替民主政治的方案中签名。

  我也是花了一段时间才有了这次觉醒。然而，我记得使我的怀疑得到认证的那一个瞬间的敏锐直觉。在真正的"后现代"模式中，经历是虚拟的而不是真实存在的。我在电视上看到了这件事，是 1968 年发生在哥伦比亚大学的学生暴乱。这是一个对抗事件，一群学生想要袭击学校，但一条警察封锁线拦住了他们。学生们重复地喊叫着："街道属于人民！街道属于人民！"这让我想到了什么，起初我也不知道是什么。然后，在一瞬间，我想起来了。这是德奥合并维也纳时的一段童年回忆，纳粹的国歌《霍斯特·维塞尔之歌》第二段的第一句是："街道是属于纳粹军队的！街道是属于纳粹突击队员的！"这种直觉很强烈。这就是那个！当然不全都是，但在一些重要因素上两者是相像的：群众心理、街道的奥秘、反对所有自由民主体制的愤怒，以及同样重要的不受争吵影响的武装反理性。

  不久后我就从关心越战的神职人员和平信徒组织中退了出来，并注册成为一名共和党人（我想在最初阶段给尼克松投反对票以支持更多的自由党候选人）。诺伊豪斯用了更长的时间才离开这个"运动"，在他的传记中关于此事肯定记录了很长一段文字吧。当他离开这个"运动"后，他向右派思想靠近了很大一步，比我都近。

  这些事情对我的影响很简单却又是深远的。时代思潮不仅影响了美国的学术文化，也影响了世界其他地方。有时候看起来好像我的思想和时代的脾性是一致的，它们都爆炸性地结束了。机会之窗关闭了。我之前也提到过，这影响到我后来出版的几本书。我不想解释这个牵强的"受害逻辑"（60年代以后这个词常用来表示政治身份）。我没有被迫害。通过一些合理的标准来看，我找到了一个好职业。虽然我写的书没有成为畅销书，但是还有人在读。随着时间的流逝，人们称我为前辈（尽管这是已经过时的用法）。但我成为了一个流亡者，狭义上是被我的母校流放了，广义上讲我被精英文化流放了。考虑到后者的性质，这也不算是一件多么坏的事。

第四章　在地球上艰苦跋涉的社会学

于是，在1970年秋天，我和新学院大学的研究生们一起过了河，不像摩西带领以色列孩子过红海的场景，倒像拿破仑去圣赫勒拿岛的过程。罗格斯大学（Rutgers University）当然不是应许之地，但也不是一个监狱属地。新泽西州的地理位置不适合作监狱。我在小说《飞地》（The Enclaves）中已经描述了这种地理位置（或许是有一种先见之明的幻觉吧）："到炼油厂和到新泽西州收费高速公路的距离大致相等……从这两个地方散发出刺鼻的气味……用一个比喻来说吧，从新泽西沼泽中飘散出来的气味都像是魔鬼的瘴气。纽约的歹徒们喜欢把他们受害者的尸体抛在这里面。这与政治家们的观念严重不符，他们为这块土地的题词是'花园之州'。"

当然这是一个近似诽谤的夸大之词，证明我把自己当成了美国人。有一个老笑话，我认为不应该是伍迪·艾伦，应该改成：为什么纽约人一直很沮丧？因为放在隧道尽头的灯是新泽西州。

我在罗格斯大学从1970年任教到1979年。如果说这是流亡，也是一次舒服的流亡。大学是由多个学院组成的，这样可以很容易地避免意识形态冲突。我教课的学院是道格拉斯学院。所有的左派人士都聚集在利文斯顿学院，离我这儿还是有段距离的，因此大家碰面的机会很少。哈利·布雷德迈埃尔（Harry Bredemeier）是道格拉斯学院的院长。他非常友好，思想也很开明。他主持的会议气氛很轻松，他也是想尽办法来欢迎我。我可以教我想教的任何一门课，我有一群非常好的学生，有些人写过非常有意义的论文，有些人在这一领域上继续发展并做出了重大贡献。从新学院大学跟我来的学生中有一位约翰·墨里·卡迪希（John Murray Cuddihy），他后来写了一些非常棒的书籍，是关于思想史的。埃贡·迈尔（Egon Mayer）后来成了一位专门研究美国犹太人的重要社会学家。在那些来到罗格斯之后直接跟我一起作研究的学生有迈克·普莱坤（Michael Plekon），他成为了一名专家，专门研究散落在西方的俄罗斯东正教犹太人。朱迪思·巴尔夫（Judith Balfe），她早逝之前在艺术社会学方面有过一些开创性的作品。雅各·戴维森·亨特（James Davison Hunter）在弗吉尼亚大学创立了一个文化社会学的创新中心。

我们还住在布鲁克林，我经常一周两天开车往返于罗格斯。因此，我没有在大学里发展自己的社交生活。至今我仍记得傍晚时分穿过韦拉扎诺海峡大桥开车回家时的喜悦之情。城市的灯光在前面引领着我，我在讲述纽约的一篇文章中把这种经历称为"超越的信号"。

罗格斯本身对我的学术发展轨迹没有直接的影响，但它是我的根据地。到了20世纪70年代，我的思想开始在地理范围上有了一个巨大的扩张，身体（我疯狂地奔波在世界各地）和学术上都是。这章另外一个可选择的题目是"走向全球化的伯格"。与此同时，一个新闻事件直接让我离开了紧跟在"六十年代"革命之后的政治转向。

短暂的新闻工作者之旅

这主要开始于和布丽奇特、理查德·诺伊豪斯以及其他一些人的对话（大部分时间都是在我们布鲁克林的客厅）。大家认为开办一个期刊是非常好的想法，我们可以用它来支持公民权利，也可以用来反对越南战争，但不能是左翼思想。很快一些温和的中间偏右派基金会投资了这个想法，我们开办了一个月刊，名字为《世界观》。其他人做一些编辑工作，但这项冒险事业的中心人物肯定是诺伊豪斯。很快他那些闪闪发光的优点便派上了用场：满脑子都是新鲜的想法，浑身散发出巨大的能量。我们俩相处得很好（自从他开始坚定地信仰罗马天主教时，我们之间出现了张力，大部分是神学原因），我不介意当二把手。因为有了之前提到的给一家前纳粹德国杂志写作的失败经验，我可以写出新闻记者的风格。

自1972年到1984年，《世界观》杂志一直都在出版。我相当怀疑我们是否那么有影响力。这份杂志的出版有一个贡献在当时是非比寻常的：我们发表了一些文章来说明毛泽东政权的过失之处。当时美国的自由派媒体完全忽视了这个问题。

我是编辑委员部活跃的一员。我们的办公室在当时名为宗教委员会和国际事务所的大楼中，坐落在位于列克星敦和第三大道中间的东六十四街。安德鲁·卡尔基（Andrew Carnegie）在1914年初创立了宗教委员会和国际事务所。它的使命宣言是宗教可以促进世界和平。起初他并没有准确预见这是一个重要的题目，直到现在"文明国家"之间的战争已经变得越来越不可思议时，才明白这一点。

通常我一周去那儿一次或两次，非常享受再次在曼哈顿有临时住宿处的感觉。当然，那一块儿全是高级饭店。我们最喜欢的是莫里亚蒂饭店，这是第三大道上一个令人愉快的企业。当时，人们仍然可以在公共场所吸烟。配上几杯午餐后咖啡，还带着点午餐前马丁尼酒的眩晕反应，在小雪茄带来的舒服感觉中（我和诺伊豪斯在吸烟，有点《幕间》的感觉），我们交谈着。我记得诺伊豪斯是跟我学会抽烟的。奥地利作家海米托·冯·多德勒（Heimito von Doderer）在他的一部小说中，讲到一个人，他和他的朋友用着相同牌子的古龙水。这位作家写到："当一个人接受另外一个人的味道时，这不是一件小事。"

我有一个专栏可以写任何我想写的内容。我每月都会写一些不同的议题，我写了很多各种各样的话题。我对世界各地发生的事情进行道德意义上的评论。关于爱国主义，我也写了一篇有点哲学性的文章（我们所有人都同意：虽然我们会对一些美国政治进行批判，但《世界观》是爱国的）。我和布丽奇特为社会分层中最具开放性的阶层进行了辩护。

有一个专栏至今我还为之骄傲（自此之后一直在重印），叫做《堕落谷》。这是一个关于烈士谷的故事。烈士谷是一个巨大的墓地。它是穿凿一座山形成的。这是弗朗哥在马德里外面为那些在西班牙内战中被杀的民族主义者修建的。我之前正好去过那里。因为看到事情的结果：最后没有一方是赢家而深有感触。我写完这个专栏几年之后，民族主义者想把西班牙变成法蒂玛的郊区。现在它已经是布鲁塞尔的郊区了。

我写过一篇文章，名字叫《吉尔伽美什在华盛顿航天飞机上》（*Gilgamesh on the Washington Shuttle*，吉尔伽美什是古美索不达米亚史诗中的领导者，他到处寻找一种吃了可以长生不老的植物）。这篇文章的灵感来自于我在飞机上亲眼看到的一件事。有一个乘客非常生气，因为飞机上唯一一个免费座位是在无烟区，而空中乘务员告诉他要把烟熄灭。空中乘务员明显也很生气，这种生气反射出人们对禁烟运动的道德热情刚刚开始。我认为这种热情的根源来自于对永存的追求：停止吸烟，你就可以活到永远。菲利普莫里斯公司的一名顾问读到了这一专栏。于是我就陷入了和烟草行业的纠缠中，这件事我会在后面向大家报告。

政治上，我开始把自己定义为"保守派"。然而，我对这个称号的定义是极为特殊的。诺伊豪斯把自己定义成"激进分子"。如果说两者有什么区别的话，那就是他对此的定义比我的自我定义更为特殊。我们俩于1970年出版了一本小书《运动和革命》（*Movement and Revolution*）。在书中，我们俩（有点痛苦地）把这两者的类别讲清楚，并把它们和当今美国政治中的事件联系在一起。

20世纪70年代也是新保守主义逐渐形成的时代。我和布丽奇特，就像诺伊豪斯和迈克·诺瓦克（Michael Novak，另外一个从关心越战的神职人员和平信徒组织中出来的逃亡者）一样，在这个运动中联合在一起，开始去辨别这个运动。我们和诺曼·波德霍雷茨（Norman Podhoretz）以及蜜琪·戴科特（Midge Decter）建立了友谊。我在《评论》杂志上发表了一些文章。在好几年中这种亲密关系减少了我在政治上的孤立无援。1986年，我和布丽奇特在《评论》上发表了一篇文章《我们的保守主义和他们的保守主义》（*Our Conservatism and theirs*），解释了我们和新保守主义之间的亲密关系。当新保守主义和社会保守主义者在堕胎和同性恋这个议题上连接在一起时，我和布丽奇特和它们的亲密关系就逐渐减弱了，因为我们在这些问题的观点上和它们是不一样的。

在讲述到那些国际化的经历之前，我想提一个小小的插曲。这件事让我对学术出版的下层社会有了一个相当惊人的发现。我职业生涯中第一次决定不为别的目的，只为挣钱去写一本书（我们想买一套避暑别墅来远离纽约的酷热）。我和布丽奇特想写一本社会学的入门教材。有一个出版社（这里我仁慈一点不提它的名字）对此感兴趣。

我们在饭店和出版社的一位编辑见面，她是一位中年妇女，最开始我并没有认出她来。这位编辑说，出版社已经对社会学入门的指导书进行了一个全国性调查，以了解人们希望在指导书中读到什么内容。这位女士接着介绍说，自己实际上是一位雇佣文人。她很骄傲地对我们说，书她已经写好了，从其他教科书中找出了一些零碎内容，并以调查结果为基础做了一个大纲。这位雇佣文人没有社会学方面的背景，但她告诉我们她之前已经写过好几本其他领域的教科书，用的是同样的"科学"方法。

虽然他们向我保证说我可以改变已经写好的文本内容（我记得，他们带来了一个副本），说白了他们想让我做的事情就是用我的声望来支持这本书。我告诉他们我不想和这个计划有任何的关系。几年后，这个有问题的出版社确实以一个我认识的社会学家的名义出版了一本教科书。我不知道他们是否用了不怎么"科学"的方法写了这本书。

之后我和布丽奇特把教科书交给了基础读物出版社，我们和它签了合同，讲明我们可以自己写这本书（如果你愿意，可以称之为"非科学的"）。1972年这本书出版了：《社会学：人物传记的取经》(*Sociology: A Biographical Approach*)。除了格式之外，我不认为里面真有什么原创性的内容。人们可以从各个主题的介绍顺序看出这是一篇篇人物传记。教科书一般使用期限都比较短，除非经常对内容进行校订，但我们俩不愿意做这个事。不过这次冒险之旅的目的已经达到了：我们收到了一笔相当可观的版税。1973年我们在马塞诸塞州西部的伯克郡买了一套漂亮的房子。

炫目阳光下的新思想

20世纪60年代末期，在我个人层面和政治上的骚动期间，我的学术议程发生了一个急转弯。可以这么说，这种转变和上述两者只有一点点的关系。这是一种从理论向实证问题的转变，自此便一直支配着我这个社会学家的工作。具体有两点：什么是现代性？对于现代化和发展工作的可行策略是什么？

1969年春天，我突然接到一个来自墨西哥的电话。打电话的人说："我是伊凡·伊里奇（Ivan Illich）。你可能不知道我是谁。"我说我不知道。我之前读过伊里奇的著作《意识庆典》（*Celebration of Awareness*），但对我并没有什么太大影响。我之前和他也没有什么联系。接着他说道，他听说我今年夏天准备去库埃纳瓦卡。是有这么回事。我接受了一份邀请去那里做一个天主教会议的演讲，也是为了寻找一个可以逃避纽约酷热夏日的地方。我们已经决定在那里租一套房子。伊里奇接着说："来CIDOC吧，我们需要你！"这是一份很诱人的邀请，我答应了。我当时并不能预见结果是怎样的。

伊凡·伊里奇（2002年去世）是一个迷人的，实际上拥有超凡魅力的人。他出生在奥地利。他的父亲是来自达尔马提亚的克罗地亚人，他的母亲是来自法兰克福市的犹太人。他自小就在萨尔斯堡和罗马受训成为一名天主教神父。命里注定他要在梵蒂冈外交部门工作，因此他精通好几种语言，并获得了历史学博士学位。大概因为他对西班牙的了解吧，他被送到美国。他在纽约的拉丁裔教区工作，后来成为波多黎各天主教大学的副校长。在他短暂的政治生涯中，他曾经批判过等级制度，这让他备受争议。我不太清楚他具体的神职地位，但他被解除了所有的神父职责。与许多其他持反对意见者不同，伊里奇依然保持着自己保守的天主教神学思想。

20世纪60年代早期，伊里奇在库埃纳瓦卡组建了一个理论研究所，这是一个离墨西哥城市不太远的迷人小镇（污染和拥堵已经让它不那么迷人了）。他的理论研究所有一个非常空洞的名字：跨文化文献中心（Centro Intercultural de Documentacion，英语为 Intercultural Documentation Center），简称为CIDOC。它确实是收集文献的，主要收集有关拉丁美洲宗教和社会变迁的资料。但它的主要作用是给来自墨西哥、美国以及欧洲的知识分子提供一个聚集的地方。它就是一个持续进行的研讨会，讨论着伊里奇当时感兴趣的所有议题。他所感兴趣的内容，一般都和他要写的新书有关，范围非常广泛。比如说：教育方面，他写了最著名的《非学校化社会》(*Deschooling Society*)；健康和医疗方面，他写的书是《医疗复仇者》(*Medical Nemesis*)；他还关注能源和环境、女性的角色，他还为普通百姓的语言和文化做辩护，他称之为"本国话"（vernacular）。这些议题有一个潜在的主题，可以概括为对现代性的批评。伊里奇成为不同领域的文化英雄：自由派天主教、左翼、反主流文化、环保主义以及女权主义。这些事情一个接一个地让他感到失望，他拒绝接受他们各自在意识形态方向的偏见。他广泛的精神漫游不能被拘禁在瓶子里。

跨文化文献中心是一个特殊的地方。他们租了一个带有美丽庭院和游泳池（我从没见使用过）的别墅，讽刺性地叫做布兰卡之家。跨文化文献中心不是从外部得到资金支持，而是从自己开办的一个语言学校获取支持。外国学生们支付高额的费用在这里接受浸泡式的西班牙语课程强化训练。身体和财政上的活动都在底层进行。楼上是会议室，还有伊里奇非常斯巴达式的居住区以及一个大的阳台。这里几乎每天都有演讲、讨论小组和许多非正式的对话。

到那儿之后我很快就明白了伊里奇邀请我去的原因。他读过《现实的社会建构》这本书，并且他凭直觉知道可以使用其中的一些想法。他明白他在意的所有议题都和一个基本问题有关，那就是现代意识的本质。难道不能从知识社会学的角度来探索这一概念吗？很快我就回应了他这个想法。

我在跨文化文献中心有过几次演讲（我想他们认为我讲的是宗教社会学），但那个夏天的大部分时间我都花在和伊里奇以及他那络绎不绝的到访者们的无数的谈话中。我记得有一个南美的教育改革家、一个法国新教神学家以及一个德国左翼积极分子（他经常光脚走路，展示着令人恶心的脓疮）。布丽奇特非常积极地参与到这些谈话当中，还有汉斯弗雷德·凯尔纳，他在接下来的事情中发挥着重要作用），我的一些朋友也在这些夏天（1969—1972 年）来库埃纳瓦卡拜访我，有理查德·诺伊豪斯、迈克·诺瓦克，还有我的两个毕业生丹尼尔·皮纳德（Daniel Pinard）和简·坎宁（Jane Canning）。

很难把这段时间萦绕在我脑海中的新观念与产生这些观念的地点分开。到处都是炫目的阳光，很温暖，以此地的海拔高度来看，这样的阳光从来都不是难以忍受的。到处都弥漫着热带花卉的芬香、动人的墨西哥音乐，还有带着强烈断奏感的西班牙语。对于我的家人来说，这也是一段很好的时光。我们一直租的都是镇里同一座房子，那是非常舒服的一个地方，有一个花园和游泳池。我们有一辆车，可以开车在整个莫雷洛斯州进行短途旅行。我的两个儿子去附近比较近的一个学校上学。学校用英语上课，但是每天早上都要升墨西哥国旗，孩子们要对国旗敬礼。我的大儿子托马斯担心因为对墨西哥国旗敬礼而失去他的美国公民身份。孩子们上学的时候，我和布丽奇特经常去镇中心吃饭。这是靠近科尔特斯宫殿的一个小咖啡馆。这个宫殿是西班牙的征服者给他阿兹特安的情妇准备的。晚上，在中心广场，可以听到流动的乐队演奏墨西哥街头音乐。

跨文化文献中心拥有罕见的欢乐和公开的学术气氛。整体气氛当然是由伊里奇个人支配着的，但需要强调一下，他的举止一点都不专横。他喜欢聆听别人的观点，在表达自己的观点时他总是很谨慎又有点犹豫不决。他总是很礼貌。他对"本国语"的尊重体现在一个当地守夜人的身上。这是一位80岁高龄的尊贵绅士，经常扛着一把步枪，据他所说，这是在墨西哥革命时期他参加萨帕塔军队时用过的枪。有时，不管是谈到了什么话题，伊里奇都会让他表达一下自己的观点，就好像他是人民舆论的化身一样。如果换成别人表示这种姿态的话，肯定看起来有点屈尊俯就、假惺惺的感觉，但伊里奇不会。他是真的想知道这位年长的萨帕塔主义者的想法。

在伊里奇、布丽奇特和我早先的对话中出现了一个清晰的计划：我们三个人合写一本关于现代意识本质的书。我们可以把知识社会学中的观点应用到伊里奇的主要题目中去。他的主要题目是借着对"本国话"传统和生活方式的辩护来抵制大量现代化体制的镇压。之后我们建议，可以把汉斯弗雷德·凯尔纳（Hansfried Kellner）加进来一起写作，伊里奇很快就同意了。在跨文化文献中心的第一个夏天，这个计划从来没有在众多集中的谈话里争取到时间。书的大纲没有整理出来，也没有安排接下来的分工。直到第二年夏天凯尔纳来到我们中间时才提到这些事情，然后这个计划就失败了。

导致失败的表面原因是很荒谬的。伊里奇坚持认为，凯尔纳应该进行几次演讲，他宣称这是和跨文化文献中心合作的人们要遵守的一个严格规则。这个宣称是假的，我知道有相当一部分人没有遵守这条所谓的规则。不管怎样，我们对于"跨文化文献中心的活动"究竟是什么并不清楚。凯尔纳说他不想讲课，伊里奇（一反常态地）也没有让步，我和布丽奇特决定放弃这个计划。

这个微不足道的分歧决不是伊里奇奇怪地要求凯尔纳这样做的真正原因。我想真正的原因应该是伊里奇发现了我们彼此的假设有着根本的区别。说了这么多，其实伊里奇不喜欢现代化。相对许多思想左派的赞成者而言，他使用的是非常保守的全欧洲式的术语观念。他的乌托邦，如果有的话，也应该在中古时期。我和布丽奇特以前、现在都喜欢现代化。我们热衷于对现代化的批评和对其体制的改革，但我们不会用这些来代替准甘地主义在教育、医疗关怀方面以及与当地政府的约定。

没有了伊里奇的参与，我们这个家庭小集体决定自己写一本书。我们开始在墨西哥写这本书。1973年出版了《无家可归的思想：现代化和意识》（*The Homeless Mind：Modernization and Consciousness*）这本书。稍后会仔细讲这一点。

20世纪70年代早期，我的精力都消耗在澄清我对现代化和发展的想法上了，不仅是理论方面，也在实际的发展政策上。我结识了一位朋友，他是一位杰出的墨西哥人类学家，名叫鲁道夫·斯塔文哈根（Rodolfo Stavenhagen）。他邀请我去他所在的精英机构墨西哥学院讲课。这让我有机会接触盛行的学术趋势，不单是在墨西哥，而是在整个拉丁美洲地区。这里的趋势是势不可挡的马克思主义或者新马克思主义。在危地马拉和委内瑞拉的旅行开扩了我对该地区的认识。在旅行的过程中，我狼吞虎咽地读了许多书（在读书过程中顺便提高了我最开始在东哈莱姆学到的西班牙语）。我对自己学术议程的不断理解，就像是明白了不发达的原因并且寻找策略来解决这些问题一样，却不像左翼意识形态那样最后着陆在死胡同里。

跨文化文献中心没能实现早年的承诺。为了忠诚于它对正式教育的敌意，伊里奇拒绝增加任何标准和规则。（一间厕所墙上的涂鸦是对他最大的侮辱："伊凡·伊里奇，办一所学校吧！"）他任命他的助理瓦伦蒂娜·伯里曼丝（Valentina Borremans）为中心的领袖。她是一位非常亲切的比利时女士，但没有学者的背景，就这点而言，无论怎样她都没有管理资格（她的背景是：曾经和雅克·库斯托参与过深海潜水，有一段时间做过赫尔德·卡马拉、巴西东部的累西腓主教、伊里奇的朋友的女管家）。

各种各样古怪的人来这个地方讲课，这里成为受美国反主流文化代表人物们欢迎的聚居地。直到他们在活动中开始公开使用毒品，当地警察才盯上了他们。之后伊里奇突然关掉了这个地方。布兰卡之家也腾空了，语言课程也停止了，伯里曼丝和跨文化文献中心的档案馆重新搬到靠近库埃纳瓦卡的一个村子里去了。伊里奇自己在那儿有一套小房子。之后他过的是一种流动性生活，他带领着缩减剩下的一群门徒常常在欧洲和美国主持会议。他的作品也变得非常晦涩，主要是假定现代思想的根源是在中世纪时期。伊里奇是在德国去世的。

除了在写书时出现的分歧之外，我们一直保持着友好的关系。伊里奇来波士顿看过我几次。有时他下飞机后会给我打电话，来我家里坐上一两个小时。有一次，一辆出租车在外面一直等着他。其中有一个插曲，可以说是对我见过的最有意思的人的一生最贴切的比喻。

伊里奇从某处给我打电话说他会路过波士顿。有这样一件事：他把一条围巾落在了纽约出版商的办公室里。这不是一条普通的围巾，它是由一头美洲驼和一头羊驼的毛做成的，是一位秘鲁的哲学家，名叫萨拉萨尔·邦迪（Salazar Bondy，我在去秘鲁的旅行中见过他）送给他的。伊里奇已经让出版商把围巾寄到我家了，他可以到我家停一下然后把围巾带走。伊里奇到了之后，围巾还没有到。这时候正好快到圣诞节了。他又准备走了，伊里奇说他要去亚特兰大和寡妇埃里希·弗洛姆（Erich Fromm）"在新年那天跳舞"，她是一位心理学家，是《逃离自由》（*Escape from Freedom*）的作者，曾经在库埃纳瓦卡住过一段时间。伊里奇请我把围巾转寄到亚特兰大。伊里奇离开后没几天，围巾就到了。根据他的要求，我把围巾转寄到了亚特兰大。我不知道伊里奇准备在那里呆多久，但据我计算，除非他在那里呆很长一段时间，否则他还是拿不到围巾。接下来是我的幻想：围巾会一直从一个地方到另外一个地方在伊里奇后面追着他，但是他总也拿不到围巾。也许现在还是呢！

什么是现代意识？

好像是在20世纪70年代早期，我开始习惯写这样的书：首先是对"价值中立"（value-free）的社会科学分析的宣称，接下来是对分析的含义进行一种价值负载的论述。现在我对第二部分的练习不是理论上的，而是实际的。首先，我们家一起写了《无家可归的思想：现代化和意识》，之后我自己写了《金字塔的祭物》（Pyramids of Sacrifice）。

《无家可归的思想：现代化和意识》出版于1973年，人们称它是对知识社会学的一种运用。它用《现实的社会建构》中的概念工具来解决现代意识的本质问题。我认为这种运用是相当成功的，因为它说明了这些观念可以帮助明白复杂的经验现象。不过这种运用是否在各个细节上都是成功的，还是很有争议的问题。

我们讨论了现代化的三个主要现象对意识的影响：科技、官僚机构和多元化的生活世界。我们把科技引起的认知方式称为"成分化"（componentiality），它把现实打散成可以被分析和操作的不同成分。这和官僚机构的模式差不多，但是和经验证实的关系没那么大，它创造了一个虚幻的纯抽象世界。多元化促使人们生活在不同的社会世界里，并在其中扮演着不同的角色，我们称此为"多重关联性"（multirelationality）。当然在书中我们有详细的解释，但从上述的术语中大家可以知道我们是怎样进行阐述的。回想起来，我们并没有给莎士比亚和米尔顿的语言抹黑。我认为我们对这些意识构造的描述还是相当成功的。但回头看时，大家肯定能在我们列出的现代化现象中发现一个明显的遗漏：我们没有讲到资本主义！我想这应该和当时我们设计这本书的基本论点时所在的墨西哥的环境有关：各种马克思主义的描述围绕着我们，尽管我们不同意他们的意识形态，我们还是尽量设计了一个可以避免造成意识形态分歧的分析方法。

不论实际情况怎么样，我们用了许多有利的观念来描述现代化的过程。我们引用了韦伯主义的经典观念"携带者"（carriers），一个让人想到医学的术语。人们会问一种疾病的"携带者"是什么。同理，人们也可以问是哪一个群体或者体制"携带"着现代化，比如说：一个企业家的种族集团或者一个教育系统。然后我们用了一个伊里奇使用过的概念"包裹"（packages），我们的意思是指意识建构是伴随着行为模式的。之后我们明确指出了"内在"包裹和"外在"包裹之间的区别。前者是仅仅裹在一起的，只要行为模式继续，它们就不能被分开。后者多少是通过意外发生的，所以很容易被分开。

我举个例子来说明我是怎么明白两者之间的区别的。在开始我们的墨西哥探险之旅后不久，我第一次去了非洲（稍后我会讲到这件事）。我乘坐一趟早晨从乌干达的恩德培市飞往内罗毕的航班，飞机是属于东非航空公司的。我睡得东倒西歪，还处于半醒状态，坐在一个装饰得像一座非洲村庄的客舱里。空中乘务员穿着非洲的服装在派送热带水果。公共广播系统里播放着非洲音乐，鼓声之类的。我突然有了一个焦虑的想法："谁在开这架飞机？"然后我就听见了机长的声音，非常清楚的英国口音，我当时就舒了一口气。

我感觉我不需要再次确认自己不是种族主义者。但提到这一点也是很必要的。当我担心驾驶飞机的飞行员时，我不是在担心飞行员的肤色，我在担心他的受训技能。确切地讲，我希望他的受训技能和英国航空公司（或者美国航空公司，或者德国汉莎航空公司）的飞行员是完全一样的。当我听到英国口音的时候，我可以确定不管这个飞行员出生在英国、乌干达或者肯尼亚，他都是受过英国培训的。

这个小插曲是对现代化逻辑的一个恰当比喻。任何一个驾驶现代飞机的人，他的"内在包裹"必须被内在化：他做事的方法必须和他思考的方式结合在一起。例如，为了控制受距离、速度和燃料容量影响的时间维度，飞行员必须按照精准的时间观念进行思考，即"工程时间"。这种短暂性的时间将是，也必须是"英国时间"，或者更准确地说是"西方时间"。相比之下，传统的非洲文化，在时间上是更为放松的，他们缺少短暂性时间上的精确性。一个传统主义者也许会说（而且说得很有道理）这样会更自然，会更人道地度过时间。如果两个村民要见面，只要说："咱们晚上见"就够了。他们会在任何一个时间，比如八点或者十点的时候见面。对他们来说，关于时间的严格要求是多余的。让我们这样规定吧，有些文化哲学的观点是"非洲时间"更胜于"西方时间"。但让我们在后面加上一句：如果飞行员按照非洲时间飞行，那飞机就要坠毁了。

换句话说，在驾驶飞机这件事上，内在包裹和行为与意识两者之间都有关系。但也有外部包裹，它和空中乘务员的制服以及西方航空公司的礼仪有关系，东非航空公司已经决定拆掉这些并重新组合。简单地说，发生在驾驶员座舱的事情是没有余地的，但在客舱却是有很多机会的。

另外一个原因明显是历史原因，英语已经成为国际航空语言。因此知道怎样驾驶飞机与怎样用英语和飞行指挥员进行沟通也是有关联的。但这种关联是外在的，是可以被取消的。在未来英语可能会被汉语、西班牙语或者斯瓦希里语代替，任何一个能够吸收现代科技语义的语言都可以代替它。还有一点，当我们乌干达的飞行员在驾驶舱的时候他的行为和思想必须按照严格规定的方式进行。当他不当值、脱下制服、回到家里时，他可以彻底改变他的外貌、他的行为、他的语言，最后一个但也相当重要的是他可以改变自己思考的方式。最近有一件事非常有力地说明了这一类型的"多重关联性"，南非新上任的总统雅克·祖玛，他对自己的祖鲁传统非常骄傲。他第一次去国会时带着他的三个妻子，并没有为此感到一丝羞耻。

这本书的第二部分讲到通过包裹传送的现代化动态，以及接下来发生的对意识观念的抵触思想。我们论述了现代化和反现代化的意识形态。在反现代化这一段落我们也提到一些当时正横扫大部分西方世界的反现代化事件，我们称之为"拆分现代化的"（demodernization），结论部分提到我们的分析不能为社会主义者和非社会主义者的发展策略提供辩护。我们为"迂腐的乌托邦思想"进行辩护，这种态度把对美好未来的愿景和谨慎地看待现代化的经验事实结合在一起。这种说法没有启发任何人，连我们自己都没被感动。

"我有坏消息要告诉你"

我在库埃纳瓦卡的最后阶段是与我去非洲扩展自己对第三世界视野的交叉阶段。我能去那里是因为我收到了一个奥地利理论研究所（维也纳发展协会）的邀请，去那里指导一个国际工作小组进行"发展的选择"（Alternatives in Development）项目。这个项目是以我的观点为基础的。我曾经对一个朋友提到过这个概念，他正好和这个理论研究所有联系。这个想法很简单：去探索一些能够给社会和经济发展带来正面影响的非西方的政策或制度。我召聚了一大批对这个项目感兴趣的人，结果却是很贫乏的。这个项目因为没有发表重要的成果而停止了，主要是因为和维也纳政府、我自己以及来自世界好几个国家却很愚笨的团队之间的沟通出了问题。然而，这却是我第一次指导跨领域的工作小组。

尽管事实是这件事情不怎么成功（可以找到失败的原因，并避免将来再犯），这种工作小组的模式开始成为我喜欢运作的方式。如果人们非要用方法学的术语来提升它的身份的话，这也是一个（很自然地）以独特的维也纳人的原则为基础的方法学。我称之为"咖啡屋原则"（coffee-house principle）：如果你选择了正确的人，并和他们长时间地坐在一起，他们有义务想出一些有意义的东西。

我的首次非洲之旅非常戏剧化。理查德·诺伊豪斯（Richard Neuhaus）准备了一次长途旅行，要去好几个非洲国家，所以我们俩一开始计划一起去旅行。我们乘坐非洲航空公司的飞机，从纽约飞到达喀尔。飞机上空中乘务员把所有时间都花在给头等舱唯一的乘客包办食品了，很明显那是一位重要的塞内加尔政治家。对我们其余的乘客却不怎么关心。我们到达达喀尔时天还很黑。一个长相粗野的出租车司机越过一些竞争者抢过我们的背包扔进了行李箱，以危险的速度行驶在漆黑的夜晚中。外面什么都看不到。他确实把我们送到了宾馆，之后有守夜人带我们去看房间。

我想先睡一会，然后再起床洗澡刮胡子。大约过了一个小时吧，门外有敲门声，是诺伊豪斯。他的脸上带着一副痛苦的表情。他用严肃的声音说："我有坏消息要告诉你。"后来我用这句话嘲笑了他好几年。他看我很困惑，就解释说他的睾丸越来越肿而且很痛，然后说他需要尽快去看医生。那时大约是早上七点，我们到非洲大约两个小时。很难想象他可能感染了热带病。

我下了楼，但是守夜人只会说沃洛夫语，很不幸我不会说这种语言。他只是指指手表上的"8:00"，然后说了句："夫人。"果然，到了八点的时候，旅店的经理、一个法国女人就到了。在她来之前，我和诺伊豪斯坐在一起，他不停地去厕所检查那膨胀的令人惊恐的睾丸。我试着通过聊一些别的话题让他安静下来。但是我忍不住思考这种情况下我应该做什么。我记得我曾经看过一张图片，有一个得象皮病的非洲人不得不把他那巨大的睾丸塞到他前面推着的独轮手推车下面去。

结果这不是一件什么大事。经理打了急救电话，并和一位讲英语的医生约了急诊。他检查完病人之后就开始大笑：这是许多人打了预防注射针之后常见的一个副作用。为了来非洲旅行，诺伊豪斯也打了针。一针下去，睾丸很快并且很令人欣慰地恢复了原状。但我对非洲的印象是从另一辆出租车的窗外看到的。在一个礼拜日的早晨，这辆车飞速地穿过达喀尔被人遗弃的林荫大道来到应急服务处。我会用诺伊豪斯那天早上的开场白作为我的标题来形容那些年我在第三世界学到的东西。后来我一直这样称呼它，直到我发现了东亚的经济奇迹。

维也纳人给我安排了两次旅行，前面提到的是去非洲，还有一次去拉丁美洲。我去秘鲁和巴西观察两种不同重建贫民窟的方法。秘鲁是韦拉斯科当政，采用的是左翼社会主义政策。与秘鲁不同的是，巴西实施的是军事政权，采用的是右翼政策。中央集权者和资本家在发展模式上的不同比非洲更尖锐。我去那里主要是察看塞内加尔生机勃勃的农村这一项目，主要是给小户农民们提供建议并培训他们。而在坦桑尼亚的项目正进行着一个志向远大的运动：要把农民重新安置到团结村里去，也就是实行社会主义集体制。除了一些极好的旅游经验外，我不认为我从这些旅行中学到了什么。但我在塞内加尔有一次令人吃惊的"啊哈！"在坦桑尼亚有一次有教育意义的白日梦。

一次我坐吉普车到塞内加尔的乡郊地区去，可能是正在进行当地农村的"勃勃生机"项目吧。我们开车到了一个村庄，有一个画面引起了我的兴趣。在街角，一个男人站在木头长凳上，对着身边的一群人讲话。我问向导他是否是一个政治家或者是一位传道者。哦，不，他告诉我，这是一个讲故事的人。我立刻和这个男人有了一种强烈的身份认同感：这就是我上课的时候做的事！自从见到了这位讲故事的人，我在没有技术援助的情况下可以非常自信地上课。许多同事认为没有这些技术援助是无法上课的。每当我听到那句讨厌的短语"幻灯片演讲"时，我的脑海中就出现了那个站在街角讲故事的塞内加尔人。

在坦桑尼亚，我参观了一个据称是乌贾马的模范村。这是一个可悲的地方。他们带我去了"工厂"。五个男人坐在一个空荡荡的仓库地板上，每个人的装备是一个铁锤。他们用力敲破某种坚果的壳，然后放到篮子里。他们骄傲地对我说："这是用于出口的。"一个村干部问我是否有什么问题。我很久都没有想出一个问题，我对农业事务的知识仅仅是能够对马和驴进行区分。我不知道我是怎样想到这个问题的，我问他们村庄里是否有什么节日。村干部说了一些"很高兴您能这么问"等诸如此类的话。他解释得很开心。

有些乌贾马的村庄只住着一个部落；其他的村庄就像这个地方一样住着好几个不同的部落。村里的委员会会布置一些任务来促进部族之间的团结。每个部落自然有各自不同的传统、不同的舞蹈。一年一次或者一年两次，委员会会组织一些项目让每个部落来表演他们自己的传统舞蹈，这样人们可以更好地了解和尊重彼此。

许久之后，当我想起这件事时，我正好把它作为对传统主义和新传统主义两者之间不同之处的说明。有一个幻想：想象一下有两种情况，在一个传统村落里表演着一个部落舞蹈；在这些村干部们告诉我的地方也表演着相同的舞蹈。再想的远一点，这两个舞蹈都被拍成了电影。两部电影是一样的，甚至两部电影中的舞者都是一样的。但是两个环境却是完全不一样的。在传统村落里，人们只有在指定的献祭日子里才可以跳舞，人们是给神灵跳的或者是给祖先跳的，跳舞的目的是为了和灵性世界保持一种关系。但在乌贾马村里，跳舞是委员会计划的项目，人们是跳给观众看的，并且带有功利性的目的。

我没有从这些旅行中学到城镇和乡村的发展政策。但从拉丁美洲到非洲扩展了我的视野，给了我更多信心开始写下一本书。

《金字塔的祭物：政治伦理和社会变革》（*Pyramids of Sacrifice: Political Ethics and Social Change*）出版于1974年。自从我第一次看到第三世界的贫困时，包括拉丁美洲和非洲，我就开始直接写我所感受到的政治挑战。这个挑战可以用一个问题来总结：一个可以接受的发展模式到底是什么？这本书在美国的出版物中可以说是相当成功的，它得到了一些良好评论。1976年被提名国家图书奖。这本书已经被翻译成了8种语言，其中包括汉语（在中国台湾地区出版）和印度尼西亚语（又一次在穆斯林的保护下出版）。过了好几年以后美国版本就没有再印了。

回头来看，我不认为这是我写过的最好的书之一，尽管当时我是带着巨大的热情写了这本书。我想这本书最吸引人的地方是有很多小插图，每幅图下面都有一段小故事来说明某地区不发达的方面。最烫眼的一幅图，名字叫"垃圾里的生动画面：孩子和秃鹰"。这幅图讲的是我在巴伊亚的一个经历。巴伊亚是巴西最浪漫的城市之一，能看到美丽的巴洛克式建筑，并听到到处飘散着的巴西非洲音乐的旋律。这里也有拉丁美洲一个最大的贫民窟。一群中产阶级的女士带我去了那里，她们以"社会工作者"的身份在那里为一些政府机构做义工。我们看见一堆巨大的垃圾倒在一个正在追赶秃鹰的半裸的小男孩头上。与此同时，一位女士正让大家看她小女儿的照片，小女孩穿着一身漂亮的宴会礼服在参加一个生日聚会。最后我用上面的那个问题来结束对这件事的描述：一个可以接受的发展模式到底是什么？

书的题目来自于书中的第一张插图。图画中是位于普艾布拉市墨西哥州乔鲁拉的一个巨大的金字塔。实际上这是一连串的金字塔，一个建在另一个的上面。这和占领该地的中美洲帝国是不同的。占领该地的中美洲民族有：奥美克、托尔托克，最后是阿芝特克。每一个被拆毁的金字塔是上一个统治者的庙宇，然后在拆毁的废墟上重新建造一个庙宇。这使它成为一座真正的山，西班牙人在山顶建立了一个教堂。现代墨西哥政府的某个部门在此处挖了一个遗址，为了赞美已过去的前哥伦布时期。

我整理了两点：每一个金字塔的化身都有一个公认的神话。因此被神话创造者统治的人们需要为每一个金字塔献上巨大的祭物。根据中美洲的文化，人们相信神灵需要用人类的血来祭奠这个仪式是在金字塔顶的平台上进行的。阿芝特克人是这些民族中最嗜杀的。西班牙人来了，他们剥削本土居民并在燃烧的宗教裁判所里献上他们的祭物。现代墨西哥民族主义的神话承继了这一过程。

我从奥克塔维奥·帕斯（Octavio Paz）那里借用了牺牲的金字塔这一比喻。他在他的论文《对金字塔的批判》（Critique of Pyramid）一文中讲到，墨西哥州承继了阿芝特克中央政权的神话，用发展的神话来要求献祭。他用了一个非常妙的术语：匕首的三段论（syllogism-dagger），这是由某个精英分子编造的理论，并且把它当做武器来使用。他批判了所有类似的神话。

书中大部分内容都是对我称之为发展神话（myth of growth）和革命神话（myth of revolution）的分析。我用巴西专政时期来说明发展神话：为了实现资本主义发展带来的美好未来承诺，人们目前所经历的痛苦是合乎情理的。我用中国毛泽东主义来描述革命神话：革命的最后将实现社会主义乌托邦式的美好未来，因此目前人们所忍受的环境也是合理的。

我讲到两种神话都应该被拒绝。在巴西方面，我用无处不在的贫困现实作为道德论述来反对资本主义政权的意识形态。为了拒绝毛泽东主义的宣言，我描述了一些连续性的大屠杀细节，这些屠杀使成千上万的人失去了生命。整个美国媒体界都对巴西军事政府的负面思想进行了报道。但这时，不仅媒体，大多数中国学术专家都没有给出一个对毛泽东主义政权现状的正确描述。

我没有想出一个新型的发展策略，相反，我对结石的痛苦（the calculus of pain）和结石的意义（the calculus of meaning）进行了细致描述。我的意思是任何一种可以接受的模式必须竭力去减少因社会变革带来的痛苦，并且要尊重给人类生命赋予意义的传统价值。一些拥护社会主义民主或者民主社会主义的人误解了我这个想法。那并不是我的目的。我不迷恋任何形式的社会主义。但我给出了这两种神话同样都不能接受的观点，这是一种道德平衡的概念。几年后，当我与东亚令人震惊的经济邂逅后，我放弃了这一观点。

当时的巴西政权是残忍的，这是真的。尤其是对政治上反对派的镇压和对所面对的不幸的贫困的漠不关心。但20世纪70年代早期的巴西环境并不是典型的资本主义。同时，我在书中批评的两种承诺并不都是完全错误的。资本主义已经给了成千上万遭受非人道痛苦的人们一种得体的生活。换句话说，从各方面来看，发展的神话提供了一个在经验上有效的承诺。相反，没有一个社会主义革命完全实现了它的承诺，即使在那些比中国共产党更人道的国家中也没有实现（比如坦桑尼亚政权开始从事的"非洲社会主义"项目）。

因此，今天我再回头看这本书时，我的情感很复杂。我不能再以同样的方式来描述资本主义和社会主义。自从那以后，这些年我所提倡的是一个人道的、民主的资本主义观念，而不是一个更人道的社会主义观。我可以举出很多例子。然而，我会继续证实某些贫困在道德上实在是不能被接受的。任何一种可以接受的发展政策必须认真审视结石的痛苦和意义。

再次成为神人

与此同时，我开始了一项活动，这让当时许多人开始注意我。理查德·诺伊豪斯是我的同谋。这件事带有神学特点，因此严格来讲，并不属于这本书的内容。但是它说明了整个文化环境，也帮我厘清了作为一个宗教社会学家到底意味着什么。

和这一期我卷入的其他事情一样，这件事也发生在布鲁克林我家客厅的一场对话中。我和诺伊豪斯认为，如果把吸引我们的主流新教的主要题目整理成一个清单的话，将会很有意思。我应该提一下，当时我们两个人在神学上甚至并不在同一个波长上。诺伊豪斯在神学方面比我更靠右翼思想，自从他朝罗马的方向旅行之后就变得更加偏右。但是，可以这么说，我们俩可以在一个反面的清单上保持一致意见。我们做出了一个清单，把它拿给一小部分我们认为会同意上面内容的神学家阅读。确实有大部分的神学家对此很感兴趣。

1975年初，我说服了哈特福德神学院的院长詹姆斯·盖提（James Gettemy），让他在学校发起一场会议。在进行了热烈讨论和一些稿件追踪之后，他们同意发行"哈特福德对神学主张的呼吁"。这个消息很快就传播开来，一年后由我和诺伊豪斯主编的《为了世界而敢于冒天下之大不韪》（Against the World for the World）出版了。其中也包括一些拟稿人的论文，详细描述了他们的观点以及对评论家的回应。

尽管书的题目很积极，呼吁的内容却是以我们认为的那些"虚假的和使衰弱"的主题清单为基础的。为了拒绝这些主题，我们也说明了我们所接受的主张。小组成员之间的差异让反向的过程变得很困难。签名同意这一呼吁的人有主流新教教会（圣公会和路德宗）、福音派、罗马天主教和东正教基督徒。其中有一些是显要人物，比如：艾弗里·杜勒斯（Avery Dulles，他是耶稣会的神学家，后来成了一名红衣主教）、乔治·霍莱（George Forell，一位著名的路德宗神学家）、理查德·迈尔斯（Richard Myers，加利福尼亚圣公会的主教）和亚历山大·施梅曼（Alexander Schmemann，美国东正教的创立者之一）。有两位签名者后来感觉他们好像走错了，就从小组中退了出去：伊丽莎白·贝腾豪森（Elizabeth Bettenhausen，一位年轻漂亮的路德宗神学家，当时她正在朝着激进的女权主义发展）和威廉姆·斯洛安讷·柯菲（William Sloane Coffin，他是耶鲁大学的牧师，也是反越南战争的英雄）。

这些主题被参与呼吁的十三个人都拒绝了（我们不迷信），并扩展到一个更广的领域中去。他们的共同点是：他们在提议中去掉了对基督教超越物质世界这一核心观念的理解（如果你愿意那样说的话，比如：宇宙和超自然）。相反，他们用道德准则、治疗仪器和政治议程重新解释了基督教。所有的主题都进行了适应性的调试去适应被世俗主义支配着的精英文化。托马斯·乐格曼的短语非常好的解释了这一点："从里面出来的世俗化。"（里面指的是教会）在我的那一卷论文中，我把它描述成"关上窗的世界"来反对这一观点。我确信，信仰会向人们打开迈向超越物质世界的大门。

该呼吁得到了非常好的宣传。在《纽约时代》《时代》《新闻周刊》到处都是报道的故事，当然也包括新教和天主教不计其数的刊物。不用多说，我们肯定让评论登上了《世界观》的版面（也出版了一些评论家的文章）。有一些非常友好的回应，也有一些非常尖锐的批评。主要的批评者是那些感觉自己被攻击了的人。在哈维·考克斯（Harvey Cox）的带领下，一群左翼神学家聚集在波士顿发表了一个反宣言。哈维·考克斯一位哈佛神学家，是这群人中的偶像人物。"哈特福德对神学主张的呼吁"被解释为一个"新保守派"文件、一份宗教和政治反动派的宣言，也是对不太著名的教宗庇乌九世《谬说要录》（*Syllabus of Errors*）的复制。福音派教会历史学家马可·诺尔（Mark Noll）在十年之后为此还写了一些文章，说明它依然很重要。但它在那之前已经从公众的视野中消逝了。我怀疑现在是否还有人记得它。

从神学方面来讲，我参与的这件事坚定了我的观念，就是作为一个自由派的新教徒不一定成为"从里面出来的世俗化"中的一员。作为一名宗教社会学家，它让我明白宗教在正在进行中的文化革命里的地位是什么，它和社会阶级的关系以及（当时让我感到很惊讶）作为一种反作用力，它在福音派主义中的角色。

第五章　许多神和无数的中国人

20世纪70年代，作为一名社会学家我有两次重要的思想转变。我一步一步地放弃了对所谓世俗化理论的坚持。我又一步一步地非常清醒地认识到资本主义是唯一一种可行的发展模式。两种变化和神学与哲学都没有关系，这源于我对证据分量的再思考。正如我今天告诉学生们的那样，作为一名社会学家，其中有一个好处就是当你整理出属于自己的理论时会有很多乐趣，或者，当你的理论得到数据支持时你会更加兴奋。

不是几个神而是太多神

世俗化理论中包含一个概念，认为现代社会正经历上帝不在场的痛苦。马克斯·韦伯用了一个令人难忘的短语来描述这个所谓的环境："世界的祛魅。"世界的魅力已经不在了，现代人被囚禁在一个被理性包围的"铁笼子"里。我不能同意韦伯的观点（他是一个长有胡须的德国幽灵，威胁我成为了一个社会学家），哎！我必须这样做。现在，我会用各处都有的一些例外来说明现代社会不是以世俗主义为特点的，而是以多元主义为特点：不是很少宗教，而是太多宗教。现代人可能失去了先祖们居住的魔法花园，却面对一个带有许多花园的真正的大商场。他必须在其中作出选择。

我认为世俗化理论不属实的结论以三次经历为依据：我和第三世界、反主流文化以及与福音主义的邂逅。

如果一个人在第三世界（令人相当困惑的是，现在依然还存在这样的国家，比如南半球）待了很长时间却没有为它到处存在的宗教感到惊讶，这是不可能的。我个人首先是在拉丁美洲感觉到的，到了非洲和亚洲以后更强化了我的这种想法。

我在墨西哥参加了库埃纳瓦卡大教堂举办的民乐弥撒欢庆活动。这是我第一次参加这样的活动。到处都在欢庆瓜达卢佩圣母节，在不引人注意的地方依然潜伏着已过去的哥伦比亚时代前的黑暗神灵。让我惊讶的是，甚至连马克思主义都不得不披上宗教装束，而这在知识精英的小世界里也都是看为合理的。这些知识分子中的大多数人相当世俗化，也在传播着天主教的自由神学。但作为一个不含糊的宗教运动它却意在用此来吸引"受大众欢迎的阶层"的人们。这种尝试并没有特别成功，那是另外一个故事了。基督教社会主义至少有一个激发民众的机会：我们的圣母手中握着一面红旗。马克思主义无神论者除了大学以外是没有机会的。

在美国的反主流文化中宗教主题是明显的而且是不容忽视的。伍德斯托克音乐节有特有的朝圣之旅，以及许多自诩为充满"灵性"的性革命。这是古代神圣的放荡肉欲的一个奇怪的化身（字面上！）。作为一个有经验的神人，我很早就发现了这些主题。我对这些观察的第一份报告发表在1974年的一篇文章中。这篇文章去了它最想去的地方《基督教世纪》杂志（这是主流新教具有讽刺意味的一个一流期刊的名字）。文章的名字是《给天堂皇后的烤饼——

2500 年的宗教狂热》（*Cakes for the Queen of Heaven—2500 Years of Religious Ecstasy*）。这个题目来自《耶利米书》里面的信息：先知申斥耶路撒冷的女人把所做的烤饼用来祭祀阿施塔特，这是古代近东一位伟大的母亲神。我论述到：现今发生在我们周围的事情就是对神圣淫荡的恢复。当时耶利米先知谴责他们的原因今天依然适用：从圣经信仰的角度来看，这是一种偶像崇拜；同时它忽略了为"外邦人、孤儿、寡妇"追求公义。更"属灵"的女权主义和环保主义运动也带来了反主流文化中的宗教主题。即将到来的水瓶时代（Age of Aquarius，水瓶时代运动，也称新时代运动、东西方文化合流运动。大约起源于 1960 年代，一群西方知识分子对于过去过于重视科技与物质而忽略心灵与环保的一种反对运动。他们对东方的宗教系统感兴趣并与其西方的知识系统作一个整合）不应该是一个世俗化的文化，至少在美国不是。

由于吉米·卡特当选总统，福音主义超越自己的次文化涌进公众意识中，这是很矛盾的。不用介意这位来自乔治亚州的花生农曾经住进了白宫，结果是，他不仅是一位重生的基督徒，更是一位重生的自由主义者。著名的白宫家庭会议，或者是它的重命名——白宫众家庭会议，驱使社会保守主义者走出会议，这是基督教右派出现的主要动力。不管怎么说，卡特政策的出现引发了美国文化中最世俗的场所——知识界和媒体界对福音主义的兴趣。尽管我和这两边几乎都沾不上关系，但这也引发了我的兴趣。之前我并没有注意到这一宗教团体，直到我意识到它在美国总人口中所占的比率。

理查德·诺伊豪斯告诉过我一件事，可以非常漂亮地解释所发生的事情。他写了一本关于福音派信徒的书，并被认为是这方面的专家。他被一家重要的电视广播公司邀请去国内新闻部门讲一些信息。照例，部长问了一些问题需要诺伊豪斯来回答。

问："现在让我弄清楚一点。这些人相信，为了得救，人们需要接受耶稣作为自己的救赎主。"

答："对的。"

问："他们相信圣经是上帝权威的话语。"

答："对的。"

问："他们还相信当耶稣再来时是历史的终结，还有审判日。"

答："嗯，又说对了。"

问："他们到底有多少人？"

答："嗯，宗教统计数据不是非常精准。但美国大概有六千万到七千万的福音派基督徒。"

问："哇噢！"

从此我便和福音派世界建立了广泛且非常友好的关系。自从和它建立关系后，我就越来越清楚，拥有一个这样多且集中的宗教人数的社会很难被称为世俗化的社会。

我对当代宗教环境的更新认识可以用很简单的话语来总结（当然从那之后我有了更深的改变）：现代性不一定产生世俗化，但一定产生多元化。之前我已经提到过多元主义是现代化的结果：在同一个社会中，不同的民族和宗教可以和平共处、相互影响。之前我很正确地论述了这样一种环境会渐渐破坏所有理所当然的信仰。但我却错误地指出，这样的情况必定会导致宗教的滑落。错误是这样的：多元化会渐渐破坏理所当然的宗教，但宗教本身却不是这样的。宗教有不同的形式：有把宗教当作表面热爱的用户，也有把宗教当作强烈的信仰飞跃的信徒。如果宗教不再赠予，那么人们就必须从不同的宗教中选择自己的信仰。就这点而论，会产生非宗教的世界观：有些人的选择会很世俗。但世界上的大部分地方，包括美国，大部分人都会选择宗教。

这些原因引发了一个不同的学术议程：相比世俗化理论而言，人们更需要的是多元化理论。更需要的是一些解释：为什么世界上的某些地方（尤其是欧洲）会比世界上的其他地方（比如美国）更世俗化。这两种理论都给信仰带来了挑战，但挑战的内容是不一样的。世俗化理论呈现的是一个没有神的时代，而多元化理论表现出的是神太多了。换句话说，人们本来以为现代化会是一个无神论的时代，然而令人惊讶的是，结果却是一个多神论的时代。

我把我的新理论写成了一本书《势在必行的异端：当代可能发生的宗教主张》(*The Heretical Imperative: Contemporary Possibilities of Religious Affirmation*)，并于1979年出版。这本书的题目是异端一词的双关语，源自希腊语异端邪说，意思为挑选或选择。这本书（现在已经绝版了）相当成功，获得了一些好评，翻译成五种语言。最近的一个版本是2005年出版的法语版。包括一名学者的序言（我想应该是一个新教神学家），他指出这本书过去一直被法国人忽视，但如今正是需要读这本书的时候。我不太清楚他为什么这样讲，但是日益增长的伊斯兰面孔开始让欧洲人用一种新的方式来看待多元化带来的挑战。

在书中，我把现代化描述成一个巨大转变。它使人类社会从在一切事情上根据命运作出选择转变为根据科学的制度、生活方式、信仰、价值观和最后一个但也同样重要的宗教来作出选择。要解释这个事情并不难。现代化的一些基本过程——比如都市化、大规模迁移、公民识字率、新的沟通媒介——打破了人们在长期的历史生活中所依靠的紧密关系。由于这个原因，现代化也打破了坚定的社会共识，就是那些在现实中被人们认为是理所当然的基本定义。现代化没到来之前，在大部分地方，人们认为神是掌管命运的，就像很多事情是在出生的时候就已经注定了。现在人们被迫在世界观市场里面的不同神中选出属于自己的那位。

接下来我分析了宗教传统回应多元化趋势的三种方式：缩减（把传统转变成世俗化模式）、演绎（挑战重新被肯定的原始传统）、归纳（通过参与的方式在多元化选择中重新定义传统）。通过挑选一些新教的神学家来说明这些适应性的变化。每一种适应性变化都有它的危险性，但最后我说，通盘考察后，自由的新教主义特点是最为可信的。总结部分，讨论了刚在美国出现的一个来自南亚和东亚的伟大宗教传统，正如佛教传教者所宣称的那样"阿达尔玛正在往西边来"。由于这个原因，基督教神学将会参与到亚洲的传统中，与其进行一场严肃的对话，尤其是佛教和印度教。

我决定继续完成由此而引发的问题思考。借用我的维也纳"咖啡屋方法论"，我从各个传统宗教里面召聚了一群活跃的宗教学者，有犹太教、基督教、伊斯兰教、印度教和佛教。该项事业从一个犹太基金会那里得到了一小部分拨款可以用作交通费，这个项目开始时我还住在纽约，在我搬到波士顿之后还在进行。小组的文章最后由我编辑整理成一本书于 1981 年出版：《上帝的另一面：世界宗教的对立面》(*The Other Side of God*: *A Polarity in World Religious*)。我现在依然认为，这是从我提倡的一个跨宗教的会议中得到的原创性贡献。在副标题中提到了对立面：从人类意识深处发现神圣性对比从现实外面和人类意识之外遇见神圣性。每个参与的人都知道这是对这一广泛且又复杂的议题的初步尝试。对其他内容的关心使我不能继续探讨这一论题了。曾经很多次我都试着想把它再次捡起来。

香港的摩天大楼

我访问的第一个东亚城市是香港。我到香港时已经是深夜了,从机场坐出租车到酒店的路上几乎什么都看不见。到酒店登记之后,我很快就睡觉了。第二天早上我起得很早,拉开遮阳帘,眼前的壮丽景色让我大吃一惊:数以百计的中国帆船停泊在海港,如梦幻般的城市摩天大楼环绕在海港四围。它们都朝向太平山顶,直矗山腰。与此并列的是一幅传统的中国景象。我常用这种超现实的构造来暗指东亚经济的奇迹,和这些现实的相遇绝对改变了我对发展和现代化的观点。

我是一步一步地走向东亚的。我旅行中的第一站是中东。1976年我被邀请去德黑兰讲课,讲课的内容以"对现代化的批评"为题出版了。我有一些时间出去观光,对当地的文化有很深的印象。作为一名社会学家,我没学到什么东西。回想起来,让我惊讶的是,我遇到的每一个知识分子(我慎重一点说吧)都反对国王政权,也都希望有革命性的事情发生,但没有人期待两年后发生的伊斯兰革命。像在其他地方一样,伊朗的学者们通常对未开化地区集市上的骚乱没有什么察觉。

之后我去印度进行巡回演讲,得以参观整个国家。吸引我来印度的原因在一定程度上是无处不在的宗教。在一次火车旅行中,我和一个商人住一个卧车包房。他先开始说话,问我对轮回转世说的看法。然而,这次经历对我社会科学家的身份没有什么影响。只不过(尤其是在加尔各答)让我看见了比拉丁美洲和非洲更为极端的贫穷。

1977年，我第一次去香港也是去讲课。和香港的初次相见让我对当代世界的观念有了一个巨大转变。

20世纪70年代末期和20世纪80年代早期是我最疯狂地进行环球艰难旅行的日子。一年中，用了数个月的时间，我围着地球转了两圈。我试着为这些旅程弄出一个不怎么成功的年表，并且总结出一些与本书没有紧要关系的不怎么新奇的结论（不需要另外再写一篇，题目是："暑假我都做了什么？妈妈，快看！我去了东京。"）。我把东南亚填进我的行程表中，主要是印度尼西亚和泰国。东亚地区我去了日本，然后去了被称为"四小龙"的韩国、新加坡、中国台湾和香港地区。我没有去中国大陆，直到后来那里开始进行经济改革时我才过去。这些旅程带给我的学术影响可以用一个句子来形容：我发现了资本主义。

随后不久，我就可以公平地处理资本主义和社会主义的发展模式，正如我在《金字塔的祭物》中所提到的那样。在东亚的所见所闻清楚地说明了一件事：在军队专政下的巴西（就这一点而言，在其他拉丁美洲国家的例子中称之为"资本主义"）并不是典型的资本主义例子。东亚的例子说明了两个重要的问题：资本主义发展模式是唯一一个有能力从根本上提高大多数人物质生存条件的模式，而且它还可以在保留本土文化和传统的同时达到这一点。换句话说，它可以在两个重要的资本主义实例中及格，这也是我之前在《金字塔的祭物》中提到的至关重要的道德因素：结石的痛疼和结石的意义。在乌托邦的想象之外没有社会主义例子存在。

我当然没有仅凭在亚洲的艰难之旅就简单地下这个结论。我狼吞虎咽地读了关于东亚的历史和现代环境的书籍。但是我也不会看轻到访一个地方对塑造一个人的理论的重要性：所听见的、所看见的、所闻到的以及所尝到的都很重要。我称之为社会学之旅：一个人从书上了解完一个地方后开始去那里旅行，在那里暂住一段时间，尽量最多地去接触当地见多识广的人们，然后让那里的现实渗入到自己的意识中去。如果一个人是这样开始的，哪怕是一次短短的旅行也可以让他学到很多。相比那些从扶手椅中得到的见解，生活经历可以为你的深刻见解提供一个强有力的说服论据。正如歌德所言："一切理论都是灰色的。生命之树却是如此美丽！"

发现结石之痛并不容易。很明显，任何一个改革的项目都会带来某种程度的痛疼。事实上真没有免费的午餐，尤其在经济发展的最初阶段。关于道德上的问题就是哪种程度和哪一种痛疼是可以接受的。约瑟·熊彼特（Joseph Schumpeter）对资本主义的经典描述"创造性破坏"（creative destruction）可以简洁地概述所遇到的道德困境。

要发现结石的意义就更难了。有人可能会说他和经济学家以及其他人所设计的发展策略没有什么相像之处。一旦有人提出这个问题，他就触及到了一个核心议题：发展和文化之间的关系。任何一种文化在现代化的发展过程中都要接受改变。再一次说明，有一些改变是痛苦的。哪一些改变是道德上可以接受的呢？

如果人们非要总结出并不是所有的文化都是对发展有益的，那这一论题就变得更为复杂了。传统主义者会为了保护这种或那种文化价值牺牲发展目标。也有一些经济学家和其他"发展主义者"认为经济发展是首要目标，对文化因素的评价也是仅凭它们为这个首要目标所作的贡献而定的。对我来说，结石这个术语是很有帮助的，它可以推着你在发展政策所带来的消耗和益处之间寻找一个平衡。

世界上的大多数文化和宗教都是脱不开关系的，因此当我们想到结石的意义时，马上就会把我们带到马克斯·韦伯所探索的领域中来。众所周知，他的著名论文是新教主义和资本主义文化之间的关系。但韦伯的重要作品是研究经济与主要宗教传统所带来的社会影响之间的关联性。东亚的经济奇迹引发了一场关于准韦伯主义本质的激烈争论：有没有一些文化因素可以解释这些成功的故事？所谓的"后儒家的假设"（post-Confucian hypothesis）给出了一个实验性的答案。所有以上讨论的国家都有一份儒家伦理的遗产：就是一个可以用来鼓励人们遵守规则、努力工作、热爱教育并且尊重权柄的道德体系。传统的儒家思想不允许这些价值用在经济上面。儒家思想中的精英，即达官阶层鄙视商业。但当中国人从原始的儒家思想中被扯出来时，同样的价值观突然挖掘出了他们的商业潜能。不仅是皇家官僚集团中有儒家意识形态，在中国香港、台北地区和新加坡的带有中国本土儒家思想的企业家现在都可以说是韦伯"新教伦理"（Protestant ethic）的等效函数。这种戏剧性的情况在马尼拉和雅加达更为明显。在当地人口中占少数的中国人已经获得了巨大的经济成功，这和他们的人数比例是非常不相称的。同样的伦理，也可以从受到儒家思想影响的非中国社会群体的工作中看到效果，尤其是日本和韩国。

下面我一直思考的这些事情将跳出之前我在本书中多多少少一直遵循的年代顺序。1988年出版了由我和萧新煌（Hsin-Huang Michael Hsiao，他是一位台湾社会学家）合作的一本书《寻找东亚的发展模式》（In Search of an East Asian Development Model），受到了很多关注。（书中包括了从宗教委员会和国际事务所主持的一场会议中整理出的文章，这个机构曾经主持过我们那时已经停刊的《世界观》期刊。）和其他实证现象一样，这个更复杂，而且时间更长。我和萧新煌都不是"文化主义者"。我们以前没有、现在也没有宣称文化是对东亚（这是非常重要的，其中包括中国大陆。这是一个真正讽刺的例子。它是一个在自称为共产主义政权统治下的一个无情的资本主义社会。）成功事例的一种解释。然而，我依然确信有一些主导着东亚人口的具体的文化价值是解释他们经济成功的一个重要因素。从某种程度上来讲这是"后儒家学说"，那是另外一个问题。例如，正如我通过萧新煌认识的一个中国人类学家所认为的那样，儒家学说是人们对地方性的中国民间宗教主题进行了系统性的学术阐述。

　　社会科学家对这件事的关心不会集中在文本或者官方修辞上，而是集中在这些价值观对普通生活的影响程度上。

　　一次我去新加坡，黄丽嫣，一位研究中国种族划分的年轻漂亮的人类学家带我去了一个地方参观越来越稀有的传统马来建筑。我们在那儿转着观赏，我很同意这里的建筑确实比政府喜欢的大型街区建住房更有魅力。然后黄丽嫣看到了从一家房子里伸出的一面旗，她大声叫道："啊！中国神灵的寺庙！我们一定要进去看看！"这个庙其实就是一个普通的公寓。主人正好在家，是一个年轻的电工。每周的一到两个晚上，他会作为一个媒介让客户和灵界发生联系。他不会讲英语，因此黄丽嫣需要给我翻译。

　　首先他想告诉我们的是，毫无疑问这是人们和完整意义上的超自然之间的问题。他向我们抱怨说，他被一个住在房子后面树上的鬼搅扰着。他觉得他应该解释一下：中国的神灵都住在屋里，而不是住在自然之中，比如说树或者磐石上。另一方面，马来人的神灵只住在栖息地自然之中，因为他们像马来人那样，是"大地之子"。

然后他带我们来到客厅，里面有一个书架。书架里装了好几层中国神明和神灵的小雕像。最上面的那个架子上放着中国怜悯女神，它坐在这座小型万神殿的最有威望的位置上。这位中介解释道，他用这些雕塑来和灵界沟通，可以和死去的亲戚联机（可以这么说吧），也能回应祷告。之后他这样描述那些在神奇书架上居住的各种各样的居民："这个一直很有用，我们曾经把它挪过位置，放在女神的正下面。但是另一个一点用都没有，我们把它放在架子的最底层。如果它还不好好表现，我们就会彻底把它扔掉。"让我印象深刻的是这位提供超自然服务的承办商提到神灵时的讲话特别像是一个经理在对员工进行评价：带有一种独特的神话学的混合世界观和精明的实用主义。也许这种类似的组合可以在其他的农民文化中发现。但这件事让我明白了之前别人给我的建议：儒家伦理是以一个与众不同的中国民间宗教为基础的。

儿童的言行特别重要是因为这些在年幼时学到的价值观会影响他们一辈子。（如果现代心理学教会了我们什么东西，我想应该就是这个。）就这一点而言，我在韩国经历了一件有教益的事情。

这件事可能发生在当时我在首尔参加的一个博学之士会议的间歇期间。我不记得是什么会议了（就像我不能记住那时许多像这样重要的会议一样），我和一小组人乘车去一个离城市还有点距离的地方。这是一个重建的传统式韩国村庄。视察完了这个主题公园，我们被带到一个小型竞技场，那里要举办一场民间舞蹈。很明显，那里还没有一个民间舞蹈演员。我们坐在露天阳台上等他们。在我们刚到不久，一辆满载小学生的公共汽车也开车赶到了这里。他们全都是男孩子，大约6—8岁吧。同行的老师们让学生也坐在露天阳台上。舞蹈者仍然没有来。那时是夏天，天气十分酷热，也没有遮阳的地方。学生们穿的校服是由某些厚厚的材料制成的。我能看到他们在流汗。老师们做了一些人们在这种场合都会做的事情：和孩子们玩了一些小游戏，给他们讲故事，带领大家唱歌。舞蹈者仍然没有来。我们坐在那儿等了大约45分钟吧，最后我们和老师们都放弃了，便坐着各自的公共汽车离开了。

让我印象深刻的是孩子们的行为。在烈日下的整个等候期间，没有一个小孩有不合规矩的行为，更别说不服从了。孩子们肯定觉得很不舒服，但他们安静地坐在那里，按着老师所要求的去做。我认为我不能想象一群美国孩子或者欧洲孩子可以有这样的行为举止。从韩国人生平原始的根源中我们看见它的经济奇迹了吗？

韦伯创立了"此世的禁欲主义"（this-worldly asceticism）这一短语，这是一种修行伦理，可以延迟满足感，可能是开始现代经济第一阶段不可缺少的一个元素。我回家以后把韩国孩子们的表现告诉布丽奇特。她对我的准韦伯式的解释不是特别确定，因为她观察到，一百年前德国的孩子应该也是这样的举止。当时这让我对自己的解释感到怀疑。后来我认为她的观察正好支持了我的解释：19世纪末期德国的经济发展和一百年后韩国的经济发展是差不多的。很久以后，我加强了这个观念："新教伦理"是有截止日期的。换句话说：只有一个富有的社会才能承担得起行为不端的儿童（可能是说承担得起像我这样的学生吧！）。

在东亚更重要的一点是，传统的文化元素使自己适应了发展和现代化中的巨大变革。我在韩国短途旅行结束很久以后，以色列社会学家什穆埃尔·艾森施塔特（Shmuel Eisenstadt）发明了一个概念"多元现代性"（multiple modernities）。达到现代性没有捷径，现代化不一定和西方化同义。日本是最切题的国家，我赶紧去观察了一下：第一个非西方但现代化非常成功的一个国家，同时还保留着很多它自己的传统文化元素。我读了很多这方面的书，尤其是关于19世纪最后几十年快速发展时期的。我的大儿子，托马斯是一个专门研究日本的政治科学家。我从他那里学到很多东西，他在日本住的那三年我经常去见他。

我一直着迷于日本现代化的速度。1857年，美国海军的舰队司令佩里（Perry）驶进东京湾，迫使日本打开国门开展国际贸易。对于成功把自己与外部世界隔绝200多年的国家来说，这种赤裸裸的帝国主义行为是令人震惊的。但是日本并不像中国那样成为相似的帝国主义行为下的受害者。1868年，对封建制度幕府政权的政变错误地被称为明治维新。可能叛乱是要恢复旧政权下仅仅有名无实的皇帝的权柄，但真正的权力并不在明治皇帝那里，而在旧战士种姓的寡头政治中。新政权的呐喊声是："崇敬皇帝！赶出蛮夷！"换句话说，不要中国那样的命运！或许他们真的崇拜皇帝，但是他们却没有赶出蛮夷，相反他们跟蛮夷学习知识，并运用所学到的知识来对抗他们，防止他们把日本变为殖民地。

1868年事件结束不久，新的统治者们做了一件前所未有的事情。他们召聚了一大群代表团，让他们开始一个漫长的旅行，去参观美国和欧洲所有先进的社会，看看有没有可以学习的东西带回来造福日本社会。代表团回来以后，执政者就有组织地重建了社会所有的重要制度：从现代化的海军到现代化的市场经济。封建制度被彻底废除了，开始施行了一个非常有效的土地改革，并且非常贤明地允许封建贵族们成为资本家，通过投资他们所得到的基金作为对失去土地的补偿。然而所有的事情都是在传统价值的象征帐篷里发生的，虽然传统价值有些变化但同时也得到了保护。因此忠诚的封建伦理和武士种姓的纪律变得"民主化"。社会的各个阶层都可以学习武士道,并且逐渐变成一个现代化的商业文化。武士道的传统尚武精神经过严格的质量管理,演化为一种终身职业!

日本在转化时期的发展轨迹是惊人的。1868年政变后,去西方的代表团离开了几年。1895年,制度改革全面展开,圣旨下诏所有的男孩都必须接受小学的义务教育(之后扩展到女子学校和中学)。但是这种由高级精英管理的现代化教育系统,创立了一套让人困扰的繁琐的考试制度。这和经典的儒家思想考试制度有着惊人的相似。1905年算是这个现代化过程的结束。这一年日本攻打了欧洲最强大的国家之一:俄罗斯。日本侵犯了俄罗斯的陆地和海洋。在西方需要数世纪才能完成的变化到了日本人这里被压缩成了几十年。

20世纪50年代以后东亚其他国家的现代化转变速度更快。当然这些过程都是需要代价的。但今天人们去东亚旅游的时候不会想到它们曾陷入到第三世界的贫困中,或者它们已经成为欧洲或者美国的复制品。如果中华人民共和国继续照今日的速度前进的话,将会成为一个巨大的力量,不可否认这股力量是现代化的但不是西方的。有人曾经开玩笑说道,如果成千上万的中国人同时跳起来,并且同时落地,那么行星会改变它原有的轨道。也许他们已经做到了这一点。

也许是好消息?

在全球主义期间,我开始了一个也是唯一一个对国内社会政策的突袭。和那些年其他事情的发生一样,这件事始于我和布丽奇特、理查德·诺伊豪斯在布鲁克林赤褐色建筑的客厅内的谈话。布丽奇特越来越关注家庭政策的问题，也是她向我和诺伊豪斯提出，需要对一些根本的社会制度进行再塑造。我们和其他人也谈了这个问题，最后美国企业研究所（这是华盛顿的一个保守派理论研究所）让我和诺伊豪斯写出一篇大纲，说明这样的一个再塑造大概是什么样子。

我们很负责地在很短的时间内写完了这篇文章（遗憾地是，我们俩都没有经历作家的阻碍）。美国企业研究所于1977年出版了一个小册子《权力下放：中介结构和国家政策》（*To Empower People: Mediating Structures and Public Policy*）。美国企业研究所出版了单行本，也增加了一些论文，当时正值该研究所成立二十周年。大概只有55页的这本小书，命运却是令人惊讶的。据我所知，美国企业研究所现在仍然在出版这本书。或许它成功的最终体现是对术语中介结构（mediating structures）的使用，这是当时我们编造出来的一个词，现在人们早已忘记了它的起源，它已经成为一个像冰箱或者可口可乐那样的普通名词。

这些成就都是非常卓越的，虽然我们的论述并没有提出一些了不起的原创性建议。我们确实发明了那个术语，但它所指代的事物根本不是新的东西。它指的是介于人们生活和现代社会巨型建筑之间的中介结构，主要是国家、经济以及其他一些庞大的官僚机构。在社会学理论中有一个专门讨论机构的重要性的悠久传统。这些机构需要保护人们在社会中不会有被疏远的感觉。为了把机构和人们日常生活的生存价值联系在一起，机构授予了巨型建筑一定的合法地位。法国一流社会学家埃米尔·涂尔干曾经强烈关注过这些机构。在右派理论中也有一些类似的辩论：埃德蒙·伯克（Edmund Burke）赞美过"这些小排"（small platoons），左翼乔治·索雷尔

(George Sorel)提出了"工团主义"(syndicalism)意识形态。非常重要的一点是,人们在天主教社会思想中也发现了它的"辅助性原则"的概念,建议政策应该更加关注那些和普通人生活密切相关的小团体。最后一个但也同样重要的一点是,有一个特别的"社群主义"的美国传统,而我们的方法正有助于发展这个传统。

尽管如此,我们的论述也很简单。没有中介机构,人们会在社会秩序中感觉自己是一个外国人甚至是敌人。大型的社会机构,尤其是国家,会因为这种和人们生活价值观的疏远而缺少合法性。我们讨论了四种机构:家庭、邻舍、教堂和自愿组合(这里的教堂指的是任何一个宗教机构,不是单指基督教)。我们指出福利国家的政策会破坏这些制度。之后我们做了两个整体的建议。首先,要呼应希波克拉氏(Hippocratic)的誓言"首先,不伤害别人!",提醒政策制定者要特别注意不要弱化或者损坏这些中介机构。第二个建议更有争议,社会政策要尽量利用这些中介机构去实现具体的目的。

这本书立刻就获得了巨大成功。尽管出版商是中间偏右派的理论研究所,这本书也跨过政治光谱得到了赞同。对它的错误理解也有利于它跨过了那个光谱,怪不得它会获得如此成功。右派的人对中介机构概念的理解包含所有机构,当然除了国家。他们认为这个词与可能被最广泛理解的"民权社会"是同义的。因此通用汽车公司也可以成为一个中介机构,当然这是很荒谬的。不是只有政治领域才会产生巨型建筑。另外,小型的政治机构(比如说一个地方政府和自己的选民保持亲密关系)可以起到中介机构的作用。左派的人认为中介机构就像是基层组织,是社会变化的代理商。当然和其中的某些例子会有点关系。然而,有些机构,可能就是一些巨型建筑的当地分支，他们试图动员有意愿的人成为某个大型机构的殖民对象。同样，这种理解也是非常狭窄的。在没有任何活动目的的情况下也会有中介机构，例如，为受压迫人们的价值和尊严提供庇护的民权时代之前的非裔美国人教会。

在这些年间，尤其是在周年庆的时候，有一个说法是（不是我和诺伊豪斯做的）《权力下放》对美国的社会政策有着很大影响，比如不同的福利改革或者以信仰为首创精神的发展模式。我对这样的说法是很怀疑的。我更认为这本小册子出现的正是时候：各种严肃问题的产生影响了美国的国家福利功效以及执行这些项目的大型官僚机构无意识中带来的结果。中介机构的概念使这些关心成为合法化，并成为任何一种意识形态色彩的改革者们口中的术语。

多年以来我和诺伊豪斯一直在讨论我们在《权力下放》一书中所写的内容。我们依然坚持当时的论述观点。但是我们会更小心阐明中介机构这一术语的含义，更重要的是解释清楚它不包含什么意思。为了对抗这两种错误的理解，我们应该说清楚中介就是中介的意思。在这儿，它与另外一个概念的不同理解是有对比的。这个概念后来变得很有名，即"民权社会"（civil society）的观念。例如黑手党，可以把它归入到这两种概念中来：它确实在个人价值和更大的黑手党成员的社会群体中有中介作用，而且它不是一个政府部门（除了新泽西州外）。但它所持有的价值观是不文明的，它所提供的调解在社会上是不受欢迎的。

通过好胆固醇和坏胆固醇的类比可以给我们一些提示。过去医生们认为所有的胆固醇都是坏的，之后发现了好的胆固醇。我们很容易认为所有的中介机构都是好的，但是也有坏的。人们要问的不是哪一个特定的机构是中介，人们应该要问的是这个中介所传达的价值观是什么。

同时,我们看轻了腐败的影响力,尤其是当基层组织成为政府项目的代理商时,这种事情常常发生。几年前伟大社会项目以"最大可能的参与"授权给了社区群体。在帕特里克·莫伊尼汉(Patrick Moynihan)的著作《对最大可能的误解》(*Maximum Feasible Misunderstanding*)中尖锐地提到了这种腐败(当然不是故意的)结果。当马克斯·韦伯论述到社会行动中的无意识结果时,他没有说他的主张是"墨菲法则"(Murphy's law)。他应该这样说的。

美国企业研究所针对这本书的评论发起了一个调查项目。项目得到了慷慨的资助。我和诺伊豪斯召聚了一个团队去发现中介机构是怎样在具体的政策领域中运作的:健康、教育、住房和预防犯罪。团队成员写的一些文章是很有意思的。但是公正地说,我认为这整个项目没有带来什么令人惊讶的发现。

宗教委员会和国际事务所,即我们的期刊《世界观》所在的地方,也为这个项目腾出了一间办公室。有一些团队会议是在莱尔曼研究所奢侈的办公地举行的。莱尔曼研究所也在上东区。这种状况一直持续到1979年我从纽约搬到波士顿为止。我和诺伊豪斯有了一个分开流动的曼哈顿咖啡屋对话,有点像是布鲁克林客厅的延伸对话,有一大群来自不同群体的对话者。莫里亚蒂咖啡馆一直是我们最喜欢的吃饭的地方。

犯罪预防处理团队是最有意思的团队。它的领导者是罗伯特·伍德森(Robert Woodson),他是一位非裔美国的激进主义分子,我是在城市联盟认识他的。他越来越怀疑自由主义对种族问题的处理方法。他最喜欢的一个宣言是:"援助之手又罢工了!"我们中介机构的观点很快和他产生了共鸣。之后他创办了一个机构:国家中心的街道企业，他现在还在华盛顿指导这个机构。这个机构的名字简洁地说出了它的理念与取向。同样，他也深入到当地以及大型非正式的社区进行倡导，以避免青少年犯罪。

和美国企业研究所做项目时，我印象最深的一件事应该是伍德森举办的一场会议，讨论指导青少年犯罪团伙向着合法经济事业发展的可能性。会议是在华盛顿的五月花酒店举行的。我和布丽奇特是唯一的外部顾问。除了伍德森的小小职员团队和我们俩之外，所有的参与者都是来自东海岸市中心平民社区的团伙成员。他们进来时一副被大众定型的形象：穿着皮革和金属扣的衣服。五月花酒店的服务员明显很紧张。我敢确定酒店的保安处于戒备状态。肯定是伍德森主持讨论会，他带着极大的热情主持了全场。正如先前所期待的那样，讨论会是无礼且又活跃的。团伙成员对伍德森的提议给予了热烈的回应。然而我不知道他们对这些建议能实践到什么程度。

回忆中最生动的一个小组应该是来自布朗克斯的一个拉丁美洲的团伙。团伙的领导也在那儿，一个非常自信的年轻人，陪他一起来的还有他十分迷人的女朋友。他们是一个摩托车团伙。伍德森给他讲了这样一个想法：他的团员肯定非常了解摩托车。假设有些地方需要摩托车的修理工具（我不知道伍德森是怎么知道这些的），为什么这个团伙不开一个网店，或者是全国性的摩托车修理店铺？各种专业性的术语都被讨论了。我问这个团伙的领导他怎么知道他的团员会开这样一个店铺呢？他奸笑着说："如果我让他们开，他们就会开！"然后他的女朋友就咯咯地笑了。

第六章 政治上不正确的偏离

1979年布丽奇特收到了一份邀请,邀请她去做卫斯理学院的社会学主任。这个工作看起来比她在长岛大学的教授职位更有意思。(结果它以一种令人相当不舒服的方式表现出了它的有意思。那时的卫斯理学院,和今日一样,是教条主义的女权主义的堡垒。布丽奇特觉得自己和他们志趣不相投,几年后就去了别的地方。)我对罗格斯大学没有太多留恋,也没有教授之职的困扰,于是我们就搬到波士顿去了。很快我就在波士顿学院找到了一份工作,在那儿工作了两年。两年后我去了波士顿大学,那里对我的任命更有吸引力:不仅是大学教授,而且还是一个跨学科的岗位,我可以教社会学、宗教学和神学。

离开纽约,我们俩在个人情感上都有点舍不得,相对波士顿安静的学术环境,纽约更是带着世界性的活力。搬走之后不久,我读到了一篇报纸上的文章,介绍那些和我们有同样搬家经历的人。里面有一个让人印象深刻的描述:在波士顿你的侍者在读陀思妥耶夫斯基,因为他是一名学生;在纽约你的侍者就是陀思妥耶夫斯基笔下的人物。

那时我们不能预测我们会待多长时间,写这本书时我们已经搬到波士顿 30 年了。我们发现这是一个非常适合居住的地方，撇开一月和二月的天气不说。你可以想象我买了一件令人反感的厚重长大衣，穿起来像是俄国将军。我只穿过一次或两次吧。

公平地说，我们并没有完全成为入籍的美国人。事实上，每当有人问我来自哪里时，我都会想起一个古老的犹太笑话：一位极端正统的拉比从下东区去看望他的儿子，他的儿子在密西西比州的一个小镇里做生意。这位老先生从公共汽车上下来后完全是一副正统拉比的形象：留着胡须、迈着旁锁步、戴着黑色的帽子、穿着带有条纹的土耳其长袍。一些孩子目瞪口呆地凝视着他。他对他们说："怎么了？难道你们以前没有看见过美国人吗？"

第一印象往往都是有教益的。布丽奇特早期对波士顿的观察是："这不是一座城市，这是一个校园联盟。"完全正确！这句话有两种解释。一方面，令人满意的是，开车 15 分钟之内你绝对能遇到一位某个领域的专家。我们到那里不久，在坎布里奇的一个聚会上，我就遇见了哈佛一位主攻蒙古文化的教授。另一方面，这里有着令人感到压抑的左倾政治文化（不仅仅在卫斯理）。另一个笑话，这次是美国佬的而不是犹太人的：《波士顿环球报》的最后一个栏外标题是："如果明天是世界末日，女人和少数族裔将会受到沉重打击。"

从逻辑上讲，我和这种文化的首次会面是在哈佛大学。（据社会学调查：与马克思主义相反，越是富有的地方，就越会出现左倾思想。）我对搬到波士顿地区是有一个期待的，因为这里汇集着数不清的神学机构，所以我想在这里应该比纽约能遇见更多的神学对话者。我传递了一些试探性的言语，之后就像著名的威廉·詹姆斯学者那样被任命在哈佛神学院教课。从 1979 到 1980 年，一共是一个学年的课程。其中还包括一个宗教社会学的课程。我的第一个失望是：当我去到那里时，没有老师注意到我的到来。除了哈维·考克斯教授，他总喜欢友好地侮辱我们在神学和政治上的众多不同观念。很快我就意识到当地的主流新教和罗马天主教机构都是受当地政治上的基要主义者支配的，和他们之间进行有用的沟通是不可能的。不受支配的有两个先驱者：福音派的戈登·康威尔神学院和希腊东正教神圣的十字架神学院。但我和他们之间的沟通也存在一些其他问题。当"六十年代"开始蹒跚着占据教学职位并且可以享受医疗保险福利时，这种情况稍微有了一些改变。但当我开始在哈佛神学院上课时，最让人痛苦失望的事情发生了。

几次课程会议结束之后，他们给我读了一封长长的、有点不合逻辑的信，签名写这封信的人即使不是所有的女生也是大多数女生。信的口吻是相当有礼貌的。他们称呼我为"利伯博士先生"，然后开始讲这些签名的人从我的课上学了多少东西。但是接着就开始尖锐地反对我的教学指导，他们是这么说的："目前你所构想出来的不管是在形式上还是在课堂内容上的语言性排除（特指排除班里的女性同学）……"事实上，我所教导的内容是没有什么可以反对的，他们所反对的内容是我根本没有教过的，即女权意识的标准主题。但激怒这些写信人的内容应该是我用的一个短语"专属的性别语言"（gender-exclusive language），也就是通用的阳性词。这封信表明他们想邀请我参加一场对话，而不是一场战争。

我（现在回想起来真是愚蠢）接受了对话的邀请。我那时还没有真正明白，和基要主义者谈话是无用的。除了正常的课程时间之外，又安排了一个课外时间。大多数学生都来了。我印象中这种事情的发展过程一般都是相当文明的。别忘了，这是哈佛啊！不过一会儿我在伦敦经济学院的演讲就被噪音打断了,最后因为一群尖叫的暴徒而中断了。(让他们最愤怒的是我对社会学的解释:从它揭露现实的角度来看社会学是激进的,但从它的实用性含义上来讲它是保守的。)然而,那里根本没有进行过对话式的交谈,而是连续不断、翻来覆去重复着的谴责声。这件事没有什么后续的对抗,但是我很机械地上完了这门课,和学生们之间没有什么真正的交往。

在过去几十年中,我竟没有在美国或者欧洲学术界遇到这种类型的女权主义的交战(尽管,如上所述,多数时候都只是分贝的降低),真是不可思议。关于女权主义,我认为有几个方面是任何一个正派人都会同意的。最重要的是禁止所有法律或者社会形式上对女性的歧视。我记得在20世纪60年代初期和一位男性社会学家的对话。他面无羞色地说道,他绝对反对任命任何一位女性到他的系里工作。这样的对话在今天简直是不可能的,但这就是真正的发展过程。女性主义者们用任何她们认为比较合理的形式来主张女性的性别地位,我认为都是无可厚非的。还有另外一件事,对女性受害者的不断定义,使得西方社会给予了女性一种在人类社会中不平等的特权。事实上在任何一个当代社会这都是不平等的。

至于让哈佛学生十分激动的语言学那件事,第一次接触它时我就感觉这件事很荒谬。之前人们已经用经验证明了用性别(gender)来代替性(sex)是一个站不住脚的命题,也就是说男人和女人之间没有重要区别(可能除了生殖器形态的细微不同之外)。性是一个生物学术语,而性别是一个语法词汇,语法是完全主观的,因此是可以自由改变的。至于说通用的阳性词,我怀疑,在最近的女权运动主义来临之前,所有五岁以上的孩子都知道男人(man)这个通用术语指的是"人的权利",也包括女人。实证现实和女性主义修辞是正好相反的：标准英语中的老式句法没有在任何地方排斥女性；而在新式句法中，这个词被重新自我定义，并且不带任何的性别歧视。女性主义意识形态故意排除和边缘化所有的反对者。

我发现可以用一个类比很好地帮助人们思考这个问题（我没有在哈佛"对话"上使用，否则会招来学生们更多的暴怒）。现代意大利语，和其他欧洲语言一样（除了英语以外），在正式和非正式的交流中有一个语言上的差别。非正式的称呼主要用在亲密的聊天中，"你们"是 tu（也就是德语的 du）。正式的称呼中，"你们"是 lei（在德语中是 sie）。现代英语，可能是因为它的贫乏，没有发明出对 you 这种地位中立的区别。从语法上来讲，意大利语中的 lei 是第三人称复数。就好像在英语中的正式交流中，一个人问另外一个人："他们需要咖啡吗？" 20 世纪 30 年代，墨索里尼对此还发表了一篇演讲。他说 lei 显得太女人气了。由于法西斯革命的意图是恢复男子气的罗马理想，因此好的法西斯主义者不会说 lei 而是说 voi（这是一个第二人称复数，就像英语中的 you 一样。虽然墨索里尼脑海中的词语是拉丁语的 vos）。如今由于现代意大利语用法的实证现实，这些都变得没有什么意义了。墨索里尼演讲之前没有人认为 lei 很女人气。但在他演讲之后，没有人可以直接使用这些术语而不被定罪。说 voi 的人们等同于在语言上向法西斯主义致敬（伸长的胳膊，另一件罗马的东西）。如果有人说了 lei，即使是很柔和的，他也是反法西斯的。

细想一下，墨索里尼是前后矛盾的。所有的法西斯主义者，不管是男人还是女人，都要说 voi，但推测起来只有男人才渴求罗马的男人气。为了协调一致，墨索里尼应该为男人和女人设计不同的语言。但这就意味着要把日本语法用在现存的意大利语言中，除了它们的内在不同之外，这还否定了墨索里尼的罗马计划。

"我感谢值得尊敬的美国代表的声明"

如果说我曾经在美国后期革命中"挣扎过"，就像我的一些毛派学生们所希望的那样，那至少有三场专门针对我的指控。我对给所有女同志造成的语言压迫感到非常内疚。另外两件事也加在这一段里面：对美国帝国主义进行宣传；给军火商（烟草行业也有这个名称）提供安慰和援助。仔细考虑后，其实最后一项是可以省略的：那些年我见过的所有同志们（男性或女性）吸起烟来都像是一个烟囱。

由于我在新保守主义人群中整天无所事事，我就认识了新任里根政府里的一些人。其中一位是艾略特·艾布拉姆斯（Elliott Abrams），他是国务卿的第一助理，主管国际组织事务所。他很快就去负责人权部门了（这些事情都是在他调到拉丁美洲部之前，在那儿他卷入了伊朗门事件）。1981年初我接到他的一个电话，他用严肃的语气对我说："彼得，我想让你为你的国家做点事情。"有那么可怕的一会儿我看见我自己在从事阴险的秘密活动。（我对艾布拉姆斯后面提到的事情有直觉吗？）事实上这个任务没有那么激动人心：他让我在联合国人权委员会新组建的分支，发展权工作小组中代表美国发言。听起来很有意思，也很适合我。同时还任命了来自《评论》那帮人中的两个人到相关的位置：珍妮·柯克帕特里克（Jeanne Kirkpatrick）作为在联合国的美国大使，迈克·诺瓦克（Michael Novak）是人权委员会的代表。我一下就放松了，原来不是指派我去某一个华沙公约的国家。我接受了这个安排。

我在华盛顿特区听了一天的概述。只和艾布拉姆斯有过一个碰头会。我记得那个场合也就那么一会儿。我和其他人一起参观美国国务院，其中有个人问他能否吸烟。艾布拉姆斯回答道："在这个机构，你可以在任何地方吸烟！"那是可以吸烟的日子。

我花了很长时间听别人介绍这个新提出的发展权的背景，以及它和各种美国利益之间的关系。多年以前，这个观点是由塞内加尔的一群法学教授提出来的。他们没有告诉我提出这个想法的过程。不管怎样，这个被公认为对国际法有帮助的提议躺在了达喀尔政府的一些办公室里慢慢积灰，直到最后被一位法国法学教授发现并且满腔热情地支持，而且还写了这方面的书。这个人和刚上任的密特朗政府关系比较近，他们对这件事也比较感兴趣（推算起来，部分原因应该是向第三世界示好吧）。不出所料，这位法国法学教授被任命为他们国家在这个工作小组中的代表，在那个历史运动中他是我的对手方。

美国在这件事中的最大利益是，如果有可能的话，预先阻止另一种努力通过联合国的平台对美国进行的攻击。他们抨击美国是帝国主义、资本主义扩张、种族主义、种族隔离的主要支持者，同时美国也被指控是第三世界敌对国家名单中的代表国家。他们给了我一个我万万不能接受的相当长的构思列表。在回波士顿的飞机上，我突然意识到他们并没有给予我任何积极的指导。

工作小组定在日内瓦见面。根据前几周华盛顿的作战指示我已经在去的路上了。一位属于美国差会的律师去机场接了我。这个人非常友好，我称他是临时照顾我的保姆。他见到我第一眼时对我很怀疑，认为被里根政府任命的代表应该是有点狂热的右翼分子。因为我和他最初的假设并不相符，他很快就放轻松了。他向我道歉说知道我肯定有一些时差现象，但是法国方面非常急于见我，并且要晚上一起吃饭。我同意了，下午睡了几个小时，然后就去吃晚饭。

晚餐时一共有四个人，除了我和临时照顾我的保姆之外，还有我的对手方——法国法学教授以及他的临时保姆。他是一位阿尔及利亚籍的犹太背景的外交家（之后他告诉我们他对这件事毫无知觉）。这真是一顿美餐，持续了好几个小时。大约晚上十点吧，我半睡半醒间，发现自己非常确信地说美国支持这个观点，不会接受那个观点，或者这方面的其他言论。我带着受损的现实感回到酒店给布丽奇特打电话修复这种感觉。

第二天我对临时照顾我的保姆说，除了一些客套话之外，我真的不知道我应该在小组聚会时说什么。我没有受过指导。他说很简单啊，我应该自己为自己写一个指导意见。他的意思是，我应该写下我认为自己应该说的。我这样做了，基本上写成了一篇小论文，讲述了我对发展本质的理解以及为什么要制定发展权。说的还有那么点意思。两天后华盛顿发来了回复，逐字重复了我发过去的声明，只是改变了一些语法，比如说，我写的是"美国代表建议以下的内容"，文本现在变成"美国代表将会讲以下的内容"。我问临时照顾我的保姆是不是通常都是这样运作的。他回答道："不是的，只有与华盛顿不关心的事情有关时才会这样。"

我记得我到那儿两天后，整个工作小组开始了第一次聚集。这是一个彻底让人失望的小组。主持人是塞内加尔的大使，非常有逻辑。他是一个开着闪亮奔驰的黑人，只会讲法语，总是很有礼貌。我们认为支持我们的两个国家可能是法国和荷兰。这个愿望没有实现，每个人都有自己的个人目的，都急于取悦第三世界的代表。第三世界的代表来自阿尔及利亚、古巴、埃塞俄比亚（后来被马克思主义专政统治）以及叙利亚。一群高贵的人们聚集在一起讨论人权。还有来自巴拿马和秘鲁的代表，我不记得他们是否讲过什么。后来印度和南斯拉夫这两个国家更倾向于我们这边。当然与会国家还有苏联以及它的老朋友波兰。

很难想象一群不怎么鼓舞人心的人在一起会发生什么。苏联代表是一个乏味的、有点沮丧的中年男子。我们经常坐在彼此旁边。美国（USA）和苏联（USSR）按照字母顺序排坐。当然我们会有不同的意见，但至少他还保持着最低限度的礼节。古巴的代表是我特别强硬的对手，他是一位年轻的思想家，语速飞快地用西班牙语尖锐地攻击我（非常不幸的是，我不用带耳机就可以明白他所说的话）。当我开始梦见他时，我才意识到，自己参加这些会议的时间太长了。

我在这个工作小组待了两年半，每年去日内瓦两次，每次大概一周时间。这份工作（如果可以这么说的话）推进的速度就像蜗牛的步速一样。许多声明最后都是"需进一步考虑"，我所了解的是他们准备而且必须把这些提议提交给自己国家的政府。根据所谓的发展权提出来的不同构想最后都停留在对一些小型条款无止境的辩论上，大多数陷入了意识形态的争辩中。

有一个额外的程序，一开始我并不明白：每次有人讲完之后，主持人就会用无可挑剔的法语说："我感谢值得尊敬的某某国代表的声明"，然后他会用压缩的形式重复刚才那个人所讲的内容。后来我明白这个看起来没有什么意义的活动其实起到了两个重要作用。首先给人们提供了一个思考回应的时间。但同时（就像我明白主持人对我做的那样），他轻微地改变了刚才所讲的内容，消除了一些粗糙的边缘来推动这个声明。即使会有一些翻译上的差异，但也是朝着达到共识的方向进行的。主持人知道他的职责是什么。

他对我非常友好。有一次邀请我去他的公寓吃午餐。结果令人尴尬的是：除了陪同的男仆之外，只有我们两个人。他的男仆是一个白种英国人，我想他应该是喝醉了，因为他总是被绊倒，最后掉了一个盘子。我尽力假装没有看见这个不幸的家伙搞笑的举止，但大使感觉非常窘迫，这真是一个难受的场合。

我的日内瓦之旅已经成为一种例行公事。大多数时间都很无聊，但偶尔也会有一些有趣的事情。我想我应该是又去了一趟华盛顿。但是，先前我的临时保姆给我指出的是正确的，没有人对发展权真正感兴趣。珍妮·柯克帕特里克想了解案情摘要。我和她以及她的一些职员一起在纽约吃了饭。（我不喜欢她，她给我的印象是既自大又固执。）

法国也逐渐对此失去了兴趣，但他们曾一度邀请我去巴黎。那时他们可能认为我们之间可以形成一个折中方案吧。国务院对这件事的极小兴趣在这个时候得到了证明：我请求我的临时保姆和我一起前往，因为很可能会出现一些法律问题。我的请求被拒绝了。当我邀请美国驻巴黎大使馆的法律顾问来参加这场聚会时，他说他要去参加另外一个会议。法国（除了那位法学教授，还有一些底层的外交部官员）用屈尊俯就的礼貌仪式接待了我，并且带我去了一个相当肮脏的小酒馆吃午餐。

除了不断反对与会人员多次过分地提到第三世界和苏联意识形态之外，美国的观点主要集中在一点：人权和个人有关，与集体无关。如果假设发展权属于集体，尤其是属于国家，那它就不是人权。这个争论一次又一次地被提出来。

有点出乎意料的是，我最有用的社会关系竟然是印度和南斯拉夫的代表们。印度的代表不是外交部的官员，而是来自喀拉拉邦的一个行政人员。喀拉拉邦是发展最成功的城市之一。他是一名虔诚的印度教徒。通过一些试探性的对话，我们之间建立起了有点像友谊的关系。他对发展的充分了解让他明白关于第三世界的雄辩都是没有意义的。渐渐地我们虚构了一个折中方案：是的，如果发展权的承载者是个人的话，发展权可以称为人权。但它也可以通过结社权和自决权拥有集体的特征。我把这个构想呈递给国务院，它认为可以（我猜测，他们肯定是心不在焉地读了我的报告）。法国和荷兰也愿意同意这个观点。那个印度代表也得到了新德里的同意，南斯拉夫代表（是一位斯洛维尼亚的共产党员，他常把俄罗斯和古巴作为社会主义可信任的证明，他称这两国的代表为"同志"）从贝尔格莱德得到了认可。印度代表认为通过秘密会议也可以争取到不结盟的国家（七大工业国）的同意。他错了。古巴成功地动员了反对派，我们的起草被否决了。

那时我写信给美国国务院表明，我在这件事上已经没有什么可帮忙的了。我已经试着做了"好警察"的角色，如果美国真要再派人去这个工作小组的话，应该选一个根本不会提议任何和解的"坏警察"去。（口头上我建议驻日内瓦大使馆的一个秘书去，他除了投反对票之外什么都不会说，而且会非常招摇地读《华尔街日报》。）

我不知道我在这个工作小组是否有继承人。我从艾略特·艾布拉姆斯那里收到了一封雅致的感谢信。这个工作小组采取了一种发展权构想，里面包含的所有规条都是美国不能接受的。这项构思最后在联合国大会上正式通过。当然这也不能表明什么。

除了有一些开心的经历外，我从这件事上也学到了不少东西。

对于美国外交政策，我意识到美国在这种类型的讨论会上是多么孤立。但我也注意到，只要是我讲话，每一个人，包括俄罗斯和古巴代表，都会认真地听。同时我对美国外交官员的印象极好，不管是日内瓦的还是华盛顿的。关于联合国，我对它没有什么浪漫幻想。如果说有什么区别的话，就是我对它有了那么一点点好感。当然它说的许多话都是空话，和经验现实一点关系都没有，其中也包括对虚构的实体"国际社会"的表述。但至少有一个作用：大国并不需要联合国来处理彼此之间的关系。只有小国家需要这种讨论会，比如塞内加尔。在这种讨论会上他们可以让人们听到他们的声音，并对事情的发展历程产生一些影响。

但在这本书中讲这件事情的主要原因是，这是一名社会科学家获得见解的一个具体例子。就发展的意义而言，这件事可以适用于一个政治进程。尽管事情发生的场所对其所提供的帮助感到灰心，我依然为发现了这一点而满足。

在我即将结束"美帝国主义的走狗"生涯时发生了一件让人意想不到的小事情。1983年末，我被邀请去参加一个由一群商人组织的关于中美洲和加勒比地区的会议。除了几年前去过危地马拉旅游过一次之外，我对中美洲的情况并不怎么了解。但我开始对加勒比地区感兴趣有两个原因。我之前的一个学生巴里·莱文（Barry Levine）当时已经是一家新杂志《加勒比地区评论》的编辑。活泼生动的杂志风格以及对这个迷人地区的信息描述都吸引我去看这份杂志。1980年牙买加首相爱德华·西加（Edward Seaga）的选举也激起了我的兴趣。他打败了迈克尔·曼利（Michael Manley），这个人坚持接受菲德尔·卡斯特罗（Fidel Castro）的观念，并宣称要带领牙买加进入社会主义。西加（几乎是和罗纳德·里根同时竞选上的）启动了国家坚定地走资本主义道路的发展规划。他还把东亚模式作为自己的发展模式。很明显，这和我是有关系的。牙买加文化和中亚的"后期儒家文化"是不一样的。因此牙买加可以成为一个检验发展中文化的角色实例。

我接受了邀请，结果发现这是一件相当奇怪的事情。会议的地点在德州西部的一个大牧场里。这个牧场属于一个非常富有的商人，他是一个真正一成不变的德州人（带着大帽子，穿着牛仔靴）。我乘商业航空公司的飞机抵达达拉斯。在那儿一架私人飞机接上我和另外一个人。我们着陆在某地的飞机起落跑道中间。有人告诉我们这是一个大牧场，差不多有特拉华州那么大了。它的主人当然不住在这里，但经常用这个地方召开不同的会议。这里有一对管事的夫妇，退休的马林和他的妻子。还有一个年轻人专门在这次会议中用轻便卡车在飞机起落跑道之间往来接送客人。住宿的地方很简单，但是很舒服。

我是被邀请到的三四个知识分子中的其中一个，我们都被认为是亲里根政府的。还有四五个商人，他们是主人的朋友。他们是开着自己的私人飞机来的。我记得，我们在牧场上待了两个工作日，其实我也没有看到牧场上有什么活儿。会议是非正式的。讨论的内容仅仅与中美洲和美国在其中的利益相关，尤其考虑到尼加拉瓜的桑迪诺斯政权。除了我以外，没有人对加勒比地区感兴趣。我真的不知道他们为什么邀请我来参加这场会议。说到这一点，这场会议的意义到底是什么？

几年以后我明白了这一点。我不知道他们有没有召开其他会议，但不带上我（牧场很广阔）。但后来我知道所有到会的商人都赞同美国去逐渐破坏桑迪诺斯政权。由于我从没有和另外一个到会者进行过私密会谈，我能想到的就是我被邀请到这个会议是为了给他们提供一些学术遮盖。当时我非常困惑。他们问我对这个会议有没有感兴趣想要做的事情，我说我希望可以近距离地了解牙买加。我很快就被任命去访问牙买加，之后又为这个小组写了一份关于当地情况的报告。这个活动得到了慷慨的资助。

接下来几周，为了给旅行做准备，在莱文的帮助下，我非常刻苦地阅读了关于牙买加和加勒比地区的书籍。结果发现这是一次非常成功的"社会学之旅"。我在金斯顿待了一周，拜访了一群来自各个领域的优秀人士：来自西加政府的人员，也有一些反对党人士，持不同意识形态观点的学术人士以及两名美国大使馆的官员。这是安排非常集中的一周。虽然我知道金斯顿是一个危险且不太吸引人的地方，但这都没有分散我的注意力。当我离开时，我对这个国家的了解构成了一个非常丰富的信息库。我为我的"顾客"写了一份长篇报道，题目是"牙买加实况"。显然他们根本对此不感兴趣，很快这篇文章就被允许发表了。我把它发表在《加勒比地区评论》杂志上。这就结束了我短暂的牙买加专家之旅。

除了意外地和牙买加建立了朋友关系之外，除了现在回想起来当时可能处在秘密活动的边缘这种满足感之外，我从这件事里还学到了什么呢？

我对德州文化有了新的认识。在牧场上，我对主人的民主风格印象非常深刻。他为我们每一个人做了早餐，他解释说管事的那对夫妇年纪大了，大清早还是不要打扰他们为好。接送客人的那个年轻人经常和我们一起吃饭，也参与到桌上的谈话中（不是特别智慧），有一次还反驳了他老板的想法（老板对此好像并不介意）。

牧场的主人非常关心非法移民的议题。他倾向于严厉的边境管制,包括一些自然屏障。他带我们坐他的飞机沿着格兰德河转了一圈。我们可以清楚地看到边境防守有多么脆弱。之后他告诉我们每周都有数以百计的非法移民穿过他的牧场,因此他不得不建立一个流动厨房。当有人问他这样做是否和他的政策建议相矛盾时,他回答道:"这和那个一点关系都没有。来到我的牧场上就是我的客人,我不能让他们饿着离开。"

更重要的是,这是我作为一名社会科学家,第一次尝试全面观察整个国家。无可否认这次观察的范围不是很大。但这次活动不仅证实了我对方法论的偏见是支持"社会学之旅"的,更是对一年后我接受一个更高的赞助去南非的有利预演。

"不抽烟的人也一定会死"

与我短暂的外交家生涯同期,当时我还担任欧洲和北美烟草公司的顾问。这两个角色,如果被我在哈佛的学生知道的话,会更加证实我是一个在政治上不明确的人(我能想象到这比我错误地使用通用阳性语言的结果更可怕)。

在一次乘坐东方航空公司从纽约到华盛顿特区的飞机上,我观察到一件小事。一位韩国中年乘客被告知吸烟区的位置已经满了,他需要坐在禁烟区的位置上。他明显很生气,并且招摇地点着了一根烟。很自然一位空中乘务员走过来让他把烟灭掉。但是让我印象深刻的是她说话的语气。她说话的语气不是说"您忘记系安全带了"时的语气。相反,她的语气中带有一些道德上的轻蔑,甚至还包含一些怒气,就像是那个人在地板上方便了一样。我问我自己这种热情来自哪里。最后我觉得这来自于对吸烟是一种致命威胁的恐惧。相反，禁烟运动是对永生的古老追求的一种现代化延续："停止吸烟，你会永远不死。"

这正是我可以随意地在《世界观》上发表观点的时候。正如我之前提到的那样，1977 年，我发表了一篇小短文，题目是《吉尔伽美什在华盛顿航天飞机上》。我提到了古代美索不达米亚史诗中的英雄人物吉尔伽美什。朋友的去世让他非常震惊，于是他开始了一个寻找长生不老植物的旅程。（顺便提一下，当他终于找到这种植物的时候，出来了一条蛇吃掉了这一植物。于是吉尔伽美什就坐那儿哭了起来。）

几周后，我接到了菲利普·莫里斯公司一位行政人员的电话，他读了我写的这篇报道。他邀请我参加一个关于吸烟非医学方面影响的为期一天的讨论会。因为烟草公司意识到在禁烟运动中有很多非医学方面的证据。这是一件非常有意思的事情，参与者一共有十个人。一名经济学家讲到了烟草在世界经济中的地位。一名律师讲了一些关于烟草的法律约束。一名人类学家认为吸烟是一种文化符号。除了我最新得到的假设之外，我没有什么好说的。

会议结束时，主办方问每一位参与者，他们希望烟草行业进行哪方面的调查。我说我对此并不感兴趣，但是根据知己知彼百战百胜的原则，我认为烟草行业应该对禁烟运动做一些调查。他们是些什么人群？他们能得到什么利益？他们是怎么获得资金支援的？会议结束没多久，他们问我是否愿意指导这样一个调查。我说不行，我正忙于其他项目。但我可以替他们找别人帮忙。我确实找人帮忙了。

亚伦·威尔达弗斯基（Aaron Wildavsky）是伯克利一位杰出的政治科学家，刚刚结束对风险回避的研究课程，他对这方面比较感兴趣。他组织了一个小团队,开始对美国和英国的禁烟运动进行调查。但他邀请我做顾问,具体工作是参与并报告由世界卫生组织(WHO)组织的三场国际禁烟会议,分别在斯德哥尔摩、温尼伯和东京。这是一次有教益的经历。

斯德哥尔摩会议开始于1979年。宣传的时候说是一场科学会议,实际上就是一场禁烟集会。(后来就公开承认是禁烟集会了。因为科学的讨论已经让人精疲力竭了,除了讨论实际的策略之外,没有什么可讨论的了。这是对阿尔·戈尔和全球变暖的不祥预兆!)这也是首次有这么多第三世界国家代表参加的一次会议。各国代表的飞机费用是瑞典政府支持的。这是一场盛会,与会者中包括十二位来自工厂的秘密观察者。每天早饭和晚饭时间我们见面讨论,首先决定谁应该坐哪儿,然后开始彼此交流印象。

第一天发生了一件有趣的事情。在斯德哥尔摩华丽的市政厅有一场招待会。我注意到一个来自古巴卫生部的三人代表团。他们只会讲西班牙语,三个人站在一起显得很可怜。我为他们感到难过,就过去和他们一起聊天。他们非常感激。一些闲聊之后,我问这个代表团的领导,古巴政府是否真的非常关心禁烟事件。我在心里有一副菲德尔·卡斯特罗一口一口抽烟的形象。当然了,他回答道。然后他从口袋里掏出一包抽了一半的烟。肯定是他自己的。他骄傲地让我看烟盒上的提醒。我现在不能精确地记得西班牙语原文了,但整句话都是虚拟语气,好像是这么说的:"吸烟可能带来不健康的可能性是可能的。"然后他看了看我的名牌,这个肯定不能说明我和他的友好关系,但上面写着"美国"。他说:"当然了,如果不是美国施行禁止贸易令的话,我们还可以出口别的东西。"这个逻辑当时我没怎么理解,但也没在意。

现在回想起来，我给联盟的报告应该是最有意思的。我现在还留有一份文档。我把在会议中观察到的事情告诉了我的客户"军火商"（当然他们也有从其他工业观察者那里得到的报告）。我主要总结为两点。第一，禁烟运动是由两个完全不同的实体联盟支持的：适当的运动通常是由饱含热情的信徒以及道德企业家（他们之前可能也参加过类似的活动）开展的，另一实体是来自政府和非政府机构的官僚主义者。两者的重点是不一样的。参与运动的人们的愿景是：只要可能，取消吸烟；而官僚主义者想要控制吸烟（这意味着他们可以得到一大批新的工作机会）。我认为，出于一些比较明显的原因，官僚主义者更有可能和工厂达成共识。

我注意到反对派经常会用到"烟草利益"这个短语，这当然是一个实际有效的短语。但是人们也应该明白"禁烟利益"是什么。换句话说，这不是无私的空想家和特权阶层斗争的问题，他们双方的物质利益都是不容妥协的。不管怎样，这场运动的力量正好来自于这个联盟的理想和利益。

这个结论，肯定是从知识社会学里面出来的。一个孤独的修士在和自身过分敏感的良心进行绝对"无私的"的挣扎中产生了宗教改革运动。如果这些挣扎没有和长期以来德国王储觊觎修道院拥有的不动产所得利益连起来的话，它就不会成功。很偶然地，我的观点和后来威尔达夫斯基发表的禁烟运动研究报告中的描述有些相像。只不过他用了两个相当不合适的术语来描述运动中的两个部分：宗派（sect）和社会地位（caste）。

我又做了进一步观察。至少在西方民主国家，禁烟运动进入到了一个非常困难的境地：我吸烟，然后我死了，这是我的事，和别人无关。政府的功用是保护人们不受到彼此的伤害，而不是保护人们不受到自己的伤害。因此，禁烟运动必须找到一个"无辜旁观者"（在报告中我没有提到这个词，在后面的讨论中提到了）。因此出现了两种可能性：以社会成本为依据的论述——因为吸烟，我英年早逝了，但是社会应该赔偿我的医疗费用、供应我还健在的家庭成员、补偿我富有成效的贡献的损失费。还有以"吸二手烟"为依据的论述——我吸烟时对和我在一起的人们的健康造成了负面影响。我认为第一种论述太抽象了，因此不会成功。（几年以后，有一个经济学家确实做了一个计算：社会从我因吸烟而早逝得到了什么——节省了长寿所需要的医疗费用和退休金费用。）我认为第二种论述日后可能会赢，事实正如我所预料的那样。

在我不经意间成为社会学家的过程中，对禁烟利益和"吸二手烟"的评论是我最成功的预言。我想我可以以此为荣。非常遗憾，我不能预测一些更重要的社会演变。

在斯德哥尔摩会议上一位来自斯堪的纳维亚人定义了禁烟运动的目标：成年男子可以在私人空间抽烟。在1979年时，这个想法还有点疯狂。结果却是预言性的。它描述了今天的状况。30年后，至少在发达国家是这样的。

1983年我在温尼伯会议的报告中写道，禁烟运动会越来越官僚化，特别是在政府机构调整了吸烟的行为之后。调查越来越集中在所谓"吸二手烟"的影响上。我亲眼见到过一个生动的场面说明了这场运动的"宗派"特点。两名丹麦科学家报告了一项他们自己的调查结果，说明"吸二手烟"是没有不良反应的。观众们带着愤怒的情绪攻击了他们，不仅质疑他们的数据，而且还暗示他们肯定收了烟草行业的贿赂。他们抗议说他们是忠实的禁烟者，而且他们的研究并不是决定性的。但对观众来说这都没什么用了。

这让我想起了几年前我参加的一个会议遇到的一群人：一群对"不明飞行物"感兴趣的人。在议事日程上有一个报告声称，有一个不明飞行物降落在美国的某个地方了。报告让与会者很兴奋。但当其中一名与会者质疑这份报告的可靠性时（当地的州长写的这份报告。顺便提一下，他非常喜欢喝酒），其余的与会者都开始猛烈地攻击他。宗派主义对认知失调非常敏感。不管怎么说，正如我所预见的那样，到了 80 年代早期，禁烟运动已经"成为一个强大的社会和政治现实"。

我参加的最后一个会议是 1987 年在东京召开的。会议相当讽刺。许多（而不是大多数）日本与会者一离开会议室就马上抽烟。我在报告中把它称为"在一个名誉败坏的屋子里举行的一场高雅集会"，即使日本参与者最后达成的协议是令人质疑的，整个会场的情绪也是必胜的。运动活动家和官僚主义者完全合体了。对"吸二手烟"的调查得到了丰厚的资金援助，而且成倍增加。有一股大的推力限制人们在公共场所和工作场合吸烟，也推动人们在保险和就业上歧视吸烟者。会议上公然提出"隔离"和"指责"吸烟者。它（准确地）断定吸烟者不会对此有太多反抗。因为禁烟运动已经让他们对自己的行为感到内疚。换句话说，禁烟运动不仅成功了，而且变得很讨厌。

下一场会议原定于几年后在澳大利亚的珀斯召开。会议上强烈建议禁止烟草工业的观察者参加。我不知道是不是真是这样做的，但我没有被联盟邀请去珀斯。不管怎样，从那以后，许多烟草工业，尤其是美国的烟草工业，放弃了斗争。他们采用了和解与适应战略。实际上，自 20 世纪 80 年代以后，我们可以看到禁烟运动的全面胜利，至少在西方世界是这样的。限制性立法已经变得全球化，甚至在发展中社会也有（尽管强制性的措施会引发一些问题）。带有美国特色的侵权行为法让针对烟草公司的诉讼成为可能，结果导致了一场天文数字的赔款。赔款不仅针对个人，也针对国家（可能是赔偿他们在治疗"与吸烟有关"的疾病时所损失的费用）。这些诉讼费用总计起来肯定是人类历史中最高的勒索费。

  吸烟并不是我个人关注的一个重要问题。我做完心脏手术后就戒了烟。禁烟运动也不是我经常思考的一个议题。但我在这里描述了这么多我参与这个议题的内容是因为我对它的认识是直接从我社会科学家的角色得出的判断。我从一开始就参与的禁烟运动是我经历过的最成功的一个社会运动。通过对它的观察我学到了很多，具体地说，对一个成功的社会运动的观察需要将意识形态和物质利益相结合；政治上对科学的正确使用和错误使用（根据科学数据，吸烟对吸烟者的影响是绝对清楚的，但对"吸二手烟"的人群的影响还没有那么清楚）；在动员公众支持时恐惧心理的重要性；以及在美国，无论这个所谓的侵权行为的价值是什么，诉讼的力量都可以从任何一个实体的"深口袋"中拔出巨额款项。

  我已经细致地描述了我在联合国和烟草行业的经历，尽管它们并不是我作为社会科学家职业生涯中的最高状态，我这样做有两个原因。第一，正如前面所讲的那样，我从两个个案中学到了很多，至少一部分应归功于这些年逐渐形成的独特的社会学学术工具。还有另外一个原因：我在这些个案中使用的理念是从根本上揭露了联合国、对所谓第三世界的雄辩以及一个可能是理想主义运动的自负态度。虽然尼采称整个活动为"怀疑的艺术"，但我还是支持了一些政治和道德信念。换句话说，我的揭露实践不是愤世嫉俗的世界观，没有一件事让我有这种想法。我认为可以概括成一个结论。在日内瓦之旅中，我一刻也没有放弃我的信念：民主价值观和其所代表的个人权利的优越性，然而这和美国的信念却不一致。在禁烟运动中，我并不仅仅怀疑它所假定的有效性，也对宗派狂热和常常冒充人文关怀的极权主义充满道德厌恶。

有意思的是，两个个案的共同点（可能是所谓的政治正确的主要组成部分）是都规避风险。社会主义乌托邦应该使人们免受市场经济的风险。为了避免冒险，乌托邦思想中含有这种或其他版本的迷信的健康追求，而冒险是人类环境的本质特征。这就是为什么我选择"不吸烟的人也一定会死"作为本章的标题。这是奥地利作家弗里德里希·托贝格（Friedrich Torberg）一篇论文的题目。

还有另外一个更具政治性的论点。我仍然相信我在伦敦经济学院的讲课被暴怒的学生打断是因为：社会学在揭露分析上是激进的，而在实际应用上是保守的。20世纪80年代，我转向了中间偏右派的圈子，根据这个词的定义就知道，从左派的角度来看，我在政治上是不正确的。但从另外一面来看我也是不对的。我当然愿意为了保卫美国而去反对我在日内瓦的主要敌人古巴的诽谤言语。我强烈推荐把以市场为基础的发展策略和社会主义的替代品进行对比。但是我不能批评美国对第三世界的所有政策，从早期我对越南战争的反对态度到我对乔治·布什威尔逊式民主主义的不舒服。对于国内的政策，我使自己远离新保守主义思想，因为他们接受（不管是由于信念或者是战术原因）基督教右派关于堕胎和同性恋的观点。在我批评乔治·布什的对外政策之前，我对他任德州州长时的死刑记录就感到惊骇。我想至少在20世纪80年代初，我的一些政治伙伴就察觉出了我在政治上的不正确观点。我以一个有用的傻瓜的身份去参加德州牧场的会议就说明了这一点。至于烟草公司，我不想像禁烟运动那样过分夸大地描述它，我在给它提供社会学建议时不涉及道德问题。但是我也不怀疑它们会把这些数据作为可供选择的参考，正如另一面也是这样做的。我脑海中最基本的政治问题是：人们选择如何生活的权利，并且通过对这种权利的保护来抵抗最民主政权的极权主义倾向。

　　返回我最早写的那本书的题目，社会学确实会把社会秩序带向"不确定的视像"中。因为这一特定原因，它会在所有制度中培养一种脆弱感。当制度被草率地废除时会带来暴政和混乱双重危险。再回到我最新的一本书《赞美怀疑》（*The Praise of Doubt*），我认为，一位道德上敏感的社会学家会本能地在许多问题上走向中间观点（在彻底改变和顽固保留之间）。

第七章　从慕布瓦到古特斯劳

可以这么说吧，过了一段时间之后，到了1981年，我从波士顿学院（Boston College）转到了波士顿大学（Boston University），在那儿做一名大学教授。两个机构相距差不多开车十分钟的距离。两所学校正好在联邦大街相反的两个方向，气氛也是非常不同的。波士顿学院现在依然是耶稣会机构，尽管它的天主教教义和条规已经相当柔和（我明白，这让梵蒂冈那边很懊恼）。然而，当它变成爱尔兰孩子和意大利移民进入中等阶层的途径时，它依然保持着（至少我在那儿工作的时候是这样的）早期的社会学光环。相比之下，波士顿大学有着更加明显的世界氛围，还可以看见很多犹太人。我在那儿工作时已经有了一座相当大的希勒尔基金会大楼，现在被一座更加令人印象深刻的大厦取代了。

校园的环境从一开始就很吸引我，实际上让我想到了新学院大学。这里没有经过任何刻意的尝试，伪造的哥特式建筑散落在一个仿制的英国村庄里，而这已经成为美国众多学院建筑中的典型。上课的教学楼可以俯瞰联邦大街，人们对它的第一印象就是地面电车正在穿过教室。

我换学校的一个好处就是我现在就住在我工作地方的旁边。我们搬到波士顿时买了一套房子。只需要开一小会儿车就到波士顿学院了。现在我走路五分钟就可以到我的办公室。布丽奇特说我肯定是学术界第一个先买了房子然后在房子旁边工作的人。

在大多数美国机构中，大学教授的头衔只是授予某个人尊贵地位的象征。在波士顿大学它也意味着你被某个独立的学术部门接纳了。大学教授项目（The University Professors Program），通常人们会提到它的缩写：UNI，它是学校的一个独立单位，不和任何学院或者部门挂钩，直接向校长报告。约翰·西尔柏（John Silber）是一位传奇的校长。他改变了波士顿大学停滞不进的状态，使其成为一所卓越的研究型大学，该校创立于20世纪70年代。西尔柏退休没多久UNI就被解散了。

1981年学校变得更强了。西尔柏的理念是创立一个跨学科的"卓越中心"，这个中心的影响力可以扩散到大学的各个角落。这是一个很有意义的想法，很多地方都值得赞扬，与西尔柏为波士顿大学设置的伟大计划是完全契合的。不过，最初的想法没有完全实现一点也不奇怪。

一些UNI的成员确实是相当出色的学者。其他人可能不会用最大方的知识判断来描述他们。在许多例子中（肯定也包括我的），西尔柏把UNI作为一种途径来吸纳那些在自己的领域上有问题的人们。为了使所接纳的教授们之间的相互影响可以程序化，西尔柏尝试了各种各样的方法，类似于牛津大学的"院长与导师的餐桌"。这个方案只获得了部分成功，因为大家都很忙，很少有时间与自己感兴趣的领域相差甚远的人进行对话。

至于对周遭人的影响，有相当多的反对声音。在较大范围的教职工中到处弥漫着对UNI所谓的精英地位，以及不按照常规部门的程序而进行专制招聘的愤恨。最后一个但也同样重要的是，UNI 的成员有着较低的教学负担和普遍认为的较高收入。

该项目确实吸引了一些比较有天分的研究生，都是一些古怪的人，不太容易适应传统的博士项目。最后这些人在工作市场找工作时都遇到了一些困难，就业率也趋于下降。他们经常是在两个领域取得了成就，这就让假定的雇主们思考，到底这个应试者能胜任哪一块呢。UNI 也有一个正在进行中的大学生项目，但它是与带有荣誉课程的文理学院竞争的，因此招惹了更多的怨恨。

不论实际情况怎么样，我发现 UNI 是我教学的一个快乐的起点。UNI 成员需要附属于大学的另一个部门，至少一个。我隶属于三个部门（我不知道这是否是西尔柏的主意）：社会学系、宗教学系以及神学院。三个部门都需要许可我加入，但是由于我的工资并不出于他们的预算支配，也有可能是因为他们害怕西尔柏，我很快就得到了批准。

这个机构有一个很大的优势。大学各部门是以无数的全体会议和委员会会议出名的。很显然我是不可能参加接纳我的三个部门的所有会议的，于是我一个也不参加。UNI 的教职工们都极少见面。

经过这么多年，我指导了相当一大批感兴趣的学生们的博士生作品。这里提到一些：查尔斯·格伦（Charles Glenn）已经在教育界成为国际著名的研究政教关系的专家；克雷格·盖伊（Craig Gay）已经成为一名很有前途的关心社会议题的福音派思想家；塞西莉亚·麦礼仕（Cecilia Mariz）在研究很有意思的巴西宗教；吉莉安·戈德赛尔（Gillian Godsell）已经成为人妻，她的丈夫让我进入了南非（稍后提及）。她现在正在那个国家积极地指导和调查黑人企业家精神。乌韦·赛蒙奈特（Uwe Siemon-Netto）是一位关心路德宗政治伦理的德国记者。凯撒·马然萨（Caesar Mavratsas）是塞浦路斯大学的第一个社会学教授。我最近的两个"博士生孩子"其中一个是图拉西·斯里尼亚斯（Tulasi Srinivas），是印度人类学创建人斯里尼亚斯的女儿。她自己的专业是印度教和现代化。因纳·泰勒图瓦（Inna Nalctova）正沉迷于研究后苏联时代的俄罗斯宗教环境。

除了这些学生之外，UNI 允许我做很多我想做的事情（几乎有点像一个过时的德国教授）。这里我只提一个开创性的研讨会，是由我和克莱尔·沃夫特契（Claire Wolfteich）一起主导的。她是波士顿大学神学院的一个天主教老师。这是一个一年性的事务，我们故意用了一个模糊的题目："当代世界的教会和神学。"我们从一个基金会那里得到了大笔的汇款，学生们可以使用这些资金进行正式的课题研究。我们见到了一些有意思的研究：其中有一位福音派的空军女牧师，她面对的问题是一群自称是女巫的人要求她帮助她们敬拜。另外一位来自尼日利亚的中年牧师，他写了一篇文章谴责西方教会丢弃了早期基督教的神迹奇事，比如：神迹性的医治、预言、赶鬼以及使死人复活（他宣称他曾亲眼看见过死人复活）。我和沃夫特契很纠结，不知道该怎样给他打分。

我在波士顿大学任职期间，很长一段时间里都是约翰·西尔柏任校长。他一直在校园里走来走去，大家都可以感受到他的存在。他和波士顿大学经常出现在公众视野里，尤其是在《波士顿环球报》的报道里。教职工中有很大一部分人都厌恶他，可能只有极少数狂热的忠诚者。我两边都不是。但我非常感谢他为学校所做的一切，以及他对我的慷慨支持。尽管我跟他见面不是太多，但我们相处得很好，事实上我很喜欢他。当然，这里和其他地方一样，大多数教授都忙于自己的事情，没有多少时间注意大学里广为流传的社会轶闻。

但从个人来看，西尔柏给人的印象是非常睿智的、固执己见的、好战的，并且有一种相当恶意的智慧。他做决定很快，有时很糟糕，但更多是好的决定。在很多方面，他就像是古怪的德州人的化身。有一些职员会认为他是右翼分子，这是一种错觉。他终生都是民主党人，有点像20世纪60年代之前的民主党自由主义者。但他是一个美国爱国者，忠实的反共主义，从哲学基础的角度反对堕胎，轻蔑时髦的政治正确性。

他也喜爱词语误用。我最喜欢的一个是在一次记者采访中，有一个记者问他是否真的恐惧同性恋。西尔柏强烈地否认了这一指控，他提到在他的学校里有好几个重要的人都是男同性恋，并且强调说他并没有反对同性恋。之后他又说："但是我不喜欢他们强迫我接受他们的行为。"他暴躁的脾气伤害了他的政治抱负。当他在竞选马塞诸塞州州长时，一个友好的记者问了他一个私人问题，他就对这位记者进行了猛烈的抨击，之后断送了自己做州长的机会。

我在描述西尔柏时用的是过去时。我写这本书时他还活着呢，现在仍住在离学校不远的房子里。但需要一个长远的努力去消除被贴上标签的"西尔柏的遗产"——这是在马克斯·韦伯感召力的常规化理论中产生的一个非常忠实的表现。空想主义带来的是官僚主义。尽管主行政大楼旁边的一条小街道被命名为西尔柏路，但西尔柏的时代确实已经是过去时了。在社会学上，这可能是一种必然性。但是也很令人伤心。

我会讲两件我见过的关于西尔柏的事情。一件事说明了他过分自信的偏执，一件事说明了他对通才教育观念的深挚信仰。西尔柏为海伦·苏斯曼（Helen Suzman）主办了一场午宴，她是南非与种族隔离作斗争的女英雄，是我见过的最让人印象深刻的人之一。我在南非认识了她，因此吃饭的时候我就和她与西尔柏坐在一起。整顿饭吃下来，西尔柏一直在滔滔不绝地说自己对苏斯曼国家的看法。苏斯曼肯定很惊讶，但是，她一如既往的有礼貌，没有打断他说话。另外一件事，发生在与刚来的大学生父母的见面会上。西尔柏讲了一些他对大学教育的愿景。然后他说："我祝愿你们的孩子毕业后都拥有一个美好的未来。但我也会这样想，如果他们毕业之后发生了一些恐怖的事情，之后便去世了。你们会认为他们在波士顿大学的四年是值得的。"父母们对这句话明显感到很震惊，但这句话没有让我感觉不舒服，反而很感动。

见证一个国家的变革

1985 年，在我社会科学家的职业生涯中发生了两个巨大变化。首先我在波士顿大学开办了自己的研究中心，然后我无意中卷入到一个项目里面，这让我明白了一个国家的整体变革。我会在下一章里讲到我的第一个发展。第二个发展起因于一通来自约翰尼斯堡的意外电话。

打电话的人是博比·戈德赛尔（Bobby Godsell），那时他在英美资源集团南非大型矿山企业管理劳务关系。那时我不认识戈德赛尔（之后我们成了好朋友）。他读过我的一些作品。他告诉我矿产巨富哈里·奥本海默（Harry Oppenheimer）强烈反对种族隔离，他想要成立一个国际委员会用以研究南非的未来。戈德赛尔快要来美国了，他想和我见一面看我是否愿意担任这个委员会的主席。我问他："为什么是我？我从来没去过南非，我一点都不了解这个国家。"戈德赛尔回答说："这就是我们让你当主席的原因。"我当然明白他是什么意思——他们不想任用另有所图的人——我发现这是我职业生涯中第一次因为我在某方面的无知而被邀请去做某些事情。

我和戈德赛尔见了面，一拍即合。我同意他的要求。接下来三年我都规律性地访问南非，自此之后我渐渐地在学术上和感情上都融入到这个国家里去了。我被卷入到了一场引人注目的变革中。这个国家发生了一些很大又美好的事情。我一直在为它的成功发展加油。

第一次的访问时间是相当长的。当然，我也进行了大量阅读。但是戈德赛尔让我见到了许多来自社会不同部门的人们，他们给我提供了大量信息。目前紧迫的任务是组建一个工作小组（我们早就放弃了委员会这个词，因为它太炫耀）。大多数人都是南非人，我亲自和他们见面。有几个美国人，回国后我去见了他们。最后这个团队中有来自不同领域的不同背景的二十个成员（绝不能只是社会科学专业的）。南非成员中，八个是白人，四个不是。

项目的名称是超越种族隔离的南非。奥本海默基金会，也是南非和美国公司的一员，慷慨地资助了这个项目。过了这么多年，调查团队形成了一种亲密关系（其中几位在后种族隔离时期具有重要影响），除了戈德赛尔和他的妻子吉莉安之外（他俩后来回到波士顿大学，跟着我读了博士），我还和他们中的很多人建立了长久的友谊，包括安·伯恩斯坦（Ann Bernstein，她当时在城市基金会工作。这是一个反对种族隔离的商业组织。民主转型之后她自己组织了一个有影响力的理论研究所）和劳里·施莱默（Lawrie Schlemmer，他是一名社会学家，当时在纳塔尔大学任教。现在是一个独立顾问）。总的来说，对这个国家的第一次接触令我非常感兴趣。据布丽奇特观察，有一段时间，吃早餐时，我会先看看《纽约时报》记载的所有关于南非的新闻报道。那些年关于南非的新闻非常多。

奥本海默对于这个项目的想法有点模糊。很快我就发现已经有很多出版的书籍介绍了对南非未来的推测。在每本书中我都多少可以看到一些观点。我和戈德赛尔重新定义了要进行的议事日程，不仅是这个团队对未来的想法，也想到了在废除种族隔离之后，所有重要的政治人物会思考国家应该是什么样的，或者将要成为什么样的。团队本身不会推荐或者预测这些想法。当然，它会记录不同人物的想法。我们会根据知识社会学，为这些政治人物提出的现实进行规范和认知定义。这些内容是跨范围的，从极端的（南非白人）右翼分子到有色人种居住区极端的（黑人）抵抗组织。

我问戈德赛尔为什么他觉得这些人会和我们对话。他笑着回答说："在南非，如果是哈里·奥本海默邀请某个人，无论是谁都会来的。"他说的是对的。在做项目期间，我见过奥本海默几次。他给人的印象很深刻，非常成功，可能是世界最富有的人之一吧，但是行为举止却很谦逊。他从道德上强烈反对种族隔离。他的觉悟比大多数商界认为种族隔离对经济发展有负面影响的觉悟早很多年。

我们对团队成员是以某些特定角色的代表可能会和他们谈话为基础进行分配的，这并不意味着团队的成员会和参与者在政治上产生共鸣。因此，伯恩斯坦对她有共感的商界进行了调查，施莱默则对政府官员进行了访问，而他对于政府的态度是尖锐的、公开性的，且带有批评。但他是南非白人，南非白人有一种强烈的团体感,即使荷裔民族的政治观点是他们所拒绝的。我们强烈鼓励团队成员在受访时保留自己的观点。但需要知道的是,这个项目进行的时间正是激情高涨的紧张的政治冲突时期。人们想要知道每个人面对冲突时的态度是什么。

因此,最初的时候,我们设计了每个成员都同意的四种规范假设,不过这些假设也不用在采访时大肆炫耀:"种族隔离应当受到道德谴责,而且应该废除。应该由民主政治而不是僭主政权取代。在转型过程中经济的生产能力不应该被破坏。转型的代价,尤其是对人类地位的损害,应当保持在最小限度上。"这当然会在那些认为武装斗争是反抗的一部分和"渐进主义者"之间引发争议。每个组织都有自己的塑像,分别是纳尔逊·曼德拉(Nelson Mandela)和海伦·苏斯曼(Helen Suzman)。值得注意的一点是当苏斯曼去监狱看望曼德拉时两位成了朋友,一直到最近苏斯曼去世。

这样一个不同的调查者团队在进行项目研究时很容易陷入互不相干的危险中。我的任务是为这个小组提供一个可以适用于每一个被研究者的连贯的概念框架。我设置的规划基本上是以知识社会学为基础的,尽管很小心地避免使用《现实的社会建构》里的专门术语,但还是有一个例外:我对我们议程的定义是要制作出一个可以在南非政策中运转的精确的*识别图表*(cognitive maps,我临时发明了这个术语)。在努力制作关于社会特点和每一个政治秩序的战略报告的过程中,议程的内容远远超过了知识社会学。

此外我们也进行戈德赛尔称之为"现实检验"(reality testing)的实验:我们不再对每一个规范的战略假定进行批评,而是会问它是否有一个合理的成功机会。例如:我们不再以道德为由来质问武装斗争,而是问它是否能够带领人们废除种族隔离政权(我们认为这是不可能的)。

事实证明这个方法非常成功。1988 年出版了《一个未来的南非：愿景、战略和现状》（*A Future South Africa：Vision, Strategies and Realities*），里面包含了项目中的调查结果，是南非的畅销书。每个人都想去书中看看对他们的描述是否正确（在整理成成品之前，每一章都会返回到受访者那里），也对其他党派的思想有了更好的了解。书出版以后，我们收到了很少的抗议信。但是没有一个人抗议的内容是我们对写信人的党派描述得有问题。抗议信的内容都是关于我们对其他党派的描述，信的内容都是类似"你们被这些混蛋的真实意图给欺骗了！"我发现这个方法论的验证是很鼓舞人的，此后我也把它用在了相似的分析计划中。

调查结束后团队被组织去德兰士瓦东部的慕布瓦见面。它是奥本海默的狩猎小屋，但也用作不那么血腥的聚会。它位于某地的中间，这地方给我这个高度现代化的人的感觉就是连灵魂都毛骨悚然了。随着公共汽车走得越来越远，我感觉我们进入了一个险恶的荒野，我突然感觉很恐慌。我做了一件通常我在惊慌的环境中会做的事情——我讲了一个笑话。我问："你知道慕布瓦在斯威士语中是花粉病的意思吗？"只有坐在我旁边的两个人听见了。一个笑了。另外一个说："这个地名真奇怪。"我立时就认为第二个人对项目的贡献不会很大。我的感觉是对的。一旦项目开始，我就克服了对荒野的恐惧。（食人动物在我卧室外面发出声音是要干什么？）我勇敢地尝试把舒茨主义的现象社会学翻译成本国话。看上去我成功了。

我和小组的一位成员有过最有意义的交流。海伦·西勒（Helen Zille），她是一位年轻漂亮的记者。给她安排的任务是南非白人的右翼分子（也就是右翼民族主义政府）。他们知道她是什么立场，一个热心的反种族隔离者。但她自己是南非白人，之前提到的荷裔归属感使得这些人愿意和她交流。他们也这样做了。那时西勒说自己是马克思主义者（之后她在政治立场上迈了一大步。她成为了开普敦的市长，现在是国会反对党民主联盟的领袖）。在我的陈述中，我当然十分强调客观的必要性。西勒十分抗议这一点："我们应该成为种族斗争中的一部分，客观性既是不可能的，也不是令人满意的。"我和她争论了一会儿，然后就放弃了，只是简单地告诉她要尽力去做。

这个项目中最好的文章之一就是她写的。不认识的人，还以为她就是她所写的那个组织中的一员呢。换句话说，她杰出地做到了她说不能做到的事情。每次讲到主观性时我都会提到这件事。但是西勒有一点写错了。她的报告最后是这样写的："右翼不是纸老虎。"随着1988年之后事情的发展，人们发现一个曾生动地形容自己是"负隅顽抗的人们"的极端南非白人组织恰恰是一只纸老虎。

在超越种族隔离的南非项目中，别人经常问我除了对南非一般事实的一点点了解外，到了南非后有没有让我惊讶的事情。一些地方纯净的美当然让我感到惊讶。但除此之外，还有两件事让我很惊讶，只是它们看起来是矛盾的。

其中一个是黑人种族隔离的非人道特征，不仅在最引人注意的当政政权的暴行中，在普通人每天的生活中也有。调查小组的一个黑人成员给我们讲了一件最近发生的事。他抓住了一个试图在他家偷东西的年轻黑人。正在那时来了三个"同志"（这是对有色人种居住区年轻地下抵抗军的称呼），也遇到了这个运气不好的小偷。他们想要对这个人实行"革命正义"，此时这个词的意思是即刻处决。宵禁已经开始了，开着装甲车（他们准备在开口问问题之前开枪）的警卫队正在各个街道上巡逻。我们的同事告诉我们：为了不让警卫队从街上看到他们，他是如何蜷缩在后院的灌木丛中说服"同志们"不要杀这个小偷的（结果他胜利了）。

另一个惊讶是我对南非白人产生了一种同理心。这是在黑大陆南段的一个小群白人文化。他们讲着古老的荷兰语，并且依然在和内心已经扭曲的加尔文主义挣扎着。我被位于斯泰伦博斯大学城中心的西开普酒乡之美折服了（这是我见过的最美的校园草地之一）。当然，以上这些内容都不是为了否认可恶的政权。南非白人于1948年建立了这个政权，接下来的几十年中，他们中的大多数人都支持这个政权。

我记得我和一位斯泰伦博斯的教授有过一次谈话，他一直都直言不讳地批评种族隔离。我问他是否认识现在的国家总统（他恨恶他的政策）。"噢，当然了"，他回答道，"在我们开始穿鞋之前我们就已经认识彼此了"。原来他们两家的农场是挨着的，而且男孩子在开始上学之前几乎从来不穿鞋。

我在超越种族隔离的南非项目待的这三年中也有一些难忘的事情：有令人不安的，很感人的，还有一些很让人快乐的。我只想讲一件相当超现实的事情。戈德赛尔认为，我应该见一下瓜祖卢（KwaZulu，南非地名）的首席部长曼戈苏图·布莱特齐（Mangosuthu Buthelezi）。瓜祖卢（KwaZulu，南非地名）是由种族隔离政府建立的一个"黑人家园"，在此种情况下据称是祖鲁族群"独立的"州。布莱特齐已经接受了政府批准的观点（一些主要的反对群体认为他是通敌者），但他拒绝了假的"独立"地位，这是他的英卡塔党成为"激进主义者"的一个重要因素。

没有飞往瓜祖卢（KwaZulu，南非地名）的省会乌伦迪的商业飞机，于是我和戈德赛尔，还有一位到访的美国律师乘坐了一架公司飞机。我们在一个荒芜的飞机跑道上着陆，之后在那儿站了大约三十分钟吧。一些全副武装的人从瞭望塔中一直观察着我们。最后开来了一辆闪亮的奔驰把我们接到了政府大楼。这个大楼耸立在孤独的不长树木的大草原风景下，就像是一座奇怪的现代主义的海市蜃楼。我们进去时经过了严密的安保检查，之后被带到了一个休息室。他们告诉我们首领迟到了。和我们一起在屋里等的还有另外两个人，一个穿军装的南非军官和一个白人（后来我们知道他是一个右翼的美国记者）。

一段时间内什么都没有发生。突然门打开了，大约有十个人匆忙地准备了一下去见布莱特齐。他们中有些人戴着圆顶小帽。这是由美国犹太人组织的真相调查组。我之前听说过他们，但从来没有想过会在祖鲁兰（Zululand，南非地名）见到他们。我认识当中的两三个人。他们在我们的屋里待了一小会儿，其中有几个叫到：

"快看，那是彼得·伯格。"

"你好，彼得。"

"你来这儿做什么？"

这场社交对话很快就结束了，他们那群人出去后，屋内又恢复了平静。

这件事相当离奇。但是之后那个南非军官走过来对我说："不好意思，但我不是故意偷听的。你是写《与社会学同游》的那个彼得·伯格吗？"我认罪后，他接着说："噢，那本书写得真好。我上大学的时候读过。我一直记得你说过的一句话：'婚姻就是一千顿睡眼惺忪的早餐。'"我否认我曾经写过这句话，他坚持说写过，我再次否认写过。（之后我证实了他是对的。尽管他是从上下文中抽出来的。谁知道南非白人的家庭悲剧是因为他对这句话的记忆造成的呢?)

结束了这段疯狂的交流之后,接着又是一段等候时间。当最后我们被邀请到祖鲁人的(Zulus,非洲东南部班图族的一支)首领面前时,我已经没有判断力了,我不知道自己要问他什么。不过没关系,整个过程都是他在讲话。

1987年我和戈德赛尔合写了一篇文章发表在《评论》上。我们试图用这篇文章来消除美国人对南非的一些设想。我认为我们对南非情况的描述是相当精确的。但是我们做的两个预测都错了。反种族隔离者运动预期将会有很快的转变,我们对他们的告诫是"转变策略需要好几年的时间来制定,甚至需要几十年"。运动时期,整个组织都开始表示只需要几年时间就可以达到目标。而我们用旁观者的口吻批评了这个观点,即现在"进行和平谈判已经太晚了"。与此相反,我们写的是,现在谈判太早了。我们认为,当双方都认为自己不会赢的时候才可以开始谈判,现在还没到那个时候。当然,就在之后,政府中介机构和流亡的非洲国民大会开始了第一次接触。我们不能明白,不同的程序怎么快速地合在一起去说服不能维持现状的统治精英呢。

首先,在南非国民党的支持者中有一个重要分裂(南非白人商业精英认为,种族隔离造成了严重的经济损失,因此加入到讲英语的对手方中来反对种族隔离)。然后荷兰归正教会(曾经是政府政策的一个重要支持者)宣布种族隔离是一种罪。除此之外,还有国内日益动荡的局面,经济问题和被国际上认为是贱民国家的烙印所带来的心理效应(这个原因可能没那么重要)。就非洲国民大会而言,我们不能预见的(相当不能预见的)就是苏维埃帝国的瓦解;

因为苏维埃联盟是非洲国民大会最重要的国际支持者。我有一个幻想：在卢萨卡非洲国民大会流亡总部有一个人，每周一他都要往莫斯科打电话以便接受指令。突然有一天，让他惊讶的是一位东正教的神父接了电话。

能够为一个道德上值得的政治发展过程做贡献是一次稀有的让我满意的经历。超越种族隔离的南非项目也是一次伟大的学习经历。我开始明白整个国家最基本的变革过程，尤其是看到一个最开始好像是无敌的镇压组织最后变得那样脆弱，这让我激动。在这样一次重要的调查活动中，再一次看到我用社会学分析的特殊方法帮助人们很好地了解了一个非常复杂的社会和政治环境，这也让我感到满足。从桌山（Table Mountain）一直到开普敦的绝妙美景都成为我的美好回忆。

"从德里到古特斯劳怎么走？"

我暂时把我在这本书中采用的按时间次序记录的方法搁置一边，我们来看一个项目。这个项目是在超越种族隔离的南非项目书籍出版几年以后我指导的。这是由十一个国家组织的关于规范和政治冲突的项目，受贝塔斯曼基金会（贝塔斯曼全球出版公司的一个分支机构）委任，并向指定的罗马俱乐部报告（这是一个相当荒谬的组织，几年前曾发表过一篇报道预测说，人类世界即将面临的灾难是由于人口过剩）。我做这个调查有两个原因：从许多方面来看，这都是超越种族隔离的南非项目的国际化。它们有一个共同的潜在关注点：如何为社会上看起来不能解决的冲突寻找一个解决方案。它和超越种族隔离的南非项目使用的是相同的团队方法论：就好像是从一个咖啡屋挪到了下一个咖啡屋。但是贝塔斯曼项目召聚了一群人，这群人组成了波士顿大学新调查中心学者们的国际网络中心——一个咖啡屋常客联盟。

调查小组的目标是描述出每一个国家的标准冲突的本质是什么、它的政治影响有多大，然后继续去查访哪些机构处于可以调解政党之间冲突的状态，并帮助他们找到一个和平的解决方式。举例来说：我们在美国调查过进步党和保守党之间的文化战争；也调查过穆斯林给法兰西共和国世俗论意识形态带来的挑战；以及那些通过运动进行的尝试，比如女权运动和环保运动对西德意识形态共识的改变（这里只是列出了那本书前三章的标题）。在每个事例中，尽管有强烈的标准分歧，但民主政治机构和公民社会成功地接纳了这个主张和平的体制。

当然这个项目也有其他人参加，它巩固了一群学者的关系，后来我继续和他们合作进行了各种各样的活动。他们的名字如下（按照他们在书中编写文章的顺序）：詹姆斯·戴维森·亨特（James Davison Hunter）——他在罗格斯大学跟我完成了社会学博士学位，之后去弗吉尼亚大学任教，是第一个用文化战争（cultural war）来形容当代美国规范冲突的人。丹尼尔·贺炜优莱格（Danièle Hervieu-Léger）——可能是法国最好的宗教社会学家，之后成为负有盛名的法国高等社会科学研究院院长。亚诺什·科瓦奇（Janos Kovacs）——一位匈牙利经济学家，在维也纳人文科学研究所工作。阿图罗·方丹（Arturo Fontaine）——圣地亚哥埃斯图迪奥斯大众时报研究所的总监。皮诺切特政权之后，他在智利和平变革到民主社会中起到了重要作用。安·伯恩斯坦（Ann Bernstein）——我们之前提到的超越种族隔离的南非项目组中的一员，之后在约翰尼斯堡建立了发展与企业中心这一机构，现在是那里的总监。罗伯特·赫夫纳（Robert Hefner）——波士顿大学的一位人类学家，早期任我们在1985年建立的新调查中心的副总监，2009年继任我成为总监。他是研究印度尼西亚的专家，现在正往新的方向发展，研究初遇现代化的伊斯兰国家。萧新煌（Hsin-Huang Michael Hsiao）——台湾中央研究院的社会学家，他主攻的方向是几个国家区域内的社会变革。1988年我们两个人合写了一本引起激烈讨论的书《寻找东亚的发展模式》（*In Search of an East Asia Development Model*），这本书的形成是由于宗教委员会和国际事务所在纽约组织的一场会议的结果：咖啡屋堆咖啡屋！

如果说这里是学术流派的中心显得有点夸张。这群人对文化和社会变革之间的关系都很感兴趣，但对于研究这个题目的方法的看法是不同的。不管怎么说，自从我在新学院大学为期过短的主席生涯中看到这种乌托邦概念的瓦解后，我便放弃了建立一个学术流派的雄心。但看到这群人彼此保持联系、工作时彼此帮助，还是让我很开心。甚至有时我可以用非正式的方法聚集他们。或者，正像西塞罗预言的那样，这群人一见面就开始挤眉弄眼。

这群人经常在柏林、伦敦和纽约开会（对于贝塔斯曼基金会来说，资金从来不是问题）。最后的会议是在古特斯劳举行的，这是总公司也是基金会的总部。古特斯劳位于德国北部一个难以靠近的地方，是一个没有什么特色的小城镇。多年以前这里是一家小型的新教出版公司，二战以后变成了贝塔斯曼帝国。或许最令人深思的问题应该是负责调查印度的作者问的一个问题："从德里到古特斯劳怎么走？"在这个项目中，他问了这个问题。虽然有点难，但我还是试着用一个老套的纽约笑话中的妙语回答了这个问题。时代广场里,一位游客正在问警察怎样到皇后区一个模糊的地址去。警察说:"你从这儿到不了那里。"也许这是一个对全球化怀疑主义者的咒语?

我不知道贝塔斯曼基金会怎么或为什么规定把这次行动报告给罗马俱乐部。因为它最出名的就是进行错误的预言。不管怎么说,我们本应该在波多黎各庞塞的一次大会上(应该是一年一次的聚会)向这个组织"报告"。贝塔斯曼的两个代表,我自己以及调查团队中的一些人都去了。这次会议给我的印象是:大多数到会者都是年老退休的大亨或者是很久以前的大亨,他们主要来自欧洲和拉丁美洲。很明显他们确实把自己想成了十分重要的人物。主持会议的是西班牙的王储,一个讨人喜欢的年轻人。穿着全套军装的军事助手一直跟着他(或许他的公文包里装的是西班牙核军火库的秘密钥匙)。我们说我们需要在会议中发言,但是我们被大多数的会议活动排除在外,因为那些都仅限罗马俱乐部的成员参加。这给我们的感觉,就像我们是一个四处流浪的乐师在贵族家庭进行了一段短暂的演出。最后我们租了一辆车围着小岛到处转悠。

《社会凝聚力的极限》(*The Limits of Social Cohesion*)出版于1993年,我不知道有没有人读了这本书,也没有见到评论。虽然它没有什么令人震惊的结论,但是对于某些国家的研究也是很有意思的。比如:科瓦奇的报告是关于在匈牙利后共产主义时期,布达佩斯和乡村平民主义之间旧规范冲突的再出现;方丹对学术机构如何把反知识分子的人和军事政权中较温和的元素结合起来进行了描述;塞诺夫·马丁(Serif Mardin,他是一名政治科学家,非常遗憾的是,他只是咖啡屋常客中的临时一员)的报告是关于西方派和土耳其穆斯林传统主义者之间持续存在的冲突的;贝恩斯坦讲述了南非民主转型期间大产业所扮演的角色，这是一个令人陶醉的故事。也许这项调查最有意义的发现就是不同类型的机构都可以调解规范冲突，比如：非政府组织、宗教机构、公司甚至是国家机构（贺炜优莱格就讲了一个政府作为调停者成功解决了一项冲突的案例。这是发生在南太平洋法国属地的一件事。新喀里多尼亚的政府成功地解决了当地美拉尼西亚人和欧洲人之间的冲突）。

我个人认为，这是对超越种族歧视的南非项目调查中所得见解的补充说明，即无论小型还是大型机构都可以在社会中起到中介作用。当然这和隐藏在"中介结构"理念中的反政府偏见有关。我和诺伊豪斯在《权力下放》（To Empower People）中提到过（顺便提一下，诺伊豪斯为超越种族歧视的南非项目写了一份关于教会角色的报告。咖啡屋的成员都拥有一种"不可磨灭的性格"，这是来自天主教对神父的一种定义）。

贝塔斯曼项目有一个小小的但很令人愉快的续集。根据我的提议，我们邀请托马斯·乐格曼（那时他已经是康斯坦茨一位著名的教授，是社会学某个"流派"的中心人物）作为这个项目会议的评论家。之后我和他被邀请在贝塔斯曼出版的系列丛书中写一个小册子，大意为"文化定位"（cultural orientation）。1995年我们出版了这个小册子，名为《现代化、多元化和意义危机》（Modernity, Pluralism and the Crisis of Meaning）。能够再次合作真是一件美妙的事。即使人们说我们在这里所表达的内容并不是十分新颖也是很公平的。我们主要关注的是现代社会中支配一切的和理所当然的意义秩序的缺失，由于各种原因我们两个之前已经提到过很多次了。

就我个人认为，这本小册子是首次把相对论和基要主义派之间的二分法解释为一枚硬币的正反面，也就是说：现代多元主义。乐格曼针对纯日常对话中的道德判断进行了多年的实证调查，大多数是在德国。他的一个发现是支配地位已经被与宽容相关的价值体系所占用：宽容已经成为相对主义者世界观中唯一活着的绝对道德准则。不管怎么说，我们没有加入到四处弥漫的无意义的现代社会的悲叹合唱中去。我们强调，即使整个社会都沉浸在意义匮乏的状态中，还有一种"共同体意义"（communities of meaning，我们自己的术语）可以支撑个人去生活。乐格曼非常有效地使用了他的妻子贝妮塔（她是一位政治科学家）发明的一个观念："小小的生活世界"，它可以为普通人提供意义（事实上就是"文化定位"）。

生不逢时的三本书

20世纪80年代，我写了三本书。第一本是和汉斯弗雷德·凯尔纳（Hansfried Kellner，我的妹夫）合写的，第二本是我和布丽奇特合写的，有点像工作上的家族企业。我自己写了第三本书。这几本书都不算成功。这个事实对作为一名社会学家的我来说是很重要的。

和凯尔纳写的那本书叫做《社会学的再解释：对方法和天职的短评》（*Sociology Reinterpreted: An Essay on Method and Vocation*），出版于1981年。事情的起因是我们俩和布丽奇特的一段对话。当时我们正在讨论不幸的二分法将会主导这两个领域：认为只有计量方法才是正确的科学以及为了得到意识形态上的拥护玷污了所有关于科学客观性的宣言。布丽奇特说："你们两个为什么不合写一本关于方法论的书呢？"嗯，然后我们就写了。结果发现这本书谈到了更广范的内容，因为我们也提到了作为一名社会科学家的职业伦理问题。

我们并不打算将这本书写成一本特别原创性的著作。这是把马克斯·韦伯（Max Weber）和阿尔弗雷德·舒茨（Alfred Schutz）两者理念混合在一起之后对社会学理解的有力再说明。一开始我们形容社会学是一种"观看的方式"。中心篇章名为"解释的行动"。在这一章凯尔纳的贡献是完美的，他将方法论发展应用到舒茨的现象学中，在这一点上他是很有能力的，比我强多了。但是我们不想让这本书成为一本卖弄哲学学问的枯燥的书。我想我们成功地把一系列观念表达得很生动，甚至令人愉快。

这一章的主要例子是一个有点粗俗的插图：一位从美国中西部毕业的社会学研究生，她是一位年轻的女士，正在加利福尼亚一家酒店里参加一场学术会议。在和一位女士聊天的过程中，那位女士突然邀请她去楼下参加一个放荡的聚会。这个活动的重点是，从这一刻起，我们这位年轻的女士必须参与到一系列的解释行动中来；而这些解释都是以明显的问题开始的："我没听错吧？""你在开玩笑吗？""这是诱惑女同性恋者的聚会吗？"接着，我们一步一步地跟着她把这件事吸收进她的"知识库"里，成为她可以使用的知识。首先是作为一个在特定美国环境中的社交人，其次是作为一名社会科学家。

这里主要用到了舒茨的"典型化"（typification）和"相关结构"（relevance structure）概念。一旦这个研究生开始解释这件事，一系列可能有的典型化就会起作用。所有与此事有关的典型化都会组织起来去解释这件事。比如说，作为来自中西部的人，她在考虑的一个典型化是"一个加利福尼亚人的生活方式"：这种方式对正在发生的事情有什么解释吗？随着解释行动的推移，不同的相关结构都开始活动——也许有一个色情的解释（她可能对此很感兴趣），或者只是简单的好奇（加利福尼亚人真的是这样吗?）。但是之后，如果她能最终记得起自己是一名社会学家的话，所有不同相关结构的训练就会化成意识（大会酒店里的放荡聚会适合我们所知道的专业阶级文化吗?）。如果她决定进行一个关于社会科学家参加大会时的性道德的系统调查项目，这将会有更多更严格的包含一大堆理论和数据的相关结构。所有这一切的发生都和这位年轻女士所熟知的最基本的总体形势有关。

我们把这个故事和另一个故事结合在一起，故事中的人物被邀请去参加的不是一个放荡的聚会，而是一个活人献祭的仪式。这是一个完全不熟悉的环境，所有的相关结构都要从头开始建造。毋庸置疑，我们在其中得到了很多乐趣。

当然我们在这里的主要目的是详细地阐述社会学相关结构的具体特点。我们用这个观点来为理想的和实际的客观性的可能性作辩护。我们也论述了社会学分析和人类自由的观点是相配的，并且对它的政治蕴涵是有益的。对社会学的理解可以帮助人们反对任何一种形式的盲信。社会学不应该成为意识形态的工具。社会学家一定会在客观观察者和道德参与社会者之间找到一种平衡。我们称这种平衡是社会学家的"双重国籍"（dual citizenship）。

这本书没有引起太多注意。在社会学杂志上只有几个温和的批评评论。看起来没有人特别讨厌这本书，也几乎没有人特别喜欢这本书。

我和布丽奇特合写了《家庭之战：占领中间地带》（*The War over the Family: Capturing the Middle Ground*），出版于1983年。这更像是她的书而不是我的，因为她已经专攻家庭社会学这块领域好多年了。这本书结合了社会学的分析以及"中间地带"的政治立场主张。书的大部分内容主要描述和分析了女权主义对传统家庭进行的猛然袭击。首先是贝蒂·弗莱顿（Betty Friedan）1963年出版的书籍《女性的奥秘》（*The Feminine Mystique*），接下来是1973年最高法院对罗伊·范·维德案的宣判引爆的一场彻底的"文化战争"。尽管许多社会上的保守人士很厌恶这件事，但20世纪60年代没有对强奸罪行进行过有组织的抵抗。到了70年代事情就变了，社会保守人士（大多数都是从宗教立场出发）开始组织并且运用政治势力来抵制这一行动。许多人都在吉米·卡特身上寄予了厚望。吉米·卡特宣称自己是一个福音派信徒。卡特当上总统后，他们都对他极其失望。一个关键事件是由卡特主持的一个会议。最初宣传的是白宫家庭会议，后来在女权主义的压力下重命名为白宫众家庭会议。这些发展导致了一个极化型的政治，直至今天还有很多迹象存在。一方面赞成大家庭和反对堕胎（"反对人工流产合法化"，pro-life）的运动合并在了一起，另一方面赞成堕胎（"主张人工流产合法化"，pro-choice）的运动和其他一些社会进步因素结成了联盟。可能更多是因为巧合而不是因为深思熟虑的决定，社会保守主义者成了共和党的主要支持者。社会激进主义者成了民主党不可或缺的组成部分。堕胎成为两边空谈理论的一个石蕊试验。

　　书中还涵盖了布丽奇特一个相当仔细的中心假说描述：与现在人们持有的观念相反，核心家庭（从一个较大的亲属关系分组中分出来的父母和孩子组建的家庭）是现代化的产物。布丽奇特论述说这种家庭形式是现代化的一个原因。这种假说得到了相当大数量的历史证据的支持，是原创的，也很令人震惊。随着资产阶级的崛起，现代化核心家庭变成了目前的模式。因此传统家庭（traditional family）这一术语很容易让人误解，"传统"的意思至少应该有两百年以上的历史。

这种理解并非偶然，它对保守主义以圣经为根据的现代家庭观提出了质疑。人们可以从十诫中的第十条诫命里看到完全不同的圣经家庭观，在那里妻子和其他一些财产项目列在一起，比如说牛（当然那是希伯来语圣经；但到了新约时也没有变得更好）。

不管怎么说，资产阶级家庭带来了一场革命，一场不断加速的平等主义革命。它改变了配偶之间以及他们与孩子之间的关系。

我们讲到，现在正处于被攻击境地的资产阶级家庭是让孩子们适应社会需要、逐渐变成一个有责任的成年人的最好环境，而这是一个成功的民主国家的先决条件。这个论述既不是哲学观点也不是神学观点，而是以布丽奇特读到的实际例证为基础。然后我们对资产阶级家庭进行了一个合理的辩护。这是一个真正的"中间地带"，惹得两边都不高兴。

让激进派生厌是因为我们为一个他们认为是实施压迫的机构进行了辩护，我们在堕胎问题上采取了一个微妙的立场，拒绝了他们死板的"主张人工流产合法化"的立场。让保守派生厌的是同一个原因（我们没有接纳同样死板的"反对人工流产合法化"的立场），还因为我们从历史的角度质疑了他们认为资产阶级家庭过于"传统"的观点（更不用说基本的自然法则了）。为了让每一派都保持同等厌烦，我做了一个补充。其中，我对语言学上修订的两个现代版本的词语进行了对比：早已被禁止的"下流话"（dirty talk）——我称此为"神圣的上帝说教"（Goshspeak）和最新的"专属的性别"（gender-exclusive）语——我称之为"男女平等主义说教"（Femspeak）。我们没有谈到同性恋婚姻，因为当时这还不算一个议题。

讨厌也好,喜欢也好,一些人对这本书还是很关注的。罗伯特·科尔斯(Robert Coles)在《纽约时报书评》上发表了一份赞同的评论。某个社会学期刊在对一些书进行评论时也顺带评价了一下这本书。但这本书的命运预示了接下来发生的事情。从20世纪80年代一直到90年代,布丽奇特一直在继续研究这个项目。她发表了一些文章,但她的主要作品《现代家庭》(*The Family in the Modern Age*)直到2002年才出版(在被一些出版商拒绝以后,最后由欧文·路易斯·霍洛维茨的出版社 [Transaction Publishers] 出版了)。这本书更充分地说明了她的中心假说:资产阶级家庭与三个核心现代体制的重要关系——资本主义经济、民主国家和公民社会。

当然它再次反对了激进意识形态在堕胎问题上的非教条立场。它和左派的思想也不一致,因为它强烈支持资产阶级家庭特享一个法律地位。现在也明确地反对同性恋婚姻,用一个非常谨慎的观点,不对同性恋关系带有任何的敌意。我们没有这样的敌意,但是我们倾向于相信孩子们能够被亲身父母养育是最好的——这是一个假设但最后被新的数据证明是假的。同时同性婚姻似乎很匆忙地弱化了长久以来存在的一个体制(也就是说,婚姻仅限于异性夫妇),这也是很轻率的决定。同性家庭对法律上的不满可以通过其他途径得到解决,比如说合同或者是公民联盟。

对保守主义意识形态的反驳,如果有什么区别的话,就是更尖锐一些。不仅因为书中讲述了一种"错误的"堕胎立场,更因为作者对离婚和婚前同居采取的是宽容态度。可能正是这些原因为资本主义家庭提供了支持。前者是指人们从一个已损坏的婚姻中走出来可能会进入到一个更好的婚姻,后者是指人们通过社交进入一个需要高标准的适应性生活中，这在情感上是接受一夫一妻制关系监管的。这本书受到了一个中间偏右派的出版社的好评。

第三本书，是我自己写的，书名是《资本主义革命》(*The Capitalist Revolution*)，出版于 1986 年。我在这本书里充分说明了资本主义是唯一一个可行的发展模式。该书一共有五十个议题。书中讲到资本主义是最合适的制度，它可以为大多数人提供一个相当不错的物质生活，也可以创造一个合理的、拥有同等机会的社会，还可以产生一个能够为人类权柄和自由提供保障措施的政治政权。然而，这本书并不是一个宣言。它的议题都是以假设的形式提出的。我想欧文·克里斯托尔（Irving Kristol）出版的一本名为《给资本主义的两个欢呼》(*Two Cheers for Capitalism*) 的书籍很好地体现了我这本书的主旨。1991 年，我看到大多数的社会主义者认为可替代的资本主义已经瓦解时，我为这本书的平装版写了一篇新的介绍，用以说明我的论述在不断地扩充中。这么做对这本书也没有什么帮助。

书最开始发行时，确实得到了很多好评。大家也有很多评论。大多数评论都是可预测的：中间偏右派出版物大都给了好评，自由派的都是批评意见（比如《纽约时报书评》和《新共和国周刊》）。然而这本书只产生了一点点影响力便不再出版了。几年后我发现这本书成了一个亚文化群意识形态——自由意识主义者——的重要参照依据。由于我只给了资本主义两声不太热情的欢呼，他们还有点责备我。有些人真是难以取悦。

下面对这些书进行一个稍微令人沮丧的总结。20 世纪 80 年代，别人很清楚地感觉到我和布丽奇特对极化文化和政治局势的疏远，我们自己也是很清楚的。随着 20 世纪 60 年代那一代人开始占据有影响力的位置，我们很快便注意到他们在主流文化和学术界留下的印记。社会学的颂歌"阶级、种族、性别"已经开始主导这个学科大部分领域的工作；四散的左自由主义思想已经开始在很多地方变成了坚固的令人压抑的正统。

有一段时间我们在新保守主义的环境中待得还不错（并不是偶然，我们从基金会对该环境的资助中获得了可以进行我们工作项目的基金）。1986年，我和布丽奇特在《评论》杂志上发表了一篇文章《我们的保守主义和他们的保守主义》，这篇文章清楚说明了我们和他们旧有的社会文化保守主义之间的区别是什么（这篇文章是由布丽奇特参加的费城学会的一场会议引发的。在这场会议中新保守主义遭到了非常愤怒的攻击）。让人感到讽刺的是，从那时开始，新保守主义自己进入到了保守主义者的联盟中去了。首先是在性政治方面，然后是支持乔治·布什充满危险的对外政策。堕胎成为中间偏右派各种小圈子中死板的石蕊试验。我们对这件事以及其他相关事项的中间立场一直都让周围的人感到很厌烦。

我记得和诺曼·波德霍雷茨（Norman Podhoretz）的一场对话。那时我们的关系变得很好，现在也是。和他的妻子蜜琪·戴克托尔（Midge Decter）的关系也很好。当我们提出中间立场时，他强调说中间立场是一种幻想。当然这点他错了。大量精确数据显示大多数美国人在容易产生分歧的极化意识形态界都是保持中间立场的。然而，他的观点是一种自我实现的预言。它适合新保守主义运动的观点。同时作者也描述到宗派氛围是两边结盟的积极分子的标志（从人数来看双方都是少数派，却可以畅所欲言并且组织有序，因此对社会产生了巨大影响）。

在整个大环境中，我个人的政治疏离在1997年达到了某种终点。在我的老朋友理查德·诺伊豪斯（Richard Neuhaus）开办的《第一要务》杂志上展开了一个关于美国政治体制是否依然合理的讨论议题。其中一些文章比别处的文章更刺耳，但总体的趋势是说美国的体制不再合法了，因为它已经允许堕胎了。最刺耳的文章是诺伊豪斯编辑的，他在文章中把美国的堕胎和大屠杀进行对比。根据迪特里希·潘霍华（Dietrich Bonhoeffer）参与谋反推翻了纳粹政权这一点，诺伊豪斯还提到了基督徒抵抗暴政的权利。

我一开始就是这个杂志编辑部的一员，但当诺伊豪斯变成一位非常保守的天主教徒后，我就对这个编辑部越来越教条化的色彩感到厌烦。我觉得这个话题正在步入右翼民兵组织的领域，于是我就从编辑部辞职了。其他一些和编辑部有关系的人对此也感到心烦。蜜琪·戴克托尔给编辑部主任写了一封信，指责了诺伊豪斯的社论，但她没有辞职。只有格特鲁德·海默尔法布（Gertrude Himmelfarb，她是欧文·克里斯托尔的妻子）辞职了。在此我增加一点：一直到最近诺伊豪斯去世，我们俩一直保持着友谊，但当年的同志之情却再也不能修复了。

当人们都在彼此对战时，中间派的人在职业上也不能得到太大发展。因为没有加入到任何一边的武装部队里，布丽奇特比我付出了更大的代价。在人们对"性别研究"（gender studies）的支持下，布丽奇特对家庭社会学的研究几乎被消灭了。我稍微幸运的一点是，我一直对几个领域保持观望的态度：相对发展社会学来说，宗教社会学没有太多卷入到这场文化战争中来。而且我以前（现在也是）在神学上是比较自由的，但在政治上却是温和保守派。这让人们有点混乱。另外，喜欢我神学思想的人们会愿意忘记我的政治立场，反过来也是这样。

我记得几年前我曾问过一名社会学家她的专业是什么,她回答说是"受害者心理学"(victimology)。尽管这个术语现在已经非常普通,但当时对我来说比较新颖。我不想在这个高贵的领域做一个自传体贡献。我和布丽奇特都没有受到太大的逼迫。她有一份相当不错的工作,我的也很成功。但在这本讲述我作为社会科学家人生发展轨迹的报告中,是很有必要提及这个轨迹中的文化和政治环境的。

在最后几页,实际上也在这本书的其他篇章中,我提到了我和布丽奇特主张的几种政治立场。我们所讲的这些观点和我们俩多年来一直持守的客观性观念并不矛盾。客观性适合一位社会科学家去理解这个世界。它没有描述出他的整个生活。用韦伯的术语来表达就是:科学,如果它将成为科学的话,就必须要"价值中立"(value-free)。但是一个"价值中立"的科学家多少有点像道德上的怪物。

"双重国籍"(dual citizenship)的观念可以很好地解释这种关系。社会科学家身兼两职。他是学者群体中决心从事某一个特定分析标准的一员。他也是政治共同体中的一员,和其他人一样,受制于同样的道德考量。两种职分是非常不同的。为了维护公告的诚实度,社会科学家常常需要说明自己是在哪种特定的职业里作出这个说明的。

或许我过度地使用咖啡屋来比喻方法论的习惯。它可能只是一种简单的现象,是对我维也纳血统里浪漫影像的反应。它肯定不想传达一种令人生厌的受过训练的学术努力。它想传达的是针对这样的努力和事情发生的社会环境应该有的一种特定态度。这种态度是无偏见的、不把个人看得那么重要的、可以加强理解的一种让人欣赏的风格和智慧。更重要的是，这是对一个非常重要的见解的比喻：人生中只有极少的快乐事情可以与在一个理想的环境中和那些智慧的、能言善辩的人们进行持续性的对话相提并论。我会再加一个政治上不正确的评论：如果喝着令人兴奋的咖啡、再被辛辣的烟草浓雾包裹着的话，这个对话就变得更美好了。

第八章 指挥家而不是独奏者

这几年我越来越明白，如果我想继续从事很多自己感兴趣的课题的话，需要来自不同领域的合作者，而且我越来越相信一个跨国的比较视野是今日社会科学工作不可缺少的。于是我就幻想这样一个场景：在一段持久的时间里，一群来自不同学科、不同领域的人们聚集在一起工作。1985 年这个幻想变成了现实。约翰·西尔柏（John Siber）委托我在波士顿大学成立一个新的调查中心，专门用于研究普遍经济活动中的文化基础，尤其是资本主义经济。我个人认为，虽然我们没有用类似宗派的术语，但很明显这是一个"新韦伯主义"议程。我们称这个幼小的机构为经济文化研究所。随后，为了配合捐赠人的兴趣而不是我们自己的兴趣，我们改了两次名字：第一次改为宗教和世界事务研究所，第二次改为文化、宗教和世界事务研究所（Institute on Culture, Religion and World Affairs）。为了方便，接下来我会一直使用 CURA（文化、宗教和世界事务研究所的简称）来称呼它。研究中心的议程没有改变。我成了该中心的主管，这个位置决定了接下来 24 年我作为社会科学家的工作。

开始做时我们很谨慎。最初运作时，只有我和一位兼职秘书，而且在大学教授项目中是没有办公室的。过了一段时间，波士顿大学给了我们一间属于自己的办公室。之后我又收到了一小部分津贴，可以聘请一位兼职助理来帮助我筹集资金并把调查议程概念化。很幸运我找到了胜任这份工作的人：劳拉·纳什（Laura L. Nash）。她学习的领域是古典学，当时她来哈佛商业学院做一个商业伦理的项目。她在 CURA 待了几年，之后从最初的管理角色改为进行自己的调查项目。让我惊讶的是我们的资金筹集得很成功。我以前从没做过这个工作，一开始感觉很尴尬。之后我很快就抓住了一个事实：基金会需要我就像我需要他们一样——他们不得不以获得津贴来维持生意，只是有很多可行的计划充斥在他们周围。

两种类型的基金会支持了我们。第一种是亲资本主义方向的基金会——他们认为 CURA 和他们有着一样的偏爱（这点是正确的），那它的调查发现肯定对政治有利（尽管我们经常澄清我们是一个调查中心，不是宣传机构）。第二种基金会没有什么特定的意识形态定位，他们只是对针对公共事件进行的客观调查感兴趣。在不到几周的时间里，一个基金会放弃了我们。他们坦白地告诉我们，这是因为我们没有积极地分享他们的右翼议程。更巧的是，另一个基金会拒绝我们的申请是因为我们的观点太右翼了。这两个拒绝让我很安心。在接下来的年日中一直和我们同甘共苦的基金会是林德和哈里·布兰得利基金会。虽然其中也有一种政治偏向，但他们明白非意识形态、"价值中立"调查的重要性。

我们在 CURA 的前五年里开始了一些大规模的项目，但重要的变化发生在 1990 年。故事的发生会让人们惊呼"只有在美国才会这样！"，欧洲人是无法理解的。南卫理公会大学想招聘我去他们学校。我感觉自己离开波士顿大学的愿望不是那么强烈，而且也不太想住在达拉斯，所以反应相当消极。但是他们以一种非常美好的方式坚持邀请我,所以我就去学校走了一趟。我和院长面谈了很久。他给出了更高的薪酬,但是我说我已经挣挺多钱了。他说可以减轻我的教课工作量,但是我说我非常喜欢上课。他变得相当恼怒:"你到底想要什么?"

我告诉他我正在努力发展的调查中心,他对此表现出了极大兴趣。

第二天他就安排我在石油俱乐部和来自石油企业的五位巨富一起吃午饭。我们坐在摩天大楼顶层的餐厅里,那里可以看见达拉斯市中心所有的摩天大楼。有那么一会儿我想到了(或许有点亵渎吧),魔鬼把耶稣带到一座山顶上把天下万国指给他看。我讲了我心里所构思的内容。其中一个人在一张信封的背面乱涂了一些东西,然后问我说:"一千万美元的捐款够你开始发展吗?"我回答说,我想应该够吧。他点点头说:"好吧,那我们可以讨论一下。"

不用多说,我相当忧愁地回到了波士顿。我把达拉斯之旅只告诉了两个人:布丽奇特和我在学校最好的朋友霍华德·凯(Howard Kee,他是一位著名的新约学者)。凯没跟我说就把这事告诉了西尔柏。两天后西尔柏给我打了个电话:"伯格,我知道你现在正和南卫理公会大学沟通呢。"我承认了这件事。西尔柏接着说:"我只认为德州可以给波士顿大学下邀请函,没有其他的地方。来见我吧。"

我们见面后,他说波士顿大学没有那种可以拿出一千万美元的富校友,但是他给我提供了四条路线来获得研究员、支援幕僚和更大的住宅。我当然接受了,因为我不需要住在达拉斯了。CURA搬到了一个引人注目的地方,就在校园外面。我开了一个招待会,请了一支墨西哥街头乐队来庆祝搬迁之喜。于是我们在喇叭发出嘟嘟的"瓜达拉哈拉"声音中进入了CURA的历史新时期。

CURA 给人的印象是多产的。CURA 被赞助的调查项目最早写成的书籍出版于 1990 年。到了 2009 年中期，这个数目已经达到了一百（我们从没有费心去做一个文章列表）。这个数字稍微有点错误，因为其中也包含了一些外国翻译版本和一些小册子。但是其中确实包含五十本英语原著作品。当然并不是所有的书都是高质量的，但其中一些已经成为特定主题的参照依据。我想我们对这个结果已经很满足了。（祖鲁谚语：如果我不敲我的鼓，谁会敲呢？）1985 年以来我自己作品的写作格式有了很大改变。我自己写了一些书，有些书的主题不在 CURA 议程范围之内。但大部分书籍却有助于为 CURA 其他人的工作筹集资金。换句话说，大部分时间我的角色是指挥家而不是演奏者。有时（后面我会讲到）我还担任第一小提琴手，也就是说，我自己指导了一个调查团队。

用筷子或不用筷子的资本家

　　如果把 CURA 所有的项目一个一个地讲一遍的话将会非常枯燥。我会讲一些重要的事件。总体来说，主要是两个议题——伴随着经济行为的一般文化和伴随着经济行为的特殊文化：宗教。我们用经济文化（economic culture）这个术语（我想应该是我们提出来的）来表示第一个议题，故意和俗称的政治文化（political culture）作类比。我们决定通过观察东亚伟大的经济成功这一惊人现象来解决这一议题。20 世纪 80 年代中期，我们开始这项调查时，中国大陆仍然遭受"文章"冲击时的经济灾难的剧痛。第一个成功故事当然是日本，接着是号称"四小龙"的韩国、中国台湾、香港地区和新加坡。可能最有趣的发现是海外华人，这是一个世界上可以证明的在经济上最成功的群体。我们的第一个项目就是研究这个值得注意的群体的经济文化。什么样的文化因素可以解释这样的成功呢？

该项目是由戈登·雷丁（Gordon Redding）指导的。他是一位英国管理专家，时任香港大学商学院的院长（后来他去了欧洲工商管理学院，那儿的商学院离巴黎不远）。雷丁肯定了解"后儒家的假说"（post-Confucian hypothesis），但他并不怎么关心这样一个广泛的历史问题。相反，他想要找出隐藏在这个群体每日经济行为里面的世界观和价值系统。雷丁和他的同事们采访了中国香港、台湾地区和新加坡中国公司的执行总裁。

我在香港参加了一次会见。那里的场合令人着迷。雷丁一次邀请了五个商人在香港希尔顿大酒店一间私人房间里吃晚饭。享用美食期间，没有谈及严肃的话题，但是人们一直在喝酒（在当时的环境，这应该是一个重要的方法论工具）。咖啡上来后，雷丁（是一位优秀的采访者）用几个问题开始了讨论。他不需要长时间地带领大家讨论。很快他的客人们开始彼此采访，他能沉住气，只是偶尔插进他们的对话中，确保磁带录音机一直在工作状态。我怀疑这种模式是否可以复制在其他地方。毕竟这些人是中国人：他们非常自信、喜欢享用美食，即使喝了很多酒也不会醉，而且他们很喜欢讲话。在这特定的环境里，雷丁的方法论（如果可以这么说的话）实践地非常好。

在第一个项目中，雷丁写的书《华人的资本主义精神》（The Spirit of Chinese Capitalism）出版于1990年。它的调查结果是令人惊叹的。他描述了一种显著的世界观：人们必须用机智和无情去和一种无处不在的不安全感进行斗争。他也提到一个以家族为中心的价值体系。形成这种价值体系的最重要的原因是：家族成员是唯一可以信任的人。由于这一原因,理想的中国商业是家族企业。和它的定义一样,家族企业相对来说不是很大——如果生意做大的话,人们就没有可以委以重任且又值得相信的亲戚了。那些大型的中国公司,大都倾向于把总公司保持在小型状态,比如说航运公司。与日本的经济文化有着很大差别,日本人擅于成立大型组织机构。与此相反,大多数成功的中国商业都很小、以家族为基础、非正式,因此灵活性很强。

此后CURA一直关注东亚发展。按照雷丁的"比较资本主义"(comparative capitalisms)议程,他又继续研究了东亚和东南亚的商业文化。1990年,魏乐博(Robert Weller)成为CURA的一位研究助理。他是一位人类学家,也是一位汉学家。他在该地区进行了很多调查,其中包括实行经济改革之后的中国大陆。

关注东亚的一个结果是我和萧新煌合写了一本书《寻找东亚的发展模式》,我在第五章已经讲过了。其中包含有下面几位朋友的卓越贡献:古斯塔夫·帕帕内克(Gustav Papanek,他是波士顿大学的经济学家)、白鲁恂(Lucian Pye,他是麻省理工学院的政治科学家)以及大山岩宗像(Iwao Munakata,他是东京上智大学的社会学家)。

CURA也赞助了一个关于日本经济新个人主义趋势的小型调查项目,是由邦子宫永(Kuniko Miyanaga)指导的(他是一位人类学家,与东京的一家调查中心有联系)。

2008年我们与上海复旦大学一起合作开办了一个夏季研讨会,主要探讨当代世界的宗教。为了准备这个项目,我和一些同事在北京和国家宗教事务局的人一起开了个会。这是中国政府管理全国宗教活动的一个机构(顺便说一下,其中包括佛教圣人准许的轮回)。

他们允许我们继续举办这个研讨会。

这么多年来，CURA 进行了许多研究不同经济文化的项目，有些是历史中的，有些是当代的。克劳迪奥·贝利斯（Claudio Veliz，他是波士顿大学教职员工中的一位智利历史学家）写了一份关于北美洲和拉丁美洲两个不同方向的经济文化的报告。我们出版的第一本书是由谢莉·格林（Shelley Green）和保罗·普瑞德（Paul Pryde）写成（两人那时都是自由顾问），主要是关于美国黑人经济企业的。汉斯弗雷德·凯尔纳和劳拉·纳什参与研究了美国和德国治疗学方面的人事政策。亚诺什·科瓦奇（Janos Kovacs）指导的项目是欧洲一些前共产主义国家的资本主义过渡问题。布丽奇特编辑了一本关于"企业家文化"方面的书（不知道是什么原因，这是 CURA 唯一一本被翻译成阿拉伯语的书籍）。我可以继续讲下去。但这已证明得很清楚了：我们的调查并不仅限于那些用筷子吃饭的文化人群。[①]

人们自然会建议我们，对经济文化的集中研究应该和经济学家合作。我们试过，但总的来说我们失败了。结果发现，经济学家是社会科学家群体中一般来说不可能一起合作的群体。科瓦奇显然是个例外（这应该和他来自中欧有点关系吧）。令人奇怪的是，我们在通常被认为是来自对立意识形态阵营的两小拨经济学家中找到了似乎可以合作的人。首先是被称为奥地利经济学派的拥护者，因为他们的标志性人物弗里德里希·哈耶克（Friedrich Hayek）对历史非常感兴趣。其次是发展经济学家，如果一个人经常奔波于远离家乡的异国他乡，他就一定要接触文化。彼得·柏特克（Peter Boettke，乔治梅森大学）属于第一个群体。古斯塔夫·帕帕内克属于后者，我们之间的互动很有成效。我们遇到的其他大多数经济学家都是无动于衷的，就像基要主义毛拉认为，除了据称亲自显示给他们、而且只是显示给他们的语言之外，其他都是微不足道的一样。

CURA开始工作不久，我们和一群讲究实际的人在一起开会讨论经济文化的概念。他们中多半经济学家是和公共选择学派有联系的。我认为后来他们更喜欢人们称他们是"理性行为者"（rational actor）。这场会议是完全的惨败。每次我们这边的人说点什么，他们中就会有一个人把刚才说过的话翻译成他们自己的语言。曾经有一个发言者试图去解释移民政策的决定因素是动机而不是合理的经济利益。实际上，常常是经济上的无理性。他们坚决否认这一点，并维护说在这个领域的所有动机都是以经济合理性为基础的。

被激怒的发言者问道："难道你不承认有些人这样做是因为良心的原因吗？"

"啊，是的"，其中一个经济学家说道，"良心——我们称它为内部的定价控制"。

我当时正在主持这场会议，按理说我应该保持公平，但我当时失去了冷静。我讲了下面这个故事：我之前有一位同事，他是一位有修养的教会历史学家。但他之所以有名气，按他自己的想法，是因为他是讲拉丁语口语的美国社会的创建人和领导者之一。因为拥有这种能力，所以他将连载漫画《弹簧小子》（pogo）翻译成了拉丁语。我总结说："人们必须问的问题是——把《弹簧小子》翻译成拉丁语能得到什么呢？"

那些经济学家没有理解我讲的重点。我早就应该知道，千万不要和毛拉们讲笑话。这件事以后，我把这事对伯纳德·路易斯（Bernard Lewis）叙述了一遍。他是一位杰出的伊斯兰学者。他点了点头说道："我一直思考写一篇经济方面的论文。到目前为止我只写了开头：'在人类思想史中科学产生了迷信，天文学产生了占星术，化学产生了炼金术。那从经济学中能产生什么呢？'"

我们曾经想把经济文化的概念做成一个合订本。一直没做，主要是因为我们都忙于做一些不怎么雄心勃勃的项目。但过了这么多年我得到了许多有价值的结论，都是关于文化和经济活动之间的关系的。更重要的是，这种关系并不是自变量和因变量之间的单向关系，也就是说文化决定论和经济决定论两者都不能解释所有的事情。当人们受到强大的宗教或者政治思想鼓舞时，就是文化在主导着这种关系。（其他时间通常都是经济合理性坐在驾驶员的位置上。我怀疑应该是在轻微情绪充斥的环境中。）理论假定两个决定都倾向于扭曲现实。

举一个"经济主义"（economistic）的例子来解释：圣战主义者的人体炸弹。在这里，他进行的是合理的成本效益分析——从一方面来讲，他被炸毁了；从另一方面来看，他期待着 70 个处女的奖赏。再举一个"文化主义"（culturalist）的例子来说明东亚的经济奇迹——筷子，不管用它们夹什么，每次都可以成功。

我发现用它来解释"比较文化优势"（comparative cultural advantage）更方便。比如说：在东南亚经济发展中，人口统计学上不成比例的华裔人士，虽然一些支持"大地之子"的马来族国家曾齐心协力地歧视他们，但他们却是掌控着大部分经济的少数人口。当然并不是所有的华人都是成功的，当然也有一些成功的马来人。但是"比较文化优势"的概念可以很简单：中国人占优势。

另外一个重要结论：这种优势并不是一直都在，也许不会持续太久。文化因素中的经济功能可能"潜伏"了很长时间，当环境变化时就突然开始运转。这种变化可能是无意识的、计划外的，也有可能是故意设计的。传统中国文化，尤其是儒家思想所宣扬的，并不赞成经济事业。不错，国家有商人阶级。但商人阶级是从属于鄙视肮脏的赚钱方式的官吏们的。他们喜欢更高雅的成就：背诵经典文本或者在丝绢网上画龙。当中国移民不得不在雅加达或者马尼拉的街道上存活下来时——远离了官吏们（这点指的是三兄弟想要分一杯羹的行为），后儒家学说德行突然爆发了它的经济功能。这种发展当然不是由某个人计划的。但是中国大陆的经济改革也产生了同样的文化动员——这里的环境变化是政治计划的结果。

关于潜伏的类似情况还有被日本明治政权故意设计的改革。它从封建思想改革变成了现代化的经济文化。这个例子可以用来解释带有文化特质的经济优势不会持续太久，或者换句话说，都会有一个"截止日期"。武士道转变为后封建伦理，这在日本的工业经济发展中起到了重要作用。今日的日本已经进入了一个以知识为基础的后工业化经济时期。可以证明的是，日本商业的旧伦理——高度纪律性的工作习惯和对公司的忠诚，以前通过这两者都可以获得终身职业的荣誉——已经不再有效了。现在更多提倡的是快乐主义和个人主义价值观。

还有另外一个重要观察：经济功效价值不需要平等地分散到整个群体当中。经济中的推动力常常被看作是创业的"先锋"。竞争的雄心、生活纪律和承担风险的价值可以让经济蓬勃发展。剩下的人群可以继续过一个更悠闲的享乐主义生活。举一个比较个人的例子吧：维持一个能够承担像我这样的人的社会，也是需要一个积极专心工作的先锋的。

如果这个先锋属于大多数人群中的一个不同种族，那将会带来潜在的道德败坏。嫉妒可以成为一种爆炸性的政治力量。欧洲的犹太人和离开家乡的华人就是典型的例子。他们的历史故事是人们反对他们自身经济合理性的悲惨故事。欢迎犹太人进入他们领地的欧洲统治者们知道杀鸡取卵、断绝财源是非常愚蠢的行为。参与屠杀的充满愤恨的农民可不这么认为。

我记得我和南非一些黑人的对话。他们对拥有持续特权的占有少数比例的白人群体表达了强烈愤恨。白人是憎恨种族隔离政权终结的。我说我可以理解他们的感受，但是我建议他们有一种情感体验：暂时忘记这些人的种族。只看他们的经济效用，这是国家需要的，尤其是黑人需要的。然后把他们当做有待开发的经济资产，不是为了白人的缘故，而是为了黑人的缘故。我的论述并没有说服他们。

资本主义和民主的关系，更具体地说是商业在向民主过渡时的作用，这个主题并不完全属于经济文化的范畴，但在后期的超越种族隔离的南非项目中占据了我很大的注意力。很明显，商业在南非的变革过程中起到了重要作用。有人从这件事中得出结论了吗？20世纪90年代初期我和安·伯恩斯坦、博比·戈德赛尔进行了许多对话。从这些对话中产生了一个在许多国家研究这个主题的项目。伯恩斯坦是这项事业的主要人物，也是把这个项目结果整理成书的主要编辑。书名是《商业与民主》（*Business and Democracy*），出版于1998年。我想这本书在南非以外没有受到太多关注，但在后种族隔离时期政府从事亲资本主义经济政策期间起到了重要作用。这和过去的马克思主义是非常不同的。

CURA的一些中坚分子对这个项目做出了贡献：古斯塔夫·帕帕内克、戈登·雷丁、罗伯特·赫夫纳、劳拉·纳什，以及迈伦·韦纳，他是麻省理工学院的政治科学家，和我们相处过好几年。

在这个项目中有一件事一直留在我的记忆中。我们在香港有一个会议。雷丁安排我会见了一些商业巨头。伯恩斯坦当时正处于南非民主政治胜利的兴奋状态,在会议中他变得越来越不安,因为大部分商人对民主政治明显不感兴趣。他们首要关心的问题是接下来中国共产主义政府将要接管香港,到时这个城市充满活力的经济是否能够继续发展。对伯恩斯坦冲击最大的是他和一个年轻的、新型的、经营非常成功的航空公司的对话。当被问到民主问题时,他说他可以用三段论来解释他的观点:"民主政治意味着一个福利国家。我们知道一个福利国家不利于经济发展。因此,我们必须反对民主政治。"

这本书的结论并不令人震惊,但和我早年写的《资本主义革命》(The Capitalist Revolution)却很一致。商业不一定需要繁盛的民主政治,但是这两者也不一定会带来民主政治。然而,它可以释放社会压力,最终带来民主化的影响。商业在国家之外创造了一个社会空间,最终会变得有重要的政治意义。商业带来了经济发展和现代化,这两种发展都喜欢民主政治。我们采纳了雷丁发明的一个短语"增厚的公民社会"(thickening of civil society)。

他在项目中的一篇文章里用到了这个词,用来分析上海新开市的证券交易所的非经济后果:所有的后果都超出证券交易所的掌控范围,而且是计划之外的。比如说:证券交易所需要训练有素的会计和可靠的金融新闻。它自己不能满足自己在这些方面的需要,国家也不能。因此就出现了培训会计的学校和委派这些学校的独立机构,这些都是初期公民社会的材料。同样地,也出现了经济新闻媒体。它独立于证券交易所,也独立于国家。当然这些媒体都是非政治性的,至少最开始是这样的。他们的出现当然不能预告着新闻自由的到来。但是，再一次，社会空间的对外开放带来了民主政治的可能性。

书中最有争议的部分是一个讨论：在非民主政权下要经营一个成功的商业企业的条件是什么。这些条件给人的第一印象是愤世嫉俗的，经过再三分析后，发现他们进行的是一个真实的评价。书中的例子是伯恩斯坦和戈德博尔在南非的经历。如下所述：

政府对国家的控制是有效的，而且它也有能力在很长一段时间里提供一个稳定的社会环境。国家追求智能经济和社会政策，也就是说，它赞成经济发展，并且关心人们的福利。国家可以控制全部的恐怖行动，而且（有点像犬儒主义）腐败必须被控制在"合理界限"内。

与这个条件有关的是我和帕帕内克的一次有教益的对话。我们同意，在某些特定的环境里，在一些可预言的情况中，腐败可以成为经济发展的一个有益因素。我们也同意这种益处是有限制的。我问他为什么经济学家不能从"好的"腐败中区分出"坏的"腐败来。他回答说他可以做这件事。之后他发表了"帕帕内克腐败原则"（Papanek principle of corruption），说明"腐败是不会超越腐败本身的"。

他举了一个例子：如果政府首脑为他妻子的叔叔安排了一个什么都不用干的职位（事实上也许他会有一个不配电话的办公室，仪式上他每个月来领一次薪酬），这种情况是可以接受的腐败。由于这个职位，他得到了一大笔工资，住在政府提供的别墅里，开着政府提供的奔驰。然而，如果这个职位在某个经济部门被赋予了真正的权利——比如说破坏由政府控制的电力公司的权利——这就是不可接受的腐败。

这本书是以一个商业电话的例子结尾的。只要有可能，这个商业电话就会进入到公共提示音，并拒绝为此道歉（这是许多国家一个不幸的商业习惯）。从此这就成了伯恩斯坦的一个重要研究主题。

这项研究进一步加深了我长期怀揣的另一个认识（有哲学和社会学双重原因）：呼吁自身利益比呼吁道德更容易。肯定是有道德辩论的地方，也有人会被道德辩论说服。但是人类的本质是：人们更容易欺骗自己的道德，而不是欺骗自己的自私行为。因此一位智慧的权谋政治家会借着与人们自私目的的合作来达到道德上的满足。他不会与人们公认的价值系统合作。这个一个更大赌注的问题。

南非的经历就是一个很好的例子。也有一些像哈里·奥本海默的人，因良心的缘故他们反对种族隔离（即使这样做会损坏他们的自身利益，他们还是会这样做）。当南非白人精英不得不面对由荷兰归正教会实行的对种族隔离最终的谴责时，道德诉求也起到了作用。但从商业的角度来看，包括南非白人因素，它只是加入了反种族隔离阵营。因为商人们相信目前的状况将会损害经济的发展。

同样地，讲究实际的中国商人不会因为听到了一些悦耳的自由和人权的演讲就会变成民主主义。相反，他们需要一个论述：从长远角度来看，一个资本主义政权更有可能带来商业所需要的稳定环境。人们应当尽量和逻辑制度合作。商业的逻辑制度是追求利润。想要商业变成一个道德行业就如同要一头大象跳踢踏舞那样困难。黑格尔用过一个生动的短语："理性的狡黠。"（the cunning of reason）我来改述一下这句话：为了在真实世界获得道德结果，应该练习良心的狡黠。

"马克斯·韦伯依然活着,而且活得很好,他现在住在危地马拉"

世界上大部分地方,当人们提到文化时,它指的是宗教。和我被错误地称作神人无关,CURA 很自然地一开始就集中大量精力调查宗教方面的事情。我们关于宗教主题的第一个调查项目论述了地球宗教现场中最令人着迷的现象——五旬节派的爆炸性发展。这个主题一直是 CURA 的议程。

我在前面已经提到过,我第一次接触五旬节派并被它感动是我在东哈莱姆街道上做研究生调查的时候。这些年断断续续地我也碰到过一些现象,并且越来越关注它在世界各地的迅速扩张。因此我把这个主题作为 CURA 最早的研究项目之一也不是一个意外。我当时并没有完全意识到它传播的范围。之后我对它更加着迷了。

五旬节(Pentecostal)这一术语来自于《使徒行传》中的事件。当耶稣离开世界之后,他的门徒聚集在耶路撒冷准备过犹太人的五旬节(又叫七七节)。根据新约圣经的记载,圣灵降临在众人身上。五旬节派第一个最典型的特征是:胡言乱语,即"说方言"。对于旁观者来说,这是一种莫名其妙的话语,但信徒们知道他们在讲一种外语或者是天使的语言,又或者两者都是。说方言在宗教历史中是一个反复出现的现象,但严格来讲,作为新教福音派的一种运动,五旬节派是最近才出现的。据称要成为一名真正的基督徒,人们就要经历"圣灵的洗礼"(baptism of the spirit),然后会被赐予"属灵的恩赐"(gifts of the spirit,新约中的恩赐)。除了说方言之外,这些恩赐还包括医病的神迹、赶鬼、说预言以及(至少偶尔的）让死人复活。五旬节派宣称他们是从早期教会的习俗中复制过来的。这个宣称应该让安静的主流教会感到很尴尬吧，他们早都把这些习俗抛在脑后了。

就其本质来讲，五旬节派是自发的，经常是无组织的，也没有一个稳定的等级制度。因此很难详细说明它的界限。也会有一些带有五旬节特点的五旬节教派，但还有许多和五旬节教派没有什么关联的当地群体。我们用五旬节化（Pentecostalization）这个术语来表示这种神授能力的基督教外溢到主流宗教，甚至包括天主教的现象。

20 世纪早期发生过几件神授能力的爆发事件，但标志着现代五旬节派到来的关键事件是亚苏撒街复兴运动。1906 年，来自德州的独眼黑人浸信会传教士威廉·西摩（William Seymour），在洛杉矶亚苏撒街一个被遗弃的马厩里开始了服侍。他肯定是一个让人印象深刻的人物。不到几周的时间，他就召聚了一个相当大的聚会，而且是不同民族之间的聚会（这在当时的加利福尼亚并不是一件常见的事）。很快典型的五旬节派习俗就出现了。这件事吸引了媒体的关注。当代新闻报纸用一种娱乐的口吻报告了发生在亚苏撒街的奇怪事件。西摩和他的教会会众并不为此感到苦恼。他们开办了一个杂志，开始往美国其他地方差派宣教士，渐渐地派到国外。

在英国、瑞典和印度都有一些值得注意的五旬节派爆发事件。五旬节派成为美国新教中的一个重要成分。但真正的大爆发运动发生在二战之后，主要在亚洲地区，整个撒哈拉以南的非洲地区，最引人瞩目的是在拉丁美洲。

最近皮尤研究中心斥资 4 亿开展了一个在多国进行五旬节派研究的项目，这让五旬节派变成神授能力的基督教中一个更宽泛的类别。听起来可能有些夸张。但不管怎么说，自从亚苏撒街事件之后，五旬节派成为历史上成长最快的宗教运动。CURA 不该因为抛出了一个不重要的问题而被谴责。

我们在拉丁美洲开始了调查，第一个国家是智利。首席研究员是英国社会学家大卫·马丁（David Martin，伦敦经济学院）。关于这个主题的第一本书是出版于 1990 年的《火舌：新教在拉丁美洲的发展》（*Tongues of Fire：The Explosion of Protestantism in Latin America*）。此后，他和他的妻子柏妮丝·马丁（Bernice Martin，英国伦敦大学学院的社会学家）一起做这项研究。他研究了世界各地的五旬节派，又写了两本书，还有很多文章，有点像五旬节研究项目的院长了。人们经常问的问题是：一个人怎么对如此具有魅力的五旬节派作出解释呢？马丁给出了一个满意答复。

这个宗教提供了一种坚定的超自然信仰——能创造奇迹的上帝离人们并不远。它还提供了一个稳固的共同体。这个共同体可以给那些忍痛离开传统联结方式的人们提供社会支援。高度情绪化的敬拜方式给人们提供了一种心理宣泄方式，可以从压力和被社会存在边缘化的挫折中释放出来。宗教救赎和身体医治联接起来，正如拉丁美洲最常见的五旬节派保险杠上的标贴上概括的那样："基督是救赎者也是医治者。"在宗教、身体、心理和社会方面有一个综合性的允诺，马丁称此为"改善"（betterment）。信仰转变的重点——在圣灵里"重生"（born again）——是非常个人主义的。五旬节派提出了一个与众不同的个人主义和群体主义的现代性结合。同样地，它有跨越文化和地理界限的高适应性和"可输送性"。

最后同样重要的是，它为首次踏进现代化经济的人们塑造了一种美德：训练有素的生活方式、延迟的满足感、庄重、注重儿童教育以及男女之间的平等关系。这些恰恰是马克斯·韦伯宣称的"新教伦理"(Protestant ethic)的主要成分。他说,这是17世纪和18世纪在欧洲和北美洲发现的新教主义。因此我给马丁的项目起了个绰号:"马克斯·韦伯依然活着,而且活得很好,他现在住在危地马拉。"(危地马拉这个国家,我不太清楚是由于什么原因造成的,这个国家的新教徒比例最高。几乎三分之一的人口都是第一代的五旬节派。)

尤其是在拉丁美洲,这里有着强烈的反对大男子主义意识形态的女权运动。宣传者主要是男人,但倡导者和组织者大都是女人(比如劳军女郎,她们一家一家地走访,尽力帮助人们并邀请他们参加教会活动)。

马丁对五旬节"包裹"(package)的描述以及对五旬节派为什么吸引人的解释得到了广泛认同。但对于他的(我们这么说吧)"新韦伯主义"的假说有一个持续的辩论。一些学者怀疑五旬节派是社会流动性的传播媒介,而不是人们所谓的"船货崇拜"(cargo-cult)。后者是南太平洋的一种宗教运动,应许说即将到来的船只装载着现代化的成果,包括汽车乃至洗衣机。人们得到这些赠予的礼物,除了相信之外,什么都不需要做(可能他们还要给崇拜的先知捐款吧)。

在这场辩论中,我是和马丁站在同一条战线上的。因为它与我自己的观察和我对历史证据的阅读是相符的。但在这场辩论中,也有一个简单的共识:我们是在处理拥有庞大人口并且发生在许多国家的问题。如果人们这么说也是合理的:有些地方的五旬节派是"新教伦理",有些地方的五旬节派是"船货崇拜"。在此我重申一下我之前写过的企业家"先锋"(vanguards):五旬节派"新教伦理"就是这样一个先锋,因此它具有巨大的社会重要性。如果五旬节派只是祈祷、把钱放在奉献盘中、等待装载神奇现代货物的船只到来,那就没有什么实在意义了。

马丁在后来的一本著作中把五旬节派描述为"被禁止的革命"(forbidden revolution)。各地的知识分子更喜欢穷人的革命性转变,但他们并不喜欢这场革命。事实上,大多数时间他们都没有感受到它的发生。关于这一点我有一个生动的经历,那是马丁刚开始做调查我去智利访问时发生的事情。

我在圣地亚哥一个贫困的郊区拉·森塔纳待了一天,那里的居民80%都是五旬节派。一旦你走进村庄就会看到他们的不同之处。居民房排列得很整齐,有很多商铺和店铺,孩子们也穿得很漂亮。我对当时见到的劳军女郎印象很深。晚上我在调查中心参加了一个专门为这个项目举行的晚会。他们问我是否是第一次来智利,我说是的。然后他们问我这一天都去了哪儿。当我告诉他们我去了拉·森塔纳时,人们就变得很感兴趣:"但是那里都是新教徒啊!"然后说:"给我们讲讲那里的情况吧!"需要说明的一点是,这个郊区到举行晚会的地方只需要一个半小时的车程。很明显,没有人去过那里。他们让我这个第一次来到他们城市的人给他们讲那里的情况,就好像我刚从蒙古回来一样。

一周之后,我参加了一个讲座。这是一位杰出的进步天主教徒关于智利未来的讲座。我问他未来新教的地位会怎样。他回答道:"哦,那些都是一些未受过教育的人民。他们不会起太大作用。"那时智利的新教徒大约占总人口的15%。

CURA关于五旬节派的最新研究是在南非。调查中的主要假说是:五旬节派在南非的功效和在拉丁美洲是一样的。这个假说得到了调查结果的印证。我和一些同事参观了约翰尼斯堡教区的一个大教堂的主日礼拜。据说参加礼拜的人有三千。我们所看见的参加主日礼拜的人数可以证明,这是一个可靠的说法。通过停在外面的汽车和公交车来判断的话,在这个类似大谷仓的大礼堂中至少有七千人:85%黑人、15%白人,这是跨越阶级范畴的聚会。他们的声音当然是震耳欲聋的。不管是黑人、白人、穷人、富人,每个人都在舞蹈、喊叫,看上去很放松的样子。当天讲道的是教会的主任牧师。他是白人,以前是健美运动者,有点像重生的施瓦辛格。

如果没有神授的自信、能力和很大的声音,讲道的内容也没有什么。一共有两个主题。第一点上帝并不希望你变成穷人。因此第二点你可以做些事情。这个主题看起来像是成功福音的一部分:信仰可以让你变得富足。

我和同事们离开会堂之后,彼此询问是否不同意这个信息。我们觉着我们还是同意这个观点的,而且根据经验来说,这个应许并不是空的。如果人们真按照这个教会所教导的伦理来生活的话,他们肯定可以经历"改善"。也许他们不能变得富有,但他们很有可能逃离最惨的贫穷。值得注意的是,这间教会还开办了一所小型商业学校。因为是主日,所以学校关门了。但是我们拿到了一本手册。这个学校不是培训将来可以在跨国公司工作的人们,但是它教会了人们开办小型公司需要的基本技能。

天主教,不仅是拉丁美洲的天主教,都为不断成长的五旬节派感到烦心。这是可以理解的。它们也尝试过竞争:使用一些民间音乐弥散、治疗仪式,甚至允许说方言。然而它有一个最大障碍:天主教不能放弃自己的分级结构。如果它放弃了,那它就不是天主教了。

塞西莉亚·麦礼仕跟着我做了一个博士论文。题目是《面对贫穷：巴西五旬节派和信徒基础社区》（*Coping with Poverty: Pentecostals and Christian Base Communities in Brazil*），1994年由费城的天普大学出版社出版。根据它们面对极度贫穷的能力，她把巴西最贫穷的城市之一累西腓的三个宗教群体进行了比较：天主教"基础社区"的信徒（这是受解放神学影响的一个政治取向的群体）、非裔巴西人崇拜的信徒和五旬节派。她发现在面对贫穷问题时最后一个群体做了最好准备（并不是来逃避贫穷——累西腓也没有提供太多这样的机会）。作为一名天主教徒，她并不喜欢所得到的结果。但她的总结却是很有见解的：天主教一直宣称"优先选择穷人"（preferential option for the poor，这是1968年在麦德林的天主教主教会议上构想的一个短语，是拉丁美洲解放神学的极限）。但从语法中我们可以看出，教会本身并不穷——这是给穷人们的选择。相反，五旬节派教会是贫穷的。因此，穷人选择了它。

如果关于五旬节派的（我们这样叫它）"新韦伯主义"假说是有效的，那么新教在现代经济发展的初期依然有比较文化优势。换句话说，新教依然在帮忙。这并不意味着只有新教徒可以做到。CURA对社会学家称之为新教伦理的功能等同概念进行了一些项目调查。也就是说，价值系统是被带有主要伦理特征的行为模式灌输形成的，也就是韦伯的"此世的禁欲主义"（this-worldly asceticism）。如果没有这些特征，就不会有宗教产物。戈登·雷丁对中国企业家的商业习惯进行的研究很好地说明了这种功能等同。

我们一直想要却一直没有进行调查的一个机构是发展中社会的军队。通常在这样的社会中，军队是唯一一个被谆谆教导的机构，尤其是军官团。他们被赋予合理性、纪律性和庄重的价值观。人们不需对此感到惊讶：军队是这种社会类型的主要机构。这里肯定不需要任何的宗教产物。但由于这种关系里的某种利益，有两个传统的宗教通常被认为是与新教价值缺少关联的：天主教和伊斯兰教。

让我们明确说明，他们的早期历史已经表明这些传统是相当缺乏的（正如韦伯所说的那样）。但这并不意味着他们要一直继续同样的做法。CURA开展了一个研究，来调查近期西班牙历史中侍奉天主会的作用。琼·埃斯特鲁奇（Joan Estruch，巴塞罗那自治大学的社会学家）指导了这项研究，最后根据调查结果写了一本书。它被翻译成西班牙语、加泰罗尼亚语和英语三个版本，并且引起了相当大的关注。侍奉天主会以前是，现在仍然是一个在神学上极端的天主教秩序，包括神父和普通信徒。在西班牙以及其他地方，这种秩序主要集中渗透在政治、经济和文化精英里面。最开始它和弗朗哥政权就很接近。换句话说，它很难成为进步天主教心目中促进变革的一个组织。

结果显示的也是这样。在几年后的弗朗哥政权中，侍奉天主会的领袖认为，西班牙应该转向市场经济的发展方向。他们拥有一个非常好的地位去促进这场变革。在内阁中有好几位侍奉天主会的成员，这是对秩序产生总体影响的最佳状态。该政权开始了一个快速的经济现代化进程。除了别的事情以外，侍奉天主会还在西班牙开办了第一所商业学校。从该校毕业的学生在整个经济中都居于主导位置。

这件事变得有趣有两个原因。大部分和提出的问题有关。它证明了，即使是一个在神学教义上完全正统的天主教也可以产生一个令人奇怪的"新教"伦理。这个故事也是另一个韦伯主义见解的最好例证：未预期的后果的原则。侍奉天主会想要把西班牙变成带有资本主义经济的"完全的"天主教社会。正如侍奉天主会所期待的那样，西班牙发展出了这种经济模式。但它也开始了民主政治、世俗化和深刻的文化欧洲化，这些肯定都是侍奉天主会没预料到的。我总结一下埃斯特鲁奇的调查结果：侍奉天主会本打算把西班牙变成法蒂玛的郊区，但它却帮助西班牙变成了布鲁塞尔的郊区。（法蒂玛是西班牙的一个朝圣中心，据说是圣母玛利亚奇迹般显现的地方。布鲁塞尔是欧洲联盟的首都。加入到欧洲联盟里面——著名的法律——不仅仅意味着服从几千页的欧洲法律，还意味着要接受一系列的全欧洲文化。在这些文化中，除了其他内容之外，还包括欧洲世俗主义。我们稍后会讲这一点。）

罗伯特·赫夫纳（Robert Hefner）花了很多年去研究印度尼西亚的伊斯兰教，特别关注伊斯兰教士联合会。这是一个走明确的温和路线的大型穆斯林组织。②它不仅避开任何形式的圣战暴力，而且一直都很拥护民主政治、人权以及政教分离。在经济方面它赞成资本主义。别的事情不说，它会为年轻的穆斯林提供资金在现代银行（大多都是中国企业）里获得实习职位。

通过赫夫纳，我和阿卜杜拉赫曼·瓦希德（Abdurrahman Wahid）有过几次会面。他是伊斯兰教士联合会的领袖，也是印度尼西亚的前任总统，最近刚刚过世。我们有过一些有趣的探讨，包括民主政治、伊斯兰律法和宗教自由。我记得有一次我们聊到了经济。我问瓦希德他怎样使自己对银行业的观点与古兰经的禁止高利贷保持一致。他回答道："先知此时讲的是过高的利率。对于合理的利率来讲是没有问题的。"然后他又说了一些非常重要的话："不管怎样，古兰经不是现代经济的教科书。"

毋庸置疑，在印度尼西亚肯定有一些更传统的穆斯林声音。但这件事证明，一个明确的穆斯林运动可以赞成带有"韦伯主义"效应的价值观。这个运动在印度尼西亚并不微小（这并不是偶然的。这个国家拥有世界上最多的穆斯林人口，现在有一个合理稳健的民主政治）。

在穆斯林世界另一端的国家：土耳其，它与印度尼西亚有着相同的宗教和政治特点。目前它由明确的伊斯兰政府执政，并且申明自己是一个世俗共和国管理着的民主的资本主义社会。CURA 在土耳其对一个穆斯林企业家组织进行了一个小型的调查项目，但我们没有继续扩大这个项目。不管怎么说，印度尼西亚和土耳其都是人们探索伊斯兰和资本主义以及民主政治之间关系的主要国家。

说到天主教，我应该讲一件相当愉快的事情。我和里昂·克莱倪凯（Leon Klenicki）的关系越来越好。他是一位阿根廷拉比，当时正在反诽谤联盟研究犹太教和天主教的关系。他的一位朋友，是一个保守的哥伦比亚主教，刚刚成为一个重要的天主教组织的首领。他听了我和克莱倪凯关于解放神学调侃马克思主义的保留意见。他提议帮助组织一场会议，为拉丁美洲的天主教知识分子介绍一些其他的经济发展理念。我和克莱倪凯同意分担这场会议的开销，但他需要先获得老板的同意。

我们去老板在纽约的办公室见他。刚开始我没怎么说话，但是克莱倪凯一直不停地讲拉丁美洲的天主教、解放神学以及社会主义和资本主义的发展模式。

他的老板听得很认真，然后说道："你说的很有意思。但为什么是我们出这笔钱呢？"

克莱倪凯一时之间不知说什么好。我就插了进去："我可以回答这个问题。在拉丁美洲有三个可能发展的方向：传统独裁主义、社会主义极权主义、资本主义民主政治。只有最后一个对犹太人有利。"

他回答道:"你把我卖了。"

开会的地方在卡塔赫纳,是哥伦比亚加勒比海岸一个风景如画的港口。这场会议很有意思。一共有二十个天主教神职人员和信徒领袖参加。克劳迪奥·贝利斯(Claudio Veliz)发表了主题演讲,他讲得非常好。很明显,不管是从传统立场还是左派立场,这些与会人员从来没有听过完全不反对资本主义的论述。不知道这场会议有没有产生影响力。

20世纪80年代末期,乔治·威格尔(George Weigel,教宗约翰·保罗二世的传记作者)在华盛顿教皇特使的帮助下组织了一个小的考察团,去罗马探索梵蒂冈对经济事务的想法。这个小组里有我、理查德·诺伊豪斯(这是在他转变信仰前不久的事情)以及迈克·诺瓦克。那时我不知道诺瓦克非常积极地劝说教廷官员要对资本主义采取一个友好的态度,尽管他很努力,但不知道效果如何。不管怎么说,不久之后教皇发出了百年通谕,历史中第一次提到了天主教的社会思想,对市场经济作出了一个友好评价。(它在市场经济和资本主义之间做了一个区别,认为市场经济是好的,但资本主义是坏的。这个区别也有点道理,对传统主义者和进步主义者都给了一点甜头。但重要的是教皇通谕特别考虑到了欧洲即将瓦解的社会主义。)

我们在罗马待了五个工作日,采访了一些梵蒂冈官员,包括四名红衣主教。我对两件事印象很深刻。其中一个是罗马教廷的世界主义。20年前我主持"不信者的文化"会议之后就没有来过梵蒂冈。那时我见到的每一个罗马教廷的人都是意大利人。而这次我们见到的人中只有一位是意大利人,而且还是意大利裔美国人。我对见多识广、思想开明的对话者印象也很深刻(当然我们不会讨论教义问题)。

其中一个是红衣主教拉辛格——现在是教皇本笃十五世——当时给了我们一个小时的时间。他对世界问题的了解是广泛的。会见中的一个简短交流说明他是有先见之明的。我们问他关于教会和马克思主义的关系。他做了一个轻蔑的手势:"马克思主义已经结束了,它已经不再是挑战了。"之后我们问他下一个挑战会来自哪里。"伊斯兰教。"他说道。

对话结束之后,我与另一类型的人有了一次不期而遇。我和威格尔来到了一个地方,他让我在楼下等他一会儿,他去拜访一下他的朋友。于是,我在这个建筑物的庭院中等他。这里是拉辛格信仰教义大会机构的所在地(以前它是宗教法庭,人们禁不住要想地下室现在发生了什么事)。过了几分钟来了一个代表团,一群穿着民俗服装的巴伐利亚人。他们来拜访他们的前任大主教。大主教下楼见了他们。代表团的首领用口音很重的巴伐利亚语问候了主教。拉辛格用同样的土话回应了他,然后主教和他们一起唱"Bayernlied",这是一首非正式的巴伐利亚赞美诗。

CURA 没有忽略更大范围的福音派现象。尽管五旬节派是其中最具活力的部分,但也只是其中的一部分而已。重要的是人们要明白:根据南半球新教主义的特点来看,几乎所有的新教主义都是福音派,他们在神学上是超自然主义,在道德上是保守的。我们可以从最近对同性恋的争论态度中看出英国国教也是这样的。劳拉·纳什对一些美国商业中的福音派首席执行官进行了一项有意义的调查。[3]写这本书的时候,CURA 正在进行一个对福音派知识分子的调查项目,是由提摩太·沙(Timothy Shah)指导的(他是一名政治科学家,到目前为止还在皮尤宗教和公共生活论坛工作)。这项研究吸引了很多人参加,题目是"福音派思想的开放",预示着福音派进入了美国主流文化。会议上作主题演讲的是马可·诺尔(Mark Noll),他是一位杰出的美国基督教历史学家,也是一位著名的福音派知识分子(值得注意的是,他最近刚刚离开福音派的王牌机构韦顿学院,去了巴黎圣母院)。除了美国之外,还有很多需要拓展的调查计划。

我好像成了福音派社交圈受欢迎的人。虽然我经常诚实地说我不属于他们的团体(我是信福音的,但属于路德宗,并不属于福音派教会),但是我曾经为在学术界和媒体界占主导地位的福音派负面印象辩论过,并写过文章来反对这一观点。他们认为,福音派信徒的形象是咀嚼烟叶、和自己的姐妹同居并且加入右翼义勇军的人。这种形象从来没有得到过经验证实,它早就远离了今天的现实世界。

CURA 还对基督教世界的另一个地带进行了探索。这是一个为期三年的研究,主要研究民主政治和俄罗斯东正教之间的关系。这项研究是由克里斯多夫·马什(Christopher Marsh,贝勒大学)指导的,他是专门研究后共产主义社会的政治科学家(他是一位非凡的多才多艺的学者,熟练地掌握俄语和汉语。因此他成为一名杰出的武术家也绝非偶然)。这项研究出版了很多成果,主要集中研究拥有政府和主教职权的官方机构。④它和我的博士研究生因纳·内勒彤娃的调查是一致的。她研究的方向是东正教的大众运动,具体指朝圣活动和街头集市。结果我得到的概念是两种同时进行的不可思议的没有一点关联的发展进程:普京政府和东正教之间越来越亲密的关系。关于这一点给人的感觉就像回到了十月革命之前的时光，在普通百姓中间兴起了一场真正的东正教复兴运动。这些百姓对后共产主义宗教的政治影响不感兴趣。

关于这一点我印象最深刻的就是在圣彼得堡大教堂参加礼拜的人员。教堂里全是人，一看就知道他们不是观光者，而是礼拜者。事实是：我本来期待看到一群带着老婆婆头巾的老妇人，但我通过人们的穿着发现这里年轻人、老人和中年人、富人和穷人都有。这个地方挤满了充满活力的虔诚人。

在华盛顿特区和维也纳会议之后，我们在莫斯科也有一个启动会议。我们主要的对话者是卓别林大司祭，他主管莫斯科主教辖区内的对外关系。他是一位善于处世的自信的中年男子，英语水平也很好。在华盛顿威尔逊国际中心他作出了最令人震惊的评论：这是一个毫无歉意的反威尔逊主义意识形态的声明。下面是卓别林的原话：

> 根据我们的观点，我们认为最理想的政治形式应该是旧约士师时代的政治形式，士师直接从上帝那里领受命令。不幸的是这种形式是不可能的了。除了士师时代之外，最好的政府制度应该是政教完全联合的君主政体。最坏的处境是无政府状态。我们已经决定要避免无政府状态，民主政治是一种可接受的政府形式。

这种明确的支持，之后被政治权利、人权和宗教自由权等各样的限制包围（在 1997 年，当时的法律严格地限制这样的言论，东正教差一点成为国教，也因此危机四伏）。

1996年，他们邀请我在华盛顿高级国际研究学院开一个关于宗教和世界政治的系列讲座。讲座的内容随后出版成了一本书，名字是《非世俗化的世界》（*The Desecularization of the World*），这也是我主题演讲的题目。尽管题目选得很烂（书中讲述了世俗化到非世俗化的顺序，从历史观点上讲是让人误解的），但这本书很成功。现在还被人们广泛引用。这也是我自己早期世俗化作品的浓缩精华。CURA一些行家也参与了演讲：乔治·威格尔（George Weigel）、大卫·马丁（David Martin）、杜维明（Tu Weiming，他是哈佛研究儒家思想的学者，也是CURA非常受欢迎的新成员）、格雷斯·戴维（Grace Davie，埃克塞特大学，她是英国最优秀的宗教社会学家之一，我们稍后会讲到她）。

这些年我一直尝试寻找宗教和现代化之间的不同关系。我发现以色列社会学家什穆埃尔·艾森施塔特（Shmuel Eisenstadt）提出的一个观点可以很好地形容这种关系，叫做"多重现代性"（multiple modernities）。我之前总结过现代化不一定意味着西方化。在讲座中，我尽量讲明一点：现代化不是走向西式社会的分阶段发展过程。我称后者为现代化的电动牙刷理论：把一个电动牙刷扔到亚马逊热带森林里，一代人之后这个地方就变得像克利夫兰一样了。日本靠自己走向现代化的例子可以证明这个理论是假的。

戈登·雷丁对"资本主义"经济的研究得出了一个类似的结论：中国式的资本经济和日本资本主义不一样，美国资本主义和欧洲资本主义也是不同的，欧洲各个国家的资本主义也有不同的地方。艾森施塔特的观念扩大了这个议题。事实上并没有单一形式的现代化。相反，有很多途径可以实现现代化。当然，它们都是有共同特征的，否则现代化的特殊概念就没什么意义了。这些特点基本上都包含在《无家可归的知识》中的"内在包裹"里——科技和官僚主义致使结构合理性成为必要。但是这些结构有很宽范围的变化可能性，事实上是一个万花筒式的文化可能性。

法国在中东进行"教化使命"的第一个实证就是拿破仑军队对埃及的入侵。当时就已经讨论过文化的可能性了：留下的穆斯林怎么会接受从法国带来的科技呢？19世纪最后几十年里，当西方帝国主义渗透进中央帝国时，同样的问题也在中国被激烈地辩论过，当然掌管日本明治政权的寡头政治集团成员的讨论更激烈。

当世界各地开始寻求一个他们喜欢但又不会破坏自身文化模式的现代化版本时，这个问题就不再只是学术界的兴趣，它也带有巨大的政治重要性。举一个亚洲价值观的辩论为例：首先开始于新加坡政权，现在正在被中国当局大力推广。中国现代化的模式有什么特别之处吗？如果有，那是什么呢？在政治上，独裁主义政权可以把这场舞文弄墨变成禁止批评的理由。在使用这些意识形态时，限制有问题的"多重现代性"是错误的。这里的适当关心不需要给民主政治和人权加标签的独裁者有任何的关系，这与文化是不符的。一个虔诚的穆斯林怎么会积极参与到现代化的利益中呢？什么是真正的天主教现代化模式？非洲人有没有现代化？我认为诸如此类的问题会在21世纪得到广泛讨论。社会学家可以为这些论题做出贡献（也就是说，他们可以让自己从过去几十年受束缚的方法论和意识形态难题中解放出来）。

第九章 担任第一小提琴手

最近十年我亲自指导 CURA 进行了三个调查项目,这些项目都是我最感兴趣的。它们分别是全球化的文化形势、欧洲和美国的宗教差异以及相对主义和基要主义之间的辩证逻辑。

电脑和印度教

全球化项目是 CURA 从皮尤慈善信托基金会收到拨款的众多项目中的一个。该基金会指定 CURA 为十个"跨学科宗教研究的卓越中心"之一。一般情况该项目研究的对象是文化,并不单纯是宗教。但皮尤对此并不介意。因为该项目是皮尤提供资金(它也为其他项目提供过资金),所以我们不需要节省经费。这项调查持续了三年,一共走访了十个国家。调查团队的最后一次会议是在百乐宫举行的,这是洛克菲勒基金会一个奢华的中心,位于意大利北部的科莫湖。科莫湖是地球上最美的地方之一(我曾称它是证明上帝存在的一个证据),但是我不喜欢这个中心,因为它给人的印象是炫耀且很势利的。该项目的所有研究报告都整理在 2002 年《全球化大趋势》(*Many Globalizations*)这本书中。[①]该书很受欢迎,现在也仍然被人引用。

我和塞缪尔·亨廷顿（Samuel P. Huntington）一起合作完成了这项计划。他是哈佛一位卓越的政治科学家。项目接近尾声时，我们俩的关系开始变得紧张。表面上看是因为在资金分配上的不同意见，但我认为亨廷顿越来越不舒服，是因为调查结果并不支持他的"文明冲突论"（clash of civilizations）。然而，亨廷顿的学术贡献是非常重要的。尽管从个人角度来讲，我们俩从来没有合得来过，但我还是从他受益颇多。或许他也会抱怨，除了一两个例外，整个团队的成员主要是（我们这么说吧）CURA成员，其中有（根据他们在书中出现的顺序）萧新煌、图拉西·斯里尼瓦、汉斯弗雷德·凯尔纳、亚诺什·科瓦奇、安·伯恩斯坦、阿图罗·方丹和詹姆斯·戴维森·亨特。

其中几个国家的调查数据非常丰富，在这里简单的总结是不够的。这本书的题目非常巧妙地概括了它的主要结论：世界上并不是只有一个可以以不可阻挡之势影响整体全球文化的文化，而是有很多种文化。我们并不否认事实上确实有一种遍及世界各地的全球文化：西方化。这种文化主要以美国为起源，使用的是英语，而且国家的人口构成都是差不多的，并不分种族或者种族本源。同时，我们也指出，这种综合文化并不是世界上的唯一主导力量，世界各地以不同的方式消化并接受了它。有些反应是消极的接受，而有些反应则是坚决抵抗的。我们也从社会精英和大众两个层面区分了这种文化。

从精英层面来讲，亨廷顿很恰当地称之为"达沃斯文化"（Davos culture）。这个词来源于一年一度的瑞士世界经济论坛。这种文化的人口组成部分可以描述为经济或者政治类型，再加上稀疏的公共知识分子。这些公共知识分子要么被邀请去参加了达沃斯会议，要么（也很重要）将来可能会被邀请去参加。还有另外一种看起来不是那么有力度的精英群体，我称之为（我不太喜欢这个称呼）"教授俱乐部文化"（faculty club culture）——这是一群国际知识分子，在达沃斯的意识形态中总体上都是左翼。当有些商人开始反对环境污染，而有些学者开始享受资本主义的报酬时，这个界限就变得很模糊。对于局外人他们给出了选择。因此科瓦奇很生动地描述了那些前共产主义欧洲国家想要西方化的人们需要做一个选择：他们想要模仿哪一种西方化——华尔街还是伍德斯托克。不管怎么说，两边的精英都输送了正确的西方价值观和生活方式。如果你愿意的话，可以称他们是西方帝国主义文化的代理商。

从大众层面来讲，尤其是大众文化，同样也是西方化，从内容上来看主要是美国文化。世界各地的人们（主要是年轻人）跳舞用的是美式音乐、穿的是美式衣服，立志要过好莱坞式浪漫的生活，并把美国俚语的错误发音吸纳进自己的语言中。还有一点，民众运动也是这种新兴全球文化的一部分。有些是政治上的，比如女权运动、环保运动，或者丹尼尔·埃尔维厄－莱赫尔（Danièle Hervieu-Léger）的"普世教会的人权运动"。我坚持认为，应当把福音派新教当做一项重要的民众运动。尽管它有不同形式的本土化，美国人也很喜欢它。

当这一切都在实际进行时，也有一些重要的对抗文化的力量。斯里尼瓦用反扩散（counter-emissions）来形容这些力量。一些来自拉丁美洲（骚沙音乐），一些来自非洲（曼德拉衬衫）。但最主要的反文化力量来自于亚洲。有些人可能认为这只是表面现象，比如寿司或咖喱的消费（虽然有些人会辩论说个人所使用的物品并不是表面问题)。另外还有一些更明显的本质性的东西,像武术或者所谓的灵性。英国社会学家科林·坎贝尔（Colin Campbell）2007年写过一本书叫做《西方的东方化》(*Easternization of the West*)②。换句话说,印度和尼泊尔的部落居民改信五旬节派了,但是印度教和佛教也投桃报李。成千上万的美国人和欧洲人都在用莲花坐的形式冥想,试图去和树的灵魂沟通,并且相信轮回。

我已经讲过：不管是西方化还是东方化,人们可以通过亵渎的和神圣的特征来区分这两种类型的跨文化消费。有时这样的消费就是一种微不足道的偏爱。人们不需要通过吃汉堡来吸收美国文化,也不需要通过吃寿司来吸收日本文化。改述弗洛伊德的话语：有时汉堡就只是一个汉堡而已。正如詹姆斯·沃森（James Waston）在对东亚各城市的麦当劳餐厅的绝妙调查《东亚的金色拱门》(*Golden Arches East*)中所表达的那样,麦当劳只是人们长期以来吃饭的地方。但是在麦当劳刚出现的时候（比如几年前刚到中国大陆的时候）,它被视为美国文化的庙宇——每吃一口都意味着对美国现代化的替代性参与。相反,美国人只是为了身体健康而去练习瑜伽。但很明显,瑜伽所代表的意思比这更多：它是某些印度教徒或佛教徒对自身和世界观念的一种国际化表现。

几个月前我和一位年轻的美国人有过一次对话。他想要在南方的一所福音派大学开设一门武术课。院长和他谈了很久,确保他会教导基督教的武术。一开始我觉得这个故事很好笑,就像人们被要求去教导基督教篮球一样。进一步考虑后,我总结出了院长的重点：人们可以简单地把武术当成是一种防身技术,但它也可以被赋予更深远的意义——一种反复教导如何通往灵性道路的学科,这和圣经的人论是不一致的（至少福音派是这么看待这个问题的）。

斯里尼亚对印度的调查报告中含有最具启发性的说明，全球化并不是一种单一性的不可阻挡之势。印度人认为：人类的创造性行为都是对神明创造性活动的复制。可以说明这一点的是，在一年一度的宗教节期中有一个传统：工匠们会崇拜自己本行业的工具。斯里尼亚的调查主要集中在班加罗尔的电脑行业。这是印度最新经济浪潮中最重要的产品，它的职员都是一批现代化的精英。在上述的宗教节期里，工程师和技术人员给电脑带上花环，并用印度祭祀中用到的全部物品围绕电脑，在他们自己的行业工具前虔诚地合手。这是真正的多重现代化！

伯恩斯坦对南非的调查报告中记载了本书中最有趣味的故事。它描述了后种族隔离政权对定义"彩虹国度"新身份所作的努力。政府设计了一面新国旗和一个新的盾徽。盾徽上全是非洲的图像，需要加一个题词。这就出了个问题。原来的盾徽上面的题词是拉丁语，但拉丁语显得太以欧洲为中心了。新的南非有 11 种官方语言：9 种非洲语言，另外加上英语和南非荷兰语。这意味着实际上唯一的官方语言是英语。但官方语言不能享受被放在盾徽上这一特权。

解决问题的方法是使用克瓦桑语来题词。这是本国已经灭绝的一个土著居民的语言。直译的读法是："！KE E：XARRALLKE。"塔博·姆贝基总统解释这句话的意思是"不同民族团结起来"（diverse people unite）。因为没有人知道这句话该如何发音，因此《星报》给出了一个发音指导："（吸气音）-EH-AIR-（吸气音）-gaara-（吸气音）。它解释是这样的：第一个吸气音是通过轻轻用舌头抵着上颚发出的；第二个吸气音是压着舌尖抵着前面的牙齿发出的；第三个吸气音是通过嘴巴两边吸气发出的。"我想总统是不会给大家演示这个练习的。

不幸的是，故事并没有到此结束。整个国家只有两个研究克瓦桑语的专家，两人是两个不同的南非机构里的学术人士。其中一个人设计并翻译了上述的格言。另外一个人说这种翻译是错的。相反，它的意思是"不同民族在小便"（diverse people urinate）。因为没有第三个专家来调解这场争论，因此这件事就一直没有得到解决。也许两个都是对的：人们一起小便是不同民族团结在一起的标志。用总统的话就是："这是一个承诺，承诺重视生命，尊重所有语言和文化，反对种族主义、性歧视、沙文主义和种族灭绝。"不管实际情况怎么样，正如伯恩斯坦观察到的那样："即使不会读或者不明白这句格言，南非也将会团结在一起。"

全球化项目也给了我一次珍贵的机会，能够亲眼确确实实地看到一个社会问题。土耳其的报告是由两位定居在安卡拉的社会学家提供的。我之前从没去过那里。这趟旅行我是和布丽奇特一起去的。我们计划在伊斯坦布尔度假，那是我们认识相恋的地方。和这些调查者吃饭时，我们问他们安卡拉有没有什么旅游胜地。他们没想出多少，但建议我们去看一下凯末尔·阿塔图尔克的陵墓。那是土耳其共和国创始人的圣像。我们去了。和陵墓连接的博物馆一般。但令人震惊的景象是站在陵墓的小山顶上所看到的城市全景。安卡拉最近几十年迅速扩张，从安塔图尔克的中心一直向外扩张。我们当时旅游的时候，城市中心只能看见一座大的清真寺。别人告诉我们那是沙特阿拉伯人建造的。但是围绕着中心一直蔓延到天际，可以看到一圈新的居民区。每一个人都有一座清真寺。因此，人们可以确确实实地看见被伊斯兰尖塔包围着的安塔图尔克世俗共和国。这是当代土耳其社会和政治现实的真实写照。不仅土耳其人，其他所有人都在思考这种张力将会得到怎样的解决。

德州商人和伦敦愚蠢的看门人

CURA 在另外一个项目上花的时间更长。我认为这是宗教社会学的一个主要问题：美国和欧洲在宗教方面的差异。这个题目说明了宗教和现代化问题的战略重要性：如果如世俗化理论所宣扬的那样现代化会产生世俗化，那么美国就有一个主要问题——一个明确的现代化国家也拥有蓬勃发展的宗教。

我先在《国家利益》杂志上发表了一篇这方面的文章，然后组织了一个 CURA 的工作小组来调查两个问题：①一般人们所认为的不同在经验上是否是有根据的？②如何解释这种不同？这篇文章作为这个调研项目的出发点，也成为随后出版的书籍中的一章。但很自然地随着项目调查的继续，论述也改变了很多。

尽管人们给出了各种不同的避免直接答复的保留意见，但基本上第一个问题的答案都是肯定的。如果仔细地详加研究的话，人们就会发现美国的宗教并不像最初看起来的那样，而欧洲也不是那么世俗化。而且欧洲的各个国家也有很大的不同。然而，这两个大陆的差异已经足够了。至于第二个问题，没有单一的因素来解释这些不同之处。历史中的重要发展很难成为单一原因。我们提出了一个相当长的起因列表。当人们认真考虑所有的起因时，这些差异就不再是一个谜了，反而变成可以解释的了。

我的文章是由我记得的两个插曲开始的。这两个插曲很简洁地概括了两个地区之间的不同。第一件事情：当时我正在德州一家饭店吃早饭。邻桌两个穿西装的中年男子正在读报纸。他们看起来像是商人。有一个人抬头说："中东的事情又升温了。"另外一个人说:"嗯。"第一个男人接着说:"就像圣经预言会发生的那样。"另外一个人点了点头,又说:"嗯。"然后他们俩就接着读报纸了。让我震惊的是:如果是波士顿两个吃早餐的商人,他们会有一个类似的交流,但参考的是《纽约时代》杂志的专栏,而不是圣经。

另外一件事发生在伦敦。一个礼拜日的早晨就我一个人,我想如果能参加英国国教的礼拜就好了。我来到门厅接待处,看门的是一个年轻的小伙子,胸牌上写着"沃伦",讲着一口清楚的英国工人阶层的口音(显然不是巴基斯坦的实习生)。我问他能否告诉我最近的英国国教教区在哪儿。由于某些原因我补充道:"英国国教。"他冷漠地看了我一眼,然后问道:"和天主教有点类似的吗?"我说:"不完全是。"他摇了摇头,然后帮我在电脑上查了一下。结果他给我的地址是错的。

在我发表的文章中我没有讲到续集。那周之后我经过皮卡迪利大街(没有注意到它著名的极度奢华的配置)的圣雅各教堂。我看到一个通告说当天晚上有一场礼拜。我决定参加,期待能够看到令人沉醉的晚祷之美(最好是国教祈祷书的形式,这是一项被一个礼拜仪式的改革者委员会提前拆毁的工作,它把英文中一篇不朽的作品翻译成容易让人联想到邮购目录的文本)。我进去的时候,里面大约有八个人。其中一个人穿着白色衣领的神职人员服饰,合着双手坐在圣坛的前面。教堂其余的地方都是空的。这几个人看上去很沮丧。当他们看见我时一下子就精神了。穿着圣职衣服的那个人用动作示意我加入到看上去像是感受交流的小组中。我赶紧离开了那里。

CURA工作小组几乎是由几个欧洲国家专门研究当代宗教的所有学者组成的。这个小组于两年内在柏林新教学院见了三次面。该项目的指导人员是法国社会学家丹尼尔·埃尔维厄·莱赫尔。因为要接管法国研究生社会科学教育中心的工作,她离开了这个项目。之后是我和格蕾丝·戴维一起指导这个小组。小组的成员作出了一些非常棒的报告,但是我们却不能找到出版社(可能这本身就是一个有趣的事件吧)。最后这本书出版时有三位作者:我、戴维以及艾菲·福卡斯(Effie Fokas,她是一位年轻的希腊社会学家)。他们之间的关系有点像使徒传承:福卡斯刚跟着戴维完成了博士学位,而戴维是大卫·马丁的学生。

2008年《宗教化的美国和世俗化的欧洲?》(*Religious America, Secular Europe?*)[3]在英国出版。这本书是在伦敦经济学院约翰·米可斯维特主持的一场讨论会上开始的。从现在写这本书的时间来评价那本书的反应稍微有点早,但是看上去对那本书的反应还不错。很公平地说,不管是在写作还是一起签署这本书的时间,戴维都是最重要的一位作者。她之前的一本书《欧洲的特例》(*The Exceptional Case*),出版于2002年。书中非常明确地表达了我们论述中的主要贡献,也就是说它的观点是与传统观念相反的。传统观念认为,美国是一个特例。毋庸置疑美国是特殊的(并不是所有地方都是吸引人的),但讲到宗教时,它就不是特例。正如世界上其他国家一样,美国是宗教化的。欧洲是一个特例。必须要解释一下这种特例。

我们提出了一个混合性的解释因素。最重要的一个因素是教会和国家的关系。在这点上我们并不是原创——亚历西斯·托克维尔(Alexis de Tocqueville)是这方面的权威。但是我们很成功地把这种观念合并到社会学的论述框架里。不仅国家的权力机构对教会不利——所有对国家的愤恨都自动转变成对教会的愤恨——而且关于宗教的法律确定已经是很久的事情了。有些已经逐渐消失，有些已经被废除了，因此人们只把教会当成一个公共事业（戴维的术语）。当人们需要它的时候它就是有用的，而且不需要人们付出什么努力。这是大部分欧洲的情况，不管是天主教、新教还是东正教都是一样的（虽然英国或者荷兰不会这么严重）。

与此相反，在北美洲以英语为母语的殖民地中并没有成功地把某种宗教确定为国教。马萨诸塞州和弗吉尼亚州曾经尝试过，但他们遇到的困难是一个根深蒂固的宗教多元化主义。美国宪法第一修正案通过规范性原则加强了实际需求——宗教自由成为美国政治信条中最主要的一个支柱。关于这点的社会学结果很简单，却极其重要：不管喜欢与否，宗教机构已经成为一个相互竞争的志愿团体。不是经济学家的人也会说这种竞争有助于各自的成就和革新。美国宗教机构中出现了一种特别的形式：教派。历史学家理查德·尼布尔（Richard Niebuhr）对它的定义是：一个教会接受社会中存在的其他教会。

在历史观点上也有一些重要不同。美国的宗教改革和大多数欧洲的形式是不一样的：在欧洲人们对宗教有不同程度的敌意，而在美国却不是这样的。有意思的是，在对宗教的亲和态度上，英国的宗教改革和美国的有点像。但戴维指出：由于英国国教自身的处境，它被拖着朝欧洲方向发展。不管怎么说，宗教改革的两个主要说法产生了两种不同形式的"高雅文化"（high culture），因而知识分子掌管了这种文化。反教权主义演变成对宗教的一般敌意成了欧洲"高雅文化"的一个要素，但这没有在美国发生，确切地说，至少现在没有。

教育体制的差异也是一个重要因素。小学和初中的老师通常都不是真正的知识分子，但他们立志成为知识分子。用社会学的术语来说，知识分子和他们是"关系集团"（reference group）。学校是知识分子力图影响普通大众的重要媒介机构。在大众媒体出现之前，它基本上是唯一的媒介。到了 19 世纪，各个国家把教育规定为义务制时，这一点就显得更为重要（顺便说一下，19 世纪是世俗化进程的重要阶段）。大多数的欧洲教育体制都是国家专营，管理的老师是传播世俗主义的传教士。

美国的情况不是这样的：在欧洲整个的世俗化期间，美国的学校都是地方运营的，而且父母对学校事务也有很大影响力。需要强调的是，这些都指的是 19 世纪。到了 20 世纪，可能开始于 20 世纪 30 年代并在二战后进入了发展期。可以这么说，美国的知识分子开始"欧化"了。因此他们比普通大众更世俗。我们不会在这里讨论这些原因（也不会在我们的书里讨论），但这种发展对美国的文化战争有很重要的影响。

美国和欧洲的对比产生了其他解释宗教差异的因素。在欧洲出现了左翼政治党派和工会，他们的管理者主要是知识分子，而他们对宗教是有偏见的。美国却不是这样。相反，美国的宗教有两个功效，这是欧洲没有的。它帮助同化了大量移民，成为了一个阶级的标志（尤其是新教教派体制）。并且，美国出现了一股大的福音派亚文化现象。就其本身而言，它是抵挡世俗化的堡垒。而福音派在欧洲的角色就显得没有这么重要。

毋庸置疑，这所有的一切都非常切合"多重现代性"的范畴。德州商人和伦敦看门人可能都被当做现代人，但是他们的现代化方式是不同的。正如我们在那本书的结论中总结的那样，这些对于大西洋两岸的国内和国际政治都有着重要含义。

不带盲信的确信

　　CURA"介于相对主义和基要主义之间"（Between Relativism and Fundamentalism）的项目调查结果是出奇的丰富。这个也是我在意很长时间的一个项目。这个项目的促成也是另外一个人们惊呼"只有在美国才会有"的故事。这个项目的所有资金都是由一个人资助的：大卫·科尔斯佐夫斯基，他是堪萨斯州的一名商人。他曾经读过我的书，我们也通过信。一次他来纽约开商务会议时，顺道来波士顿看望我。我们一起吃了一顿轻松的午餐。我给他讲了CURA各种各样的活动。但真正抓住他的吸引力的项目就是刚才提到的那个。当时还只是我脑海中的一个想法。科尔斯佐夫斯基走之前，想给我写一张足以完成整个项目的支票。我说我不能就拿着一张支票去学校，我需要一封说明这张支票用途的信函。几天后我就收到了信函和支票。在此期间，由于各种原因，我和科尔斯佐夫斯基成为了好朋友，但这和他捐赠者的身份没有任何关系。

　　这个项目的想法很简单，却有着深远的意义。由于多元主义的过程（之前我已经努力描述过了），现代化把相对主义应用在所有的世界观和价值体系中，其中包括宗教。这种相对主义是现代化的内在产物，是不可能避免的。它为宗教传统和真理宣称带来了深刻挑战。换句话来表达，这个意思就是，人们今日不能轻易地得到宗教确定性。

　　人们对这种情况的反应是不同的。相对主义的反应是放弃所有被认为是做不到的或者是不受欢迎的真理宣言。看起来相反的是基要主义，他们对这种或者那种真理宣称大胆地作出再确定，以便让人们再次得到确定性。于是宗教传统恢复了其理所当然的形象,从最大范围的整个社会直至最低限度的宗派亚文化。

我讲到要拒绝这两种反应,因为他们都有被拒绝的理由。这两种反应破坏了一个社会的凝聚力:相对主义破坏了道德共识以至于社会秩序变得不可能,而基要主义则通过强制的方式分裂社会或者实现统一。因此在哲学上、神学上、尤其是政治上都有一种迫切需要——在这两种极端中找出一个中间立场。就宗教来讲,这意味着人们需要解释在确定性缺失的情况下怎样拥有信仰。

项目的开展是按着 CURA 的基本惯例进行的:一个工作小组在为期两年的时间内见几次面,整理出一些文章,最后写成一本书出版。这个团队的成员几乎都是之前一起工作过的人,其中包括跟着我完成博士论文的三个学生。格蕾丝·戴维也是这个团队中的一员。这次她不仅是宗教社会学家,而且还是英国国教的非神职的教士。(与此不相关但很有趣的一个细节是:她喜欢上了直布罗陀的圣公会主教。那里的主教教区横跨了欧洲大陆,大部分的"教区"就是英国大使馆的小礼堂。戴维会定期去拜访他们。)团队的大部分队员都来自不同的基督教教会,但是我们想听到一个犹太教和伊斯兰教的声音。因为某些过度工作的原因,穆斯林的参与者退出了(他是德国仅有的几位研究"伊斯兰科学"的大学教授之一)。但是我们有一个非常优秀的犹太教队员:大卫·戈迪斯(David Gordis,他是靠近波士顿的犹太学院的前任院长)。然而,我们非常抱歉地删去了"亚伯拉罕的犹太基督教"项目。我是这个项目的指导,也是论文集的编辑,论文集最后于 2009 年出版。④

这个项目产出了第二本书,这是最开始没有计划的。随着项目的发展,我越来越专注一个令人困惑的问题。我和团队中的其他人都明白，在确定性缺失的情况下人们同样可以拥有信仰。但是我需要面对一个事实，就是我非常确信有一些信仰转变是道德信念。我的问题是：这种确定性来自于哪里？这个问题已经超越了 CURA 的项目议程，因为它只研究宗教相对化方面的问题。我想写一本书，当作者而不是当编辑。我想总结自己对相对主义—基要主义二分法的理念，并在宗教以外从道德和政治维度来进行讨论。这其中包含一些我不擅长的哲学问题。我想要和一个擅长哲学的人合作。于是我邀请了我的老朋友安东·泽德瓦尔德（Anton C. Zijderveld）和我合写这本书。他获得了社会学和哲学的文凭。我们的书《赞美怀疑：如何拥有一个确定性的信仰》（*In Praise of Doubt*：*How to Have Convictions without Becoming a Fanatic*）出版于 2009 年年中（纽约：哈珀出版社）。目前来看，反应还是不错的。书的题目含有一个隐晦的笑话，和书中的论述没有什么关系。直到泽德瓦尔德退休以前他都是鹿特丹伊拉斯谟大学的教授。伊拉斯谟的经典著作是《愚人颂》（*In Praise of Folly*）。许多学术间的合作都可以准确地描述成二联性精神病。

该书用更加详细描述的方式重新说明了我对 CURA 项目中相对主义的动态的理解。但提到道德确定性问题，该书就延伸到了更广泛的理念。很公平地说，很多人认为道德确定性是从宗教确定性中推断出来的——人权和公权的剥夺都是上帝的意愿。但那种途径和宗教确定性的缺失是不相连的。被尊重的传统自然法则认为确定的道德准则是普遍存在于人们心中的。不幸的是，这个诱人的想法在实证上是站不住脚的。不管人们想引用哪种道德理念，都有很多文化证明这种理念是不存在的。最近有很多社会学和生物学理论把道德论点确立在不可避免的社会秩序和进化论的生存价值中。这些理论同样不能得到实证：社会和物种可以在任何道德理念缺失的情况下继续存活。

就奴隶制的例子而言，我确定我的理念是认为奴隶制在道德上是可恶的。没有一个人是另外一个人的财产。当然我知道很多国家的奴隶制在道德上被认为是可以接受的，我也知道我的这种理念和我所生存的历史有关，但是这些观察一点也不能减弱我的确定性。为什么？因为，一旦这种理念建立在我的意识当中，它就一定会产生普适性。如果和一位奴隶主对话的话（哎，今天依然还会有这样的对话），我不能说："我尊重你的观点。让我们友好地同意各自的不同意见吧。"

我们从马克·吐温的《费恩历险记》（*Huckleberry Finn*）中选择了一个生动的例子。有这样一段故事：当胡克漂流在密西西比河上时，一个逃跑的奴隶爬上了筏子。作为战前南方的一个白人孩子，胡克知道他应该把这个奴隶送到他的合法所有人那里去。事实上，是他的良心让他这么做的。但当他们一起旅行时，胡克发现自己不能这么做。他没有听一场废奴主义者的演讲，也没有来自天上的声音。这时出现了悟性——悟性让他明白逃跑的奴隶也是人。

我认为这里有一个很重要的发现。道德判断不是以命令而是以悟性为基础的——不是命令式的"这样做或者不要这样做！"而是对"看看这些"的解释。当然这种悟性从历史观点和社会学观点来看都是相对的：它不能在所有的时间和地点得到实证。但不管它以什么原因出现，在道德上都是令人信服的。我知道这个命题需要进一步详细阐述（我感觉它可能会被理解成某种自然法则理论），但不能在这本书中进行。

我们也深挖了一些政治含义。我们提出了一种中庸政治。它是介于怀疑和确信之间的一种不确定的平衡状态（或者你可以称之为"不确定的视像"）。怀疑论认为所有集体行动的过程都是一个基本的政治美德。愤怒的奥利弗·克伦威尔（Oliver Cromwell）在国会演讲中的一句话很好地表达了这个意思："我用基督的怜悯之心恳求你们，使你们能想起你们可能弄错了。"（我明白他所提到的这个奇怪的怜悯心在 17 世纪的英语中指的是一个人的本质。）几个世纪之后，或许这句话被和克伦威尔同名的一个人知道了。小奥利弗·温德尔·福尔摩斯（Oliver Wendell Holmes Jr.）在美国内战时加入了同盟军。他被两边军队的暴行所触动，离开军队后他的信念是，所有的确定性在潜在里都是残忍的。这种理念影响了他在最高法院做法官的职业生涯。我不知道这件事是否包括针对邪恶奴隶制的确定理念，但它肯定包括某些引起奴隶制废除的意义。

　　换句话说，中庸政治必须以宽范围的怀疑和（一些不可避免的）道德确信为平衡基础。在出版书籍之前，我在柏林讲了这个题目。当时的背景是大家经常讨论的"欧洲价值"。依我来看，这些价值并不像保守主义宣称的那样依赖犹太基督教（如果有人喜欢的话，应该是亚伯拉罕吧）的宗教信仰。当然欧洲文明来自于一个被基督教塑造的历史（还有希腊美学、罗马法律和宗教改革思想）。但是没有必要为了维持"欧洲价值"而复制历史历程。他们是以不同的人类本质悟性为基础的。

　　希勒尔（Hillel）是一位伟大的犹太圣贤。有人曾经问他单脚站立可否说明律法的意义。他说可以，然后说了一句可能是金科玉律的第一个公式化表达："己所不欲，勿施于人。"他接着说："其余的都是评论。"我认为单脚站立也可以说明欧洲价值的意义。联邦共和国的宪法中有一句话："人的尊严是不容侵犯的。"毋庸置疑，这个绝对确信的句子来自于一个特定的历史经历：第三帝国对人类尊严所犯下的可怕伤害在战后民主政治的德国是绝对不容许再重复出现的。但是没有经历纳粹主义历史的人们可以以这句话为基础来分享人道主义的悟性。然而，这也为怀疑留下了空间来衡量即将实现的潜在的道德判断。"其余的都是评论。"

笑着走向社会学

在本章所讲到的时间段里，我再一次以独奏者的身份写了三本书。《挽回的笑声：人类经验中的喜剧维度》（*Redeeming Laughter*: *The Comic Dimension in Human Experience*，简称《挽回的笑声》）出版于1997年。该书主要是试着解答缠绕我心头多年的一个问题：是什么东西让我们发笑？《质疑信仰：对基督教的怀疑性肯定》（*Questions of Faith：A Skeptical Affirmation of Christianity*）出版于2004年。该书主要总结了我个人的神学立场，明显是一个非正统的新教教义。关于我幼年的回忆录《黎明时分的记忆》（*In The Dawn of Memory*）只在德国出版，出版于2008年。[5]这三本书可以看做是一位仍在经历"写书的爱好"的老人对自己的放纵行为。前两本书得到了当得的成功，尤其是德语版本。第三个的惨败让人印象深刻，尽管奥地利出版商还弄出了一个媒体马戏团。后两本书不太适合目前这本书的内容，但《挽回的笑声》中有一部分是适合的，那章的题目是"现实建构中的幽默人物"。

对幽默人物进行了一些哲学和心理学的解释之后，我开始用阿尔弗雷德·舒茨的"有限意义域"（finite provinces of meaning）的概念进行社会学上的讨论。有限意义域指人们可能暂时从每日生活中逃避的现实（还有一些美学例子、宗教经验、对世界的抽象思考）。我们可以把所谓的幽默感理解成人们对另外一种现实的觉察能力。幽默感也有一些心理和社会功能，比如释放焦虑、产生归属感（和那些分享笑话的人）、揭露这种或那种权力的政治武器。我也讲到了幽默人物的机制，比如中世纪的讽刺剧和现代的小丑。顺带说一下，安东·泽德瓦尔德写了一本非常精妙的书《乱七八糟的现实》(Reality in a Looking-Glass)。[6] 这些主题可以进行更深入的详细阐述。在这一部分剩余的页数中我会提到，回头看时那本书中没有有效地讲述幽默感的认知功能。

人们可以分辨幽默人物的社会学和幽默人物是社会学。通过前者我们可以知道笑的内容是什么，以及幽默人物的社会地位和功用。这是一个相当可行也是很有趣的探究。更有趣的是从幽默人物的视角往往可以在一瞬间说明了社会现实问题。一般情况下，笑话的一两个句子就可以比学者厚厚的论文解释得清楚。

在弗洛伊德对梦的解释中，他强调梦的经济性：通常一个复杂的现实可以通过梦中一些简明的标志表达出来。幽默人物带着这种经济性特征分享了自己的梦想。用非常简单的故事和一个绝妙的结果组合成的笑话是幽默人物最经济的形式。

这样的幽默是普遍的：所有的人类文化都有这种幽默。但笑话，正如它的定义一样，并不是都有的。例如：非洲文化里到处都充斥着这种幽默感——搞笑的故事、环境甚至搞笑的制度角色。但是两个传统的非洲人过去（现在）在村庄的广场见面时不会问："你有没有听过这个笑话？"遗憾的是，我们不能在这里讲到笑话的起源和历史。

这是本书的最后一章。我也想让读者开怀一笑（我希望是这样)。下面这些笑话说明(也许我可以说是证明?)我的论点:幽默是有认知功能的。也就是说,它可以清楚地说明一个人类现实,也可以是某个社会学。

国家

以色列:可以写一篇长篇的学术论文来解释一个以色列人是如何在潜意识中设计摆脱欧洲离散犹太人身份的。但下面有一个更经济的论文精华。

在特拉维夫的一辆公交车上,一位妈妈在用意第绪语和自己的小孩子讲话。这让旁边的一个犹太复国主义乘客感到很不愉快:"你应该和他讲希伯来语。你为什么用意第绪语和你的小孩子讲话?"

"因为我不想让他忘记自己是一个犹太人。"

下面是关于东欧国家的,任何一个都行(我是听罗马尼亚人讲的):热切的民族主义坚持歧视别人,甚至在绝望的境况中也是这样。

有两只小虫:小虫爸爸和小虫儿子住在一个巨大的马粪坑里。有一天父子俩爬到了坑的边界向外看。小虫儿子问:"爸爸,那边漂亮的绿色东西是什么?"

"那是草。"

"后面那个呢,那些美丽的颜色是什么?"

"那些是花儿。"

"再往上边呢,这个奇妙的蓝东西是什么?"

"那是天空。"

"爸爸，世界上有这么美好的东西，我们为什么还要住在这个马粪坑里呢？"

"因为那是我们的祖国！"

阿根廷：阿根廷人把布宜诺斯艾利斯当做南美洲的巴黎，并且认为他们的文化比周围邻居的文化都要优秀。（这个笑话是别人讲到阿根廷人时用到的。）

一笔划算的交易是什么？如果你根据他所值的价值买了一个阿根廷人，并根据他认为他应该值的价值卖了他，那这就是一笔划算的交易。（乌拉圭人一听到这个笑话就笑个不停。）

宗教传统

美国圣公会：正如我们之前在《宗教化的美国和世俗化的欧洲？》一书中提到的那样，这里有一个对美国新教教派等级指标评估的评定量表。在大部分地方美国圣公会都居首位。

康乃狄克州上层社会的教区正在上演一个圣诞剧。有一个小男孩本来应该扮演把圣子家庭赶出去的伯利恒客栈老板。但他非常紧张，不太记得他的台词是什么。当玛利亚和约瑟出现以后，他说："客栈里没有地方了。"他不安地停了一下，然后接着说："但是进来喝杯饮料吧。"

一位论派：他们把自己定义为共同体的寻求者，并且骄傲地宣称他们没有教义上的束缚。

一位论派的主祷文是怎么开始的？

"致有关人士。"

南方浸信会：他们比较出名的是严格的行为准则。

为什么南方浸信会反对婚前性行为？

因为这会让人们跳舞。

形势

难民：各地难民的特征就是对自己家乡有一种悲伤的乡愁。这个笑话讲的是20世纪40年代从纳粹统治下逃到美国的欧洲难民。

两只贵宾犬在中央公园西大道见面了。其中一个说："在维也纳我是一只圣伯纳德狗。"

苏联统治下的欧洲：这是一个笑话高产的时期。大多数笑话都是尖酸且又极度悲观的。下面这个笑话来自于前捷克斯洛伐克。

在布拉格的卢蒙巴纪念碑前站着两个捷克人。沉默了好长一段时间后，其中一个人说："你知道吗？如果是在中国的统治下会好一些。"

中东恐怖主义：这个笑话讲的是巴基斯坦。

撒玛利亚慈善会在卡拉奇开了一个分公司（可能用的是一个听起来不太像基督教的名字）。一个男人打电话说："我太绝望了。我的所有一切都出现了问题。我想自杀。"

接电话的人停了一会儿，然后问道："你会开卡车吗？"

职业

经济学家：知道一切的人，仅此而已。

华盛顿特区的政策专家：做爱时看有线卫星公众事务网络的人。

我也不能不说说我自己的职业：什么是社会学家？就是一个需要 100 万美元资金找到最近的妓院的人。

最后让我用一直激发我的一个格言来总结一下：如果他们不想被教育，至少让他们快乐。（不是故意中伤读者。）

后记，不是（目前还不是）墓志铭

1999年我从教授职位上退了下来，2009年我辞掉了CURA的管理人之职。我现在在CURA有一个模糊不清的高级研究员头衔。我可以继续负责一些具体的调查项目，也拥有一间办公室。我可以坐在办公室好好思考。这些待遇是对某个专业领域和其他许多事情的肯定性的评估。最近有个基金会授予我"终身成就奖"。一方面这是很让人满意的（尤其还赠送了相当大数目的支票），但也带有一个恼人的暗示：某人的生命已经结束了。尽管有强有力的证据证明我依然活着，但到了我这个年纪也不能不考虑这个问题。我不知道什么时候弹最后一首奏鸣曲，但到目前为止我的小提琴拉得可够忙的。

这本书讲述的是我作为一名社会科学家的人生轨迹。我在评估自己的传记时一定要问我自己这些到底有多重要。如果有人在凌晨三点把我叫醒问我是谁。我肯定不会说："我是一名社会学家。"我认为我的专业身份占据了我身份等级制度中的三个层次。首先是内在自我的形成：从儿童时期的梦幻世界，经过青少年和青年时期的混乱情绪，直到接近成熟，尤其是婚姻和为人父母时期。其次，对我个人来讲，有一个宗教发展轨迹。这是一个漫长的聆听上帝模糊的鼓声并尝试明白它们的意思的旅程。在前面的章节中我只是顺带提了一些这两个发展轨迹。因此这本书中的故事并不是我人生中最重要的事情。但仍然是重要的,更是有趣的。

近几年我好像有点从社会学中分离了出来,变成了一个有组织的职业者。这种方向的变化并不适合我。我从没放弃我第一次在第十二大道的学术温室中经历到的训练模式。训练模式的中心是带有无穷魅力的奇幻人类世界,并且努力去明白它们。由于种种原因吧,这种魅力已经在我的性格中扎下了根,或许现象学对我的描述更准确吧,它们称我的风格是生存在世界上的风格。

我不记得下面这件事了,是我的父母告诉我的。那时我可能已经四五岁了吧。不知道是生日还是圣诞节,我收到的礼物是一个复杂的电动玩具火车。通过铁路复线可以控制电动火车移动,也可以使它通过隧道穿越一个微型的盆景。我对这个神奇的机器一点都不好奇。我甚至都没有打开电源。相反我躺在地上和想象中火车上的乘客聊天。

有人可能会说从此我就没有停止过这个对话。我从来没有后悔过。我从中得到了很多快乐。现在也是。

注　释

第一章　巴尔扎克在第二十大街

[1] 约翰·默里·卡迪希，*The Ordeal of Civility*：*Freud, Marx, Levi-Strauss, and the Jewish Struggle with Modernity*，波士顿：灯塔出版社1987年版。

[2] 乔治·沃尔什和弗雷德里克·莱纳特翻译的英语版本。*The Phenomenology of The Social World*，埃文斯顿：西北大学出版社1967年版。

[3] 有两卷可参阅：第一卷由理查德·赞恩和崔斯坦·恩格尔哈特翻译，埃文斯顿著，西北大学出版社1973年版；第二卷由理查德·赞恩和大卫·帕伦特翻译，埃文斯顿著，西北大学出版社1989年版。

第三章　从一个小集团到一个没落的帝国

[1] 彼得·伯格和安东·泽德瓦尔德，*In Praise of Doubt*：*How to Have Convictions without Becoming a Fanatic*，纽约：哈珀出版社2009年版。

第四章　在地球上艰苦跋涉的社会学

[1] 彼得·伯格，*In Praise of New York*，《评论杂志》1977 年第 2 期。

第八章　指挥家而不是独奏者

[1] 更多完整参考请登录 http：//www. bu. edu/cura/pulications/book–list/. 网页了解宫永、贝利斯、格林、普瑞德、凯尔纳、纳什、科瓦奇、布丽奇特、彼得·伯格的出版物。

[2] 登陆 http：//www. bu. edu/cura/pulications/book–list/. 了解罗伯特·赫夫纳关于这个主题的具体刊物。

[3] 劳拉·纳什：《商业中的信徒》，田纳西州，那什维尔：托马斯·纳尔逊出版社 1994 年版。

[4] 登陆 http：//www. bu. edu/cura/pulications/book–list/. 阅读 3、5、6、7 了解马什以及其他人的文章。

[5] 彼得·伯格、布丽奇特·伯格和汉斯弗雷德·凯尔纳，*The Homeless Mind：Modernization and Consciousness*，纽约：古典书局 1974 年版。

第九章　担任第一提琴手

[1] 彼得·伯格和塞缪尔·亨廷顿合编，*Many Globalizations：Cultural Diversity in the Contemporary World*，牛津：牛津大学出版社 2002 年版。

[2] 科林·坎贝尔，耶鲁大学社会文化系列：*The Easternization of West：A Thematic Account of Cultural Change in the Modern Rra*，科罗

拉多州博尔德：波乐泰，2007年。

[3] 彼得·伯格、格蕾丝·戴维和艾菲·福卡斯，*Religious America, Secular Europe? A Theme and Variations*，英国法汉姆：阿什盖特出版社2008年版。

[4] 彼得·伯格编辑，*Between Relativism and Fundamentalism: Religious Resources for a Middle Position*，密歇根州大急流城：威廉·尔德曼出版社2009年版。

[5] 彼得·伯格，*Redeeming Laughter: The Comic Dimension in Human Experience*，德国柏林：沃尔特·德·格鲁伊特出版社1997年版。

彼得·伯格，*Question of Faith: A Skeptical Affirmation of Christianity*，马塞诸塞州摩尔登：威利·布莱克维尔出版社2004年版。

彼得·伯格，*In Morgenlicht der Erinnerung: Eine Kindbeit in turbulenter Zeit*（*In the Dawn of Memory: A Childhood in a Turbulent Time*），奥地利维也纳：现代施普林格，2008年。

[6] 安东·泽德瓦尔德，*Reality in a Looking-Glass: Rationality through an Analysis of Traditional Folly*，伦敦：劳特利奇和基根·保罗出版社1982年版。

彼得·伯格的主要作品

Invitation to Sociology: *A Humanistic Perspective*（《与社会学同游：人文主义的视角》），New York, Anchor Books, 1963.

The Social Construction of Reality (*with Thomas Luckmann*)（现实的社会建构），New York, Anchor Books, 1966.

The Sacred Canopy: *Elements of a Sociological Theory of Religion*（《神圣的帷幕：宗教社会学理论的要素》），New York, Anchor Books, 1967.

A Rumor of Angels: *Modern Society and the Rediscovery of the Supernatural*（《天使的传闻：现代社会和超自然的再发现》），New York, Anchor Books, 1969.

The Homeless Mind: *Modernization and Consciousness* (with Brigitte Berger and Hansfried Kellner)，New York：Vintage, 1974.

Pyramids of Sacrifice: *Political Ethics and Social Change*，New York, Anchor Books, 1974.

The Heretical Imperative: *Contemporary Possibilities of Religious Affirmation*, New York, Doubleday, 1979.

Sociology Reinterpreted: *An Essay on Method and Vocation*, (*with Hansfried Kellner*)，New York, Anchor Books, 1981.

The War Over the Family: *Capturing the Middle Ground* (with Brigitte Berger, New York, Doubleday, 1983.

The Capitalist Revolution: *Fifty Propositions about Prosperity*, New York: Basic Books, 1986.

A Far Glory: *The Quest for Faith in an Age of Credulity*, New York, Anchor Books, 1992.

Redeeming Laughter: *The Comic Dimension of Human Experience*, Berlin, Germany: Walter de Gruyter, 1997.

Questions of Faith: *A Skeptical Affirmation of Christianity*, Malden, MA: Wiley-Blackwell, 2004.

Religious America, Secular Europe? A Theme and Variations (*with Grace Davie and Effie Fokas*) (《宗教化的美国，世俗化的欧洲？一个主题，多种变化》) Farnham, UK: Ashgate, 2008.

In Praise of Doubt: *How to Have Convictions Without Becoming a Fanatic* (with Anton Zijderveld), New York: HarperOne 2009.